百廿风华

——太原理工大学来华留学教育发展与思考（1997—2022）

主　编　肖连团

哈爾濱工業大學出版社
HARBIN INSTITUTE OF TECHNOLOGY PRESS

图书在版编目（CIP）数据

百廿风华：太原理工大学来华留学教育发展与思考：1997—2022 / 肖连团主编. -- 哈尔滨 ：哈尔滨工业大学出版社，2024. 4

ISBN 978-7-5767-1409-8

Ⅰ. ①百… Ⅱ. ①肖… Ⅲ. ①太原理工大学-留学教育-研究报告-1997—2022 Ⅳ. ① G648.9

中国国家版本馆CIP数据核字(2024)第094551号

策划编辑　常　雨
责任编辑　马　媛
装帧设计　博鑫设计
出版发行　哈尔滨工业大学出版社
社　　址　哈尔滨市南岗区复华四道街10号　邮编 150006
传　　真　0451-86414749
网　　址　http://hitpress.hit.edu.cn
印　　刷　哈尔滨市颉升高印刷有限公司
开　　本　787 mm × 1 092 mm　1/16　印张17.75　字数380千字
版　　次　2024年4月第1版　2024年4月第1次印刷
书　　号　ISBN 978-7-5767- 1409-8
定　　价　99.00元

编　委　会

主　编　肖连团

副主编　陈少平　呼丽娜　韩艳丽

参　编　张金萍　李　炜　刘楠楠　王丽婷
杨　懿　刘齐玉　原　梅　李　治
崔　博　孙雪琦　杨晓天　刘　超
赵国俊　李文英　张永忠　李文彬
王　毅　樊明明

前　言

教育对外开放作为我国改革开放事业的重要组成部分，在过去40多年间取得了辉煌的成就。随着我国经济的快速发展及影响力的进一步扩大，尤其是“一带一路”倡议的推进，来华留学人数逐渐增多，结构日趋合理，规模逐步增大，呈现良好发展态势。地方高校的来华留学教育事业如何适应国家发展大势，以及党和国家工作大局，综合运用国际、国内两种资源，培养造就更多优秀人才，努力开创留学工作新局面，成为摆在我们面前的当务之急。

本书注重历史与现实相贯通、国际与国内相关联，对我国来华留学教育发展历程做了较为详尽的阐述，并论及山西省来华留学教育史。以史为鉴，以实为依，本书就如何进一步开创教育对外开放的新格局，全面提升国际交流合作水平进行了全面、系统的探讨。

本书从来华留学教育质量保障、来华留学教育精细化管理、做好做精来华留学服务等方面提出了标准化、规范化措施，这不仅是对推动来华留学教育“提质增效”的积极探索，也是响应党和国家对高校来华留学教育工作的高要求、高期许的号召，更是在人才培养方面推进国家治理体系和治理能力现代化的积极实践。

本书注重理论与实际相结合、系统与实务相联结，以太原理工大学来华留学教育为研究对象，围绕来华留学教育、管理、服务等多个方面，提出整体框架、工作原则与质量规范，列出业务要求与操作方法。同时，还就推动教学趋同化、打造“留学中国”品牌、加强地方预科教育建设、加强来华留学生道德教育、向来华留学生讲好中国及地域故事等方面对如何做好来华留学教育进行了深入、有益的探索研究。本书还创新性地将近5年来学校留学生活动的相关媒体报道进行了汇总梳理，集中展现了学校在来华留学教育领域所取得的成果。

本书注重国情与地域相联结、特色与优势相联合，立足我国对外开放新高度与新形势，结合山西省省情，分析在中华民族伟大复兴的战略全局和世界百年未有之大变局的时代背景下，山西省以及太原理工大学如何抓住“一带一路”倡议、“双一流”建设等机遇做好来华留学教育事业，培养“知华友华”的国际化专业人才，以提升国际知名度、提高世界影响力。

当今世界正处于大发展大变革大调整时期，推动教育对外开放迈向全新高度，有助于我国教育国际影响力和竞争力的进一步提升，全面推进我国教育现代化建设进程。发展来华留学教育既是加强人文交流、搭建国际交往友好桥梁的重要途径，更是教育改革开放服务于我国教育发展、外交全局、经济建设的重要方面。在构建人类命运共同体的伟大进程中，来华留学教育将承担更重要的使命。

编　者

2023 年 12 月

太原理工大学历任领导（1997 年至今）

姓　名	在职时间	职　务
温泽先	1997 年 6 月—1998 年 4 月	党委书记
谢克昌	1997 年 6 月—2010 年 1 月	校长
朱先奇	1998 年 6 月—2006 年 2 月	党委书记
姚芝楼	2006 年 8 月—2013 年 4 月	党委书记
张文栋	2010 年 1 月—2013 年 4 月	校长
吕　明	2013 年 4 月—2015 年 12 月	校长
吴俊清	2013 年 4 月—2017 年 5 月	党委书记
吴玉程	2017 年 5 月—2020 年 3 月	党委书记
黄庆学	2015 年 12 月—2021 年 9 月	校长
郑　强	2020 年 4 月—2023 年 12 月	党委书记
孙宏斌	2021 年 9 月—2024 年 6 月	副校长（主持行政工作）
沈兴全	2023 年 12 月至今	党委书记
孙宏斌	2024 年 6 月至今	校长

目　录

第 1 章　来华留学教育发展概况

1.1　我国来华留学教育发展历程

自 20 世纪 50 年代我国招收第一批来华留学生起，我国来华留学事业已经走过 70 多个春秋。70 多年来，我国来华留学事业蓬勃发展，焕发出了强大的生命力与蓬勃的生机。来华留学教育已成为我国对外开放和文化传播的重要窗口，在加强人文交流、传播优秀文化、搭建外交桥梁、培养国际人才等方面都发挥了重大作用。与此同时，来华留学教育作为我国教育现代化的重要组成部分，在推动高等教育国际化的进程中发挥着重要作用，也成为推动我国高等教育现代化发展、反哺高校教育管理水平提升的重大内生动力。

中国特色社会主义进入新时代这一背景在为我国来华留学教育提供重大机遇和更广阔的发展平台的同时，也提出了更高的希望和要求。以史为师、以史为鉴、以史为用，通过追溯我国来华留学教育发展历程，进而探究其历史发展规律，把握来华留学教育总体方向，具有重要的现实意义。

由于我国来华留学教育的发展和国内外政治环境、国家发展战略密切相关（图 1–1），因此，本书以建国时间为起点，以时间发展为脉络，立足来华留学教育发展的重大历史时期，将我国来华留学教育分为起步奠基期、结构调整期、初步完善期、快速发展期、高速井喷期、提质增效期六大发展阶段，并对各阶段来华留学教育发展历程进行系统梳理[①]（表 1–1）。

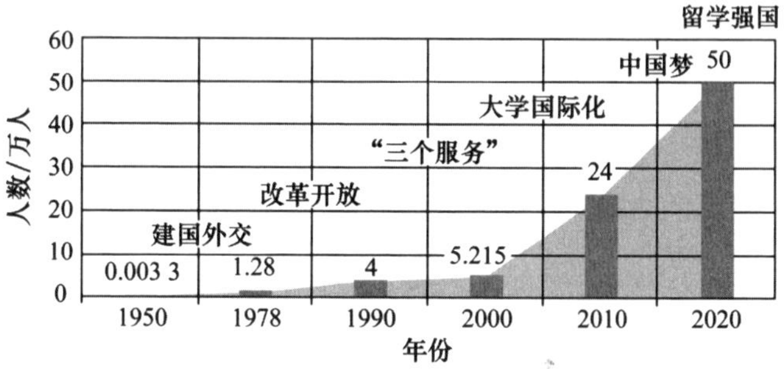

图1–1　来华留学生人数与我国政策

① 魏礼庆 . 来华留学事业的历史回顾与未来展望 [J]. 世界教育信息，2015，28（20）：67–71.

表1-1　我国来华留学教育的发展阶段

	时段	阶段	
改革开放前 1949—1977 年	1949—1965 年 1966—1977 年	起步奠基期	初创时期 停滞与恢复时期
改革开放后 1978 年至今	1978—1989 年 1990—2000 年 2001—2009 年 2010—2015 年 2016 年至今	结构调整期 初步完善期 快速发展期 高速井喷期 提质增效期	

1.1.1　起步奠基期（1949—1977 年）：来华留学与建国外交[①]

中华人民共和国成立伊始，为了迅速打开外交局面，到 1949 年年底，我国相继与苏联、保加利亚、罗马尼亚、捷克斯洛伐克、匈牙利、朝鲜、波兰、蒙古、阿尔巴尼亚等国家建立外交关系。[②]

（1）初创时期（1949—1965 年）。

1950—1951 年，第一批来自捷克、波兰、罗马尼亚、保加利亚、匈牙利 5 国的 33 名东欧学生抵华，进入清华大学的“东欧交换生中国语文专修班”学习，开启我国接收外国留学生先河，这也成为我国来华留学生教育史的开端。[③]

1952 年 9 月，清华大学的“东欧交换生中国语文专修班”并入北京大学，更名为“外国留学生中国语文专修班”。同年，我国还接收了两批共计 89 名朝鲜学生到北京大学实习。随着 1955 年万隆会议的召开及亚非拉民族独立运动的兴起，我国与周边国家的外交关系得到发展，来华留学事业由社会主义阵营国家向第三世界国家迈进。在此阶段，为履行国际援助义务，我国接受了大批来自第三世界的留学生，来华留学生来源国别日益丰富。1959 年，我国开始接收非洲留学生及少量来自西欧、北美和日本的留学生。自此，来华留学生的生源国由点到面，逐步覆盖世界。

1962 年颁布的《外国留学生工作试行条例》等法规文件对我国来华留学生教育工作起到了重要的规范和引导作用。1963 年 8 月，教育部召开了第一次全国外国留学生工作会议，明确了外国留学生接收工作要为我国政治与外交工作大局服务，为文化交流及增进我国与世界各国的了解和友谊服务的方针。此阶段初步积累了一些有益的留学生教育管理经验，为我国来华留学工作的进一步发展奠定了良好的基础。

① 该阶段谈及的来华留学生人数参见教育部官网关于我国来华留学生人数的数据统计。

② 蒙梓 . 新中国来华留学教育历程 [J]. 神州学人，2019（9）:92–95.

③ 李滔 . 中华留学教育史录（1949 年以后）[M]. 北京：高等教育出版社，2000.

据统计，1950—1965 年，我国共接收来自 68 个国家的 7 239 名来华留学生，这些留学生分布在全国 17 个城市的 94 所学校。其中，来自社会主义国家的留学生有 6 571 人，约占全部来华留学生的 90.8%；来自亚、非、拉国家的留学生有 533 人，约占 7.3%；来自西欧、北美及日本的留学生有 135 人，约占 1.9%。① 总体而言，此阶段我国来华留学生接收渠道以各国家的驻华使馆派遣政府交换生为主，外国留学生接收规模总体较小。

（2）停滞与恢复时期（1966—1977 年）。

1966—1972 年，此阶段来华留学工作整体中断，但这一时期我国外交战线取得了巨大成果，特别是 1971 年我国恢复在联合国的合法席位，1972 年中美关系、中日邦交正常化，多边开花的外交格局为我国来华留学事业的发展提供了有利的外部环境。1973 年，我国各大高校纷纷恢复来华留学生招生工作。据统计，1973—1977 年，我国接收了留学生 2 063 人，年均增幅为 2%，但较初创时期而言，留学生规模增速明显下降。②

总体来看，此阶段来华留学教育积极服务于中华人民共和国成立初期的外交战略，为我国来华留学事业体系的建立和发展起到了开创性和奠基性作用，开启了我国来华留学事业的新篇章，同时也为来华留学事业的进一步发展积累了宝贵的先期经验。

1.1.2 结构调整期（1978—1989 年）：来华留学与改革开放

1978 年，党的十一届三中全会做出改革开放的重大决策，我国进入新的历史发展阶段。来华留学作为对外开放的重要组成部分，再一次焕发出崭新的生机与活力，其职能也从最初的服务外交、服务高校升华为加强国际文化交流与合作、提升国家软实力、使中华文化以其独有的魅力在国际舞台上绽放光彩。

1978 年，我国来华留学生数量在 1 200 人左右，同年我国首次实行通过考试录取留学生的方式。1950—1978 年的 29 年间，我国累计接收培养 1.28 万余名来华留学生。1979 年 1 月 1 日，中美建交开启了中美互派留学生的新纪元。同年，我国来华留学进入中外互派留学生的新阶级。1980 年 2 月，第五届全国人民代表大会通过《中华人民共和国学位条例》，规定："在我国学习的外国留学生和从事研究工作的外国学者，可以向学位授予单位申请学位。"留学生学位制度的实施开启了我国来华留学教育制度化、规范化管理的新模式。

1983 年，邓小平提出："教育要面向现代化、面向世界、面向未来。"我国来华留学教育工作进入积极探索阶段。1984 年，在我国高校学习的留学生总数增至 6 144 人，学生类型已涵盖语言生、学历生、进修生等多个层次，同时，学生结构层次不断优化，自费来华留学生的数量增至 3 551 人。

---

① 赵忠秀 . 迈向亚州最大留学目的地国——新中国来华留学综述 [J]. 神州学人，2015（7）：4-7.

② 同上。

1987 年，为顺应全球汉语学习热潮，原中国国家汉语国际推广领导小组办公室（简称国家汉办）成立。国家汉办致力于为世界各国提供汉语言文化教学资源和服务，满足海外汉语学习者的需求，为携手发展多元文化做出贡献。

1989 年，随着《关于招收自费外国来华留学生的有关规定》等文件的颁布，近 300 所高校拥有了招收自费来华留学生的资格，这为自费来华留学生的增长带来了新契机，因而大量自费留学生进入我国，开启了我国留学教育工作的新航向。但东欧剧变等因素，对来华留学教育工作产生了一定的冲击，使得当年的来华留学生规模整体有所缩小。

据统计，1978—1989 年，我国 120 所高校接收了来自 130 多个国家的 4 万余名留学生，学生生源国别发生巨大变化。① 作为我国援外工作的重要内容，加强与第三世界的合作成为此阶段来华留学工作的重点。

1.1.3 初步完善期（1990—2000 年）：来华留学与“三个服务”

进入 20 世纪 90 年代，我国大力实施科教兴国战略，相继推出了“211 工程”“985 工程”等重点建设项目，高等教育步入正轨。随着高水平大学的稳步发展，我国来华留学教育迎来了初步完善期。

伴随着“政府宏观管理，高校自主办学”体制的形成，各大高校的办学积极性得到大幅提升。1990 年，我国共接收来自 89 个国家的 1 484 名国际学生。1999 年，来华留学生人数约为 4.47 万人，其中，学历留学生约 1.14 万人，包括专科生 181 人、本科生 8 402 人、研究生 2 896 人等；非学历留学生约 3.32 万人，包括普通进修生 1.71 万人、高级进修生 579 人、短期留学生 1.54 万人等。

随着我国改革开放进入攻坚阶段，来华留学事业亦得到了长足发展。此阶段各大高校成为来华留学生的接收主体，来华留学生的结构和层次逐步优化。来华留学工作在服务国家整体外交的同时，为国家建设高水平大学服务，为国家的社会和经济发展服务（简称“三个服务”）。值得注意的是，随着 1992 年《中国汉语水平考试（HSK）办法》的颁发、1996 年国家留学基金管理委员会的成立、2000 年《高等学校接受外国留学生管理规定》等相关规章制度的制定，我国来华留学工作逐步进入制度化、规范化、系统化管理的新阶段。

1.1.4 快速发展期（2001—2009 年）：来华留学与大学国际化②

进入 21 世纪，随着我国综合国力的提升及对外开放水平的进一步提高，高校自主招收来华自费留学生的政策得到进一步落实，各大高校来华留学工作持续改善，我国来华留学生教育发展进入快车道。

2000 年，来华留学生人数达 5.2 万人，这些学生来自 166 个国家和地区的

① 魏礼庆．来华留学事业的历史回顾与未来展望 [J]. 世界教育信息，2015，28（20）：67-71.

② 数据参考教育部国际合作与交流司发布的历年《来华留学生简明统计》。

346 所院校，其中，学历来华留学生 1.37 万人，占当年来华总人数的 26.3%。2004 年，我国接收来华留学生 11 万人，其中学历生占比接近三成。2005 年，我国接收来自 179 个国家的 14.1 万名留学生，这些留学生分布在我国 464 所高等院校和其他机构中。2006 年，我国成功迈入世界留学生教育大国前 10 位行列。

2007 年，各类来华留学人员增至 19 余万人。同年，教育部制定了《来华留学生医学本科教育（英语授课）质量控制标准暂行规定》《普通高等学校外国留学生新生学籍和外国留学生学历证书电子注册实施办法》等规定、办法。2008 年，在华学习的各类留学人员达 22.35 万人，来华留学人数首次突破 20 万。其中，自费生比例占 94%，接收院校达 592 所。2009 年，在华学习的各类留学人员达 23.82 万，其中政府奖学金生 1.82 万人，接收留学生的高校和其他教育机构达 610 所。2010 年，中国政府奖学金预科教育经过 2009 年的试点推行，于该年正式实施，自此中国政府奖学金预科教育稳步发展，成果显著，培养了大批优秀学生进入本科。

此阶段是中华人民共和国成立后来华留学生数量最多、生源国家和地区数量最多、就读学校数量最多的时期，来华留学生国别、地区、数量及层次的显著变化，以及来华留学生培养质量的提高，意味着我国来华留学教育迈入 21 世纪以来的快速发展期。

1.1.5　高速井喷期（2010—2015 年）：来华留学与中国梦[①]

2010 年，为推动来华留学工作进一步发展，教育部制定了《留学中国计划》，确立了“到 2020 年，使我国成为亚洲最大的留学目的地国家……全年在内地高校及中小学校就读的外国留学人员达到 50 万人次”的发展目标。同年，《国家中长期教育改革和发展规划纲要（2010—2020 年）》出台，提出：“进一步扩大外国留学生规模……优化来华留学人员结构。”这两个文件的出台明确了我国来华留学的新的发展规划，成为该阶段我国来华留学工作发展的风向标和总指南。

2011 年，在华学习的外国留学人员总数突破 29 万，来自 194 个国家和地区，分布在全国 31 个省市的 600 余所高校及有关教学机构。2012 年，我国共接收来自世界 200 多个国家和地区的 32.83 万名国际学生，比 2011 年增加了 3 万多人。2013 年，我国开始跻身全球三大留学目的国行列，共接收来华留学生 35.65 万人。其中，中国政府奖学金人数占该年度总来华留学生人数的 9.3%。此外，该年度来华留学生学习的专业已涵盖我国高校开设的所有专业和领域，留学生的学习也从以语言学习为主转向多层次、多类别学习。2014 年，来自 203 个国家和地区的 37.71 万名各类外国留学人员在我国 775 所高等院校和其他机构学习。2015 年，国内招收国际学生的高校及科研院所已达 811 所，几乎涵盖了所有的高等教育办学层次，各类留学生接收人数再创新高。

---

① 数据参考教育部国际合作与交流司发布的历年《来华留学生简明统计》。

总体来看，此阶段无论是留学生接收数量、规模、来源国结构，还是政策导向、教育理念等都标志着我国在向亚洲最大的留学目的国大踏步迈进。

1.1.6 提质增效期（2016 年至今）：来华留学与留学强国

2016 年全国来华留学管理工作会议提出“提质增效”理念，这是来华留学教育由外延扩大向内涵发展转变的重要标志，同时也是我国跨国教育发展到较高水平的重要特征。① 同年，中共中央办公厅、国务院办公厅联合印发《关于做好新时期教育对外开放工作的若干意见》，为来华留学事业的发展搭建了更加广阔的发展平台。自此，来华留学教育迈入“高质量发展”的快速阶段。

2016 年，我国共接收 44.28 万名国际留学生，学生来自世界 205 个国家和地区，分布于我国 31 个省（区、市）的 829 所高校就读。其中，来自韩国、美国、泰国、巴基斯坦、印度、俄罗斯等国家的留学生人数较多。

2017 年，共有来自 204 个国家和地区的 48.92 万名各类留学生来华留学。同年，教育部、外交部、公安部联合颁布第 42 号令《学校招收和培养国际学生管理办法》，第一次系统地对来华留学管理工作提出了明确、规范的标准。

2018 年，共有来自 196 个国家和地区的 49.22 万名外国留学生在我国留学，我国继续保持着亚洲最大留学目的国的地位，形成“留学中国”品牌。其中，“一带一路”沿线国家来华留学生人数达 26.06 万，占我国来华留学生总数的 52.95%。同时，越来越多的留学生来华攻读学历课程，该年度来华学历留学生总数为 25.81 万人，占该年度来华留学生总数的 52.44%，同比增长 6.86%。此外，来华留学专业结构也不断优化，就读工科、管理、理科、艺术、农学专业的留学生人数增长明显，自然学科专业教育也越来越具有吸引力。

2019 年，在我国学习的“一带一路”沿线国家留学生占来华留学生总数的 54.1%。同年，我国与俄罗斯双向交流留学人员突破 10 万人，提前一年实现规划目标。

截至 2021 年，教育部公开的数据显示，目前大约有 50 万名来自 200 多个国家（地区）的各类外国留学人员在全国 31 个省（区、市）的高等院校学习（图 1–2）。

经过几十年的快速发展，我国来华留学生规模趋于稳定，层次显著提升，学科分布渐趋合理。随着我国成为亚洲最大留学目的国，中文的国际影响力也进一步迈上了新的台阶。完善以“提质增效”为核心的内涵式发展模式，全面提升来华留学生的培养质量，成为我国实现来华留学教育质变飞跃、大踏步迈向“留学强国”新征程的应有之义。我国各地区、各高校、各单位应齐心协力，积极谋划来

---

① 杨大伟，高磊 . 新时期高校发展来华留学研究生教育的困境与举措 [J]. 学位与研究生教育，2021（7）：65–70.

华留学教育管理工作新局面，在时代中奋进，在大局中前行，主要举措如下：

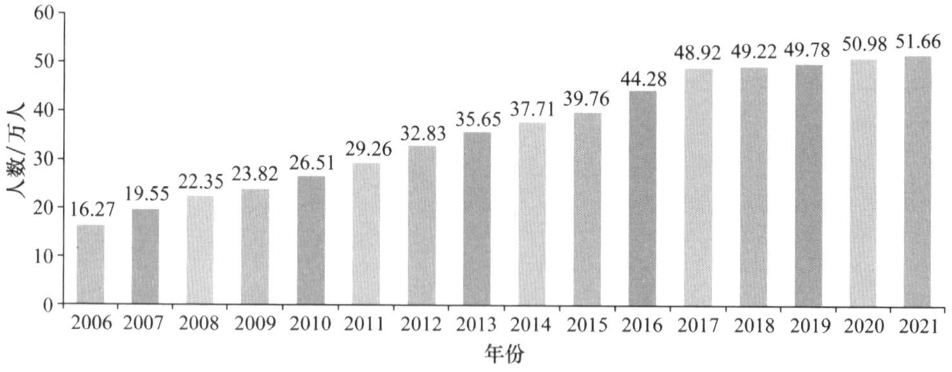

图1-2 2006—2021年来华留学生人数统计

（1）促进来华留学教育高质量发展，助力我国高校“双一流”建设。

来华留学生教育作为我国教育事业的重要组成部分，在服务国家政治外交大局的同时，亦应为加快推进“双一流”建设服务。应将国际合作交流作为高等教育国际化的重要抓手，借助来华留学工作推动教学国际化、科研国际化、学生国际化和管理国际化，通过实现人才培养、科研合作、学术交流等的全方位国际化为“双一流”建设提档加速。

（2）加强校企协同培养人才，协同开发本土人才资源。

“一带一路”倡议为我国企业“走出去”提供了更为广阔的空间，企业对国际化、多语种复合型的本土人才的需求强烈。应注重加大校企合作支持力度，构建来华留学生就业促进与“走出去”企业本土人力资源开发协同机制，推进开展订单培养和行业人才培养等特色项目，为企业“走出去”提供本土人才支撑。

（3）促进孔子学院和孔子课堂特色发展。

以服务于国际交流合作为要义，积极、主动满足当地需求，强化合作院校的责任，助力“一带一路”建设，帮助沿线各国民众学习中文、了解中华文化，推进我国与世界各国的人文交流与合作，促进包括多元文化的世界文明的发展。

（4）推进来华留学生高等教育质量认证工作。

以“服务来华留学工作大局、助力‘留学中国’品牌建设”为目标，中国教育国际交流协会自2016年起在教育部国际司的指导和支持下开展“来华留学生高等教育质量认证”，成为来华留学治理体系的重要组成部分。来华留学生高等教育质量认证作为第三方专业认证机构，从办学定位与理念、办学能力与水平、办学质量与效益等方面全面评价来华留学生高等教育质量，审查工作的规范性和专业性、体制机制的系统性和科学性、内部质量保障机制的有效性和成熟度。高校应积极参与来华留学生高等教育质量认证工作，以评促建、以评促改，切实推动来华留学教育以人才培养为核心，以提质增效为导向，走高质量内涵式发展道路。

（5）深化教育民间交流，构建国际合作交流平台。

海外办学是我国教育“走出去”的重要方式，也是促进“一带一路”民心相通的有效途径，是时代赋予我国教育的重要使命。因此，各高校应巩固并扩大国际朋友圈，坚持开门办学，加快建设中国特色海外国际学校，继续支持与国际知名高校举办中外合作办学项目，促进中外各学校间全方位、深层次合作，积极探索联合培养、建立海外分校、境外合作办学等培养模式，为来华留学教育创造良好的国际化教育生态，为构建人类命运共同体做出贡献。

迄今为止，我国来华留学教育已走过 70 多个年头，取得了可喜的成就：来华留学教育不断扎实推进，规模逐步扩大，层次不断丰富，效益日益明显，质量显著提升。随着来华留学教育工作的稳步发展，来华留学教育服务高校教育现代化改革的作用也日益凸显。在教育教学实践中，来华留学教育成果亦不断反哺我国高校现代化教育，有力地补充和完善了高校的管理体制。可见，现阶段的来华留学教育不仅是发挥大国影响、传播中国文化的有效途径，更是推进高等教育国际化、建设教育强国的重要内驱动力，是我国教育现代化发展的缩影。因此，在新的发展阶段，我们更应该矢志不移地推进来华留学事业不断前进，以来华留学生工作为抓手，反哺推动我国高等教育质量提升和体制创新，为建设教育强国助力护航。

1.2　山西省来华留学教育发展概述

黄河流域是我国远古文化的摇篮，华夏文化在这里形成，并以此为中轴，繁衍出整个中华民族的文化。山西省史称“三晋”，在地理位置上承接东西，连接南北。作为中华文明的重要发源地，三晋大地钟灵毓秀，地域文化资源丰富多彩、源远流长、底蕴深厚，素有“五千年文化看山西”的美誉。受历史条件、地理环境等因素的影响，山西省形成了独特的艺术风格和鲜明的地域文化特色。此外，山西省属于典型的资源型省份，在漫长的历史发展中形成了独特的资源优势与产业优势。目前，山西省已形成以煤炭、电力等为支柱的主导产业突出、门类齐全的工业体系。在当今开放型经济新格局背景下，作为承东启西的枢纽，山西省在推动区域协同发展、促进“一带一路”建设等方面承担着重要的能源保障任务，而良好的区域能源与区位优势也为山西省发展国际人文交流提供了有利条件。

山西省历来崇文重教、人文荟萃。大约 2 300 年前，战国末年的荀子用“学不可以已”劝诫大家学无止境，持恒专一。1 200 多年前，唐朝中期的柳宗元提出了“顺天致性”“博采众长”的教育主张。20 世纪初，山西省相继创办的山西大学堂、铭贤学堂开我国近代高等教育的先河。截至 2021 年年底，山西省现有普通高校

82所，含32所普通本科高校、2所职业本科高校、48所高职高专院校。其中，“双一流”建设高校两所。

作为教育文化资源大省，山西省来晋留学教育发展的历史渊源尤为深厚。本书通过各方史料收集及追溯查证，系统梳理了来晋留学教育发展历程，并将来晋留学教育发展历程分为西方教育引进来、外国学生“走进来”、国际中文“走出去”和“留学山西”品牌初形成四大阶段。

1.2.1　西方教育引进来

1900年（光绪二十六年），义和团运动爆发，山西省发生了震惊中外的“山西教案”事件。时任山西巡抚岑春煊（图1–3）（1861—1933）致电英国人李提摩太（图1–4）（Timothy Richard，1845—1919）来解决“山西教案”问题。此后，李提摩太在向清政府李鸿章呈送解决办理“山西教案”的章程中，建议用“庚子教案”赔款在山西省太原市办一所大学，李鸿章采纳了这一建议，同意由李提摩太在太原市筹办中西大学堂。

图1–3　山西大学堂创始人之一——山西巡抚岑春煊

图1–4　李提摩太

1902年初，时任山西巡抚岑春煊奏准开办山西大学堂（图1–5）。之后中英双方经过反复协商，山西大学堂和中西大学堂归并办理，中西大学堂自此称为“西学专斋”，而原奏拟设的山西大学堂被称为“中学专斋”。其中，西学专斋由英国人李提摩太出任节制、总理，专教西学，教习对象以外籍人为主，开设数学、物理、采矿等近现代学科，中学专斋则由华人负责。两斋并立，教务分属，统称为“山西大学堂”。

图1–5　山西大学堂

西学专斋成立之初参照英国教学模式设置学制，确立了预科与专门科两个阶段。其中，预科课程以科学基础知识为主要授课内容，而专门科课程以围绕工业发展培养科技人才为特色。与此同时，西学专斋还专门开设体育课程作为日常科学教育的辅助。此外，李提摩太于 1902 年 8 月在上海设立山西大学堂译书院，聘请专业翻译人员进行教材翻译工作，该书院翻译出版各学科教材共计 23 种。

西学专斋创办期间，共毕业各类学生 363 人，其中，预科 313 人、专门科 50 人，并先后派出 36 人赴英国留学（图 1–6）。这些学生后来大部分成为山西省文化教育事业及工矿企业的重要技术力量，对近代山西省教育和政治经济发展做出了重要贡献。

图1–6　1907年西学专斋首批留英生在上海合影

作为我国近代最早开展科学教育活动的三所国立大学堂之一，山西大学堂的西学专斋参照英国人才培养方式，对学制设置、办学机制、教学模式、课程内容等方面进行了改革。早期的山西大学堂中西合璧、文理并重，办学思路开阔，育人理念先进，是我国近代高等教育重要的发祥地之一，也是三晋大地百年文化科教的重镇，开我国高等教育中西一体教学先例，成为山西省教育国际化"引进来"和"走出去"的最早雏形。

1.2.2　外国学生"走进来"

真正意义上的来晋留学教育始于 20 世纪 80 年代初期。1981 年，山西大学开始招收海外学生。20 世纪 80 年代中期，太原理工大学设立外教汉语学习班，标志着太原理工大学开启来华留学教育。

20 世纪 90 年代，山西省内各高校先后从加拿大、韩国和日本等国家招收国际学生，虽然招收数量较少，但规模总体上有所扩大。1990 年，中华人民共和国教育委员会发布《对外汉语教师资格证审定办法》。1993 年，国家对外汉语教学领导小组在西安召开对外汉语教师资格审定工作会议。1995 年，山西全省接收外国来华长、短期留学生 67 名。1998 年，全省招收长期来华留学生 32 人，在校留学生总数达 42 人。1999 年，全省招收长期来华留学生 37 人，外国留学生总数达 78 人。同时，各高校与国外的校际交流进一步扩大，全省半数以上的普通高校与美、英、德、法、意、日等国家建立往来。

2000 年，山西省高校招收长期来华留学生 39 人，在校生总数达到 43 人。同年，山西大学被国务院确定为全国首批 22 个专为海外华侨华裔子弟设置的"华文教育基地"之一。2001 年，全省高校招收长、短期自费来华留学生 80 余名。全省具有对外汉语教学资格的教师总数达到 13 名。2003 年，接收外国留学生工作有很大发展，全省共计接收长、短期自费来华留学生 69 人。2005 年，全省共接收 124 名来华留学生，其中，学历生 16 人，非学历生 108 人。2007 年，全省接收短期来华留学生 84 名、长期留学生 75 名。

1.2.3　国际中文"走出去"

孔子学院作为中外合作建立的非营利性教育机构，致力于宣介中国文化、传扬中国精神、开展中外教育合作，对于增进世界各国（地区）人民对中国语言和文化的了解、树立良好的国家形象、促进中外民心相通、加强中国与世界各国教育文化的交流合作、发展中国与外国的友好关系、促进世界多元文化的发展等有着极为重要的作用。21 世纪初，与山西省各高校合作建立的孔子学院如雨后春笋，对传播中国文化、扩大山西省的国际影响力、吸引来晋留学生产生了积极的影响。

2008 年 9 月，在孔子学院总部——国家汉办的指示安排下，太原理工大学与阿富汗喀布尔大学合作建设的阿富汗喀布尔大学孔子学院成立（图 1–7）。同年，在国家汉办的援助下，喀布尔大学语言文学院成立中文系，用以专门培养有志于从事汉语教学与中国文化传播的人才，标志着汉语作为阿富汗的外语教学正式开始。同年 11 月，山西大学与亚美尼亚埃里温布留索夫国立语言大学合作建立孔子学院，同时，双方就互派留学生、本科生“3+1”交流、硕士生培养等项目达成合作意向，力求为促进中亚友好合作关系的发展做出贡献（图 1–8）。

图1–7　阿富汗喀布尔大学孔子学院成立

图1–8　亚美尼亚埃里温布留索夫国立语言大学与山西大学共建孔子学院揭牌仪式

2009 年 2 月，太原理工大学成功承建牙买加西印度大学莫纳分校孔子学院。时任国家副主席习近平访问加勒比海地区时，曾亲自向牙买加西印度大学莫纳分校颁授孔子学院牌匾。该孔子学院是牙买加目前唯一一所孔子学院，也是英语加勒比地区的首所孔子学院，标志着孔子学院首次走进以英语为母语的加勒比地区，成为中加文化教育交流史上的一座里程碑（图 1–9）。同年 11 月，山西大学在美国北卡罗来纳州建立了美国费佛尔大学孔子学院，目的是让中国传统文化走出国门，走向世界。

图1-9 中国驻牙买加大使陈京华与雪莉校长共同为孔子学院揭牌

1.2.4 “留学山西”品牌初形成

2013 年 5 月，在山西省教育厅的积极推动下，教育部批复同意太原理工大学和山西大学成为“中国政府奖学金留学生”（以下称中国政府奖学金生）接收培养单位，标志着山西省来华留学教育事业取得了阶段性进展。

2014 年，山西省各类留学生共计 183 人，其中，太原理工大学和山西大学两校共招收中国政府奖学金生 46 人。

2015 年，山西省 4 所高校具有招收国际学生资格，共招收国际学生 401 人，其中学历生 140 人、非学历生 261 人。

2016 年，为吸引和鼓励更多优秀的外国学生来山西省学习，省政府设立来晋留学政府奖学金，并制定实施细则。山西大学、太原理工大学、山西农业大学、山西师范大学、中北大学、山西中医学院 6 所高校入选来晋留学政府奖学金项目高校。来晋留学政府奖学金的设立有力地助推了山西省各高校开展来华留学生教育的热情，例如太原理工大学当年即招收国际学生 215 名，成为当时山西省来华留学教育发展的一大缩影。

2018 年，山西省共 9 所高校具有招收国际学生资格，该年度招收国际学生 1 547 人，其中学历生 1 127 人、非学历生 420 人。

2019 年，山西省共有 12 所高校（山西大学、太原理工大学、山西医科大学、中北大学、山西中医药大学、山西农业大学、山西师范大学、山西财经大学、太原师范学院、山西大学商务学院、山西医科大学晋祠学院、山西机电职业技术学院）具有招收国际学生的资格。该年度山西省共接收来自 81 个国家的留学生 1 794 人，其中语言生和预科生 419 人，占留学生总数的 23.4%；“一带一路”沿线国家学生共 1 399 人，占留学生总数的 78%。

2020 年，山西省招收国际学生 1 791 人，生源遍布全球 75 个国家。其中，巴基斯坦、阿富汗、尼日利亚、孟加拉国、土库曼斯坦等国的留学生人数较多。

2021 年，山西运城学院完成招收来华留学生资格备案。至此，山西省共有 13 所院校具有从事来华留学生招生和培养工作的资格。

2000—2021 年，来晋留学生平均规模为 112 人。虽然与国内其他省份相比，山西省来华留学教育处于弱势地位，但近年来山西省教育对外开放总体发展势头良好并不断焕发生机，国际交流合作规模和水平得到显著提升，这将极大助力山西省高等教育对外开放水平的提高，打响山西省的国际知名度。

近年来，山西省凭借独特的文化资源优势，基于山西省转型综合改革示范区的省级双创示范基地，以三晋高校为依托，立足山西省本土文化特色，在留学生教学管理服务等方面积累了丰富的经验。值得深思的是，虽然山西省有巨大的文化资源优势，但是品牌效益尚未充分形成，来晋留学的内生动力仍未得到充分激发，现有来华留学教育结构也有很大的改善空间。因此，应进一步紧跟国家来华留学事业的发展大潮，深度挖掘地方区域资源的文化潜力，统筹规划来华留学教育事业的发展布局，将文化传承与中外人文交流充分融入校园文化建设、学科建设、专业建设、课程建设，切实担负建设“文化强国”与文化传播的使命，开辟山西省对外开放新局面。

来晋留学生与来华留学生人数对比统计图如图 1–10 所示。

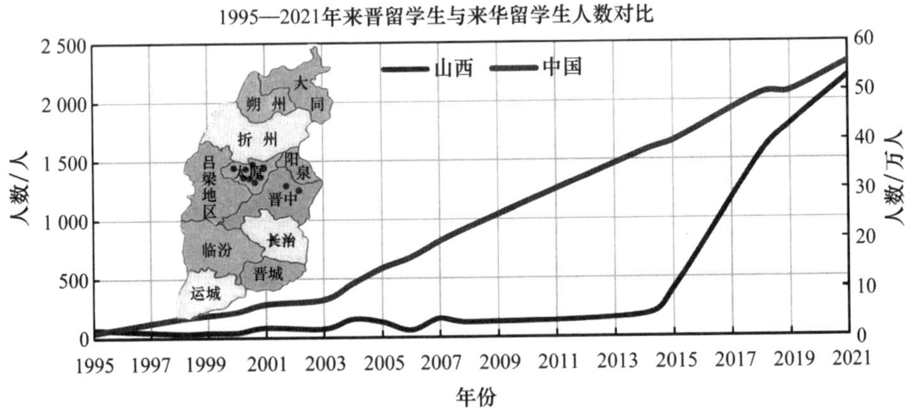

图1–10　来晋留学生与来华留学生人数对比统计图

第 2 章　太原理工大学来华留学教育发展历程

2.1　学校概述①

太原理工大学是一所历史悠久、底蕴深厚、特色鲜明的世纪学府，坐落于具有 2 500 多年建城史的国家历史文化名城——太原，其前身是创立于 1902 年的山西大学堂西学专斋，为我国创办最早的三所国立大学堂之一。1953 年，学校独立建校，定名太原工学院，直属于国家高等教育部；1962 年，划归山西省管理；1984 年，更名为太原工业大学。1997 年，太原工业大学与直属于国家煤炭工业部的山西矿业学院（始建于 1958 年）合并，组建太原理工大学，同年跻身国家“211 工程”重点建设高校行列，开启了改革发展的新篇章。2017 年，学校入选国家“双一流”建设高校，迎来了崭新的发展时期。

100 多年来，学校始终秉承“求实、创新”的校训，坚持“以人为本、文体为舟、承载德智、全面发展”的办学传统，彰显“敢为人先、敢于竞争、勇于创新”的精神气质，涌现出一批学术大师、行业翘楚和道德楷模，如著名教育家赵宗复、“中国石油之父”孙健初、中国“前寒武纪地质学开拓者和奠基人”王曰伦、圆弧齿轮专家朱景梓、“煤化工科技领域的开拓者之一”谢克昌、“知识分子楷模”栾茀、“草原公仆”云布龙等，深刻诠释着百年老校“得天下英才以育之、育一代新人以报国”的崇高追求。

学校以工为主、理工结合、多学科协调发展，涵盖理学、工学、经济学、法学、教育学、文学、管理学、艺术学 8 个门类。学校紧紧围绕“以学生为中心”的办学理念，坚持落实立德树人根本任务和一流大学建设目标，致力于培养德智体美劳全面发展的社会主义建设者和接班人。

“汾水之滨，煌煌学堂。”学校将以习近平新时代中国特色社会主义思想为指导，不忘初心、牢记使命，以推动社会进步、实现国家富强、谋求人类福祉为己任，坚定不移朝着建设综合性研究型高水平一流大学的目标奋勇前行。

2.2　学校来华留学教育发展历史

太原理工大学来华留学教育可追溯至 20 世纪 80 年代，学校当时为对汉语感兴趣的外籍教师开设了汉语课程，但彼时的文化交流范围、人数规模较小，影响

① 参见太原理工大学官网。

也比较有限。真正现代意义上的来华留学教育，即针对外国留学生开展招收、培养等活动的高等教育，始于20世纪90年代，发展于国际教育交流学院成立之时，壮大于国际教育交流学院独立运行之后。

学校于1985年获得聘请外籍教师与招收国际学生的资格，来华留学教育工作正式起步。20世纪80年代中期，学校的2名美国外籍教师提出希望能够在学校系统学习汉语，学校外事处（国际合作处前身）专门调入一名汉语教师为其讲授中文，开启学校来华留学教育篇章。随着越来越多的外籍教师加入来华留学教育行列，学校对外汉语师资力量得到相应补充，汉语国际教育教研室初具规模。

进入20世纪90年代，学校先后从加拿大、韩国和日本等国招收国际学生，国际学生的规模进一步扩大。

2000年，学校成立汉语国际教育教研室，同时补充了对外汉语教学师资力量。

2003年，太原理工大学国际教育交流学院正式成立，标志着学校国际学生的招收、管理和教学工作迈入新台阶。自此以后，学校国际学生人数相对稳定，学生来源国主要为日本、美国、加拿大、韩国、澳大利亚、菲律宾、赞比亚等。

2008年，学校与阿富汗喀布尔大学共建该国第一所，也是目前我国在阿富汗境内唯一的一所孔子学院。

2009年，国家汉办批准学校承建牙买加西印度大学莫纳分校孔子学院，该孔子学院的成立标志着孔子学院首次走进以英语为母语的加勒比地区。

2011年，国际教育交流学院独立运行，国际学生招生渠道和生源国实现新突破。当年学校一次性接收学历留学生41名、非学历留学生37名。

2012年，国际教育交流学院设立国际教育系，下设汉语国际教育专业。当年学校接收学历和非学历留学生共29名。

2013年，学校成为中国政府奖学金接收院校。同年7月，学校汉语国际教育本科专业经教育部批准开始招生，并于2017年4月25日接受并顺利通过山西省学位委员会的评审，获得学位授予资格。当年学校共招收国际学生54名，首次招收录取中国政府奖学金生15名（其中硕士研究生3名、本科生12名）。

2014年，学校获得中国政府奖学金自主招收资格，制定了《关于我校学历留学生培养方案及部分课程调整的通知》《太原理工大学留学生学历研究生汉语通识及中国文化课程培养方案》《太原理工大学留学生本科学历教育课程置换方案》《太原理工大学外国留学生经费管理办法（试行）》等文件。当年学校共招收国际学生76名，第一批来华留学本科生毕业（图2-1）。

2015年，学校获批孔子学院南亚国家汉语师资班奖学金和教育部留学基金委中美人文交流专项学历生奖学金，设立"一带一路"沿线国家留学生专项奖学金。当年学校共招收国际学生119名，在校国际学生规模达到239人次，其中，学历生（包括预科生）占总人数的 20%。

图2-1 2014年，学校第一批来华留学本科生毕业

2016 年，学校增设山西省来晋留学政府奖学金、太原理工大学非洲项目奖学金和教育部留学基金委中美人文交流专项学历生奖学金项目，颁布《太原理工大学授予来华留学生学位实施办法》，对来华留学生的学位授予办法进行了明确规定。学校的“中国文化”“三晋文化”两门课程分别入选教育部“来华留学英文授课品牌课程”“山西省来华留学生英语授课品牌课程”。当年学校共招收国际学生 215 名，在校国际学生 282 人，其中，学历生（包括预科生）165 人，占比 58.5%。

2017 年，学校首次面向研究生设立全英文授课项目，招收来自巴基斯坦等 17 个国家的研究生 88 名。学校奖学金层次、种类取得重大突破：设立校级国际学生研究生专项奖学金项目，针对加纳学生首设企业奖学金，获批中欧学分生专项奖学金项目。学校首次启动来华留学质量认证工作，并制定《太原理工大学来华留学本科生培养方案》《太原理工大学来华留学研究生培养方案》。当年学校共招收国际学生 211 名，在校国际学生达 434 人，其中学历生 413 名（包括预科生），占比 95.2%。同年，学校第一批来华留学硕士研究生毕业（图 2-2）。

2018 年，学校获批 HSK 考试考点奖学金项目，并以优异的成绩通过认证，成为高等学校来华留学质量认证第三批试点院校（图 2-3、图 2-4），学校来华留学教育事业跨上新台阶。学校规范国际学生招生工作流程，完善各项招生制度，基本实现招生、录取的信息化和电子化。当年学校共招收国际学生 217 名，在校学生人数达到 511 名。学校中国政府奖学金生比例进一步提高，占在校生总数的 11.93%。

图2-2　2017年，学校第一批来华留学硕士研究生毕业

图2-3　时任校长黄庆学在北京参加来华留学质量认证试点院校签约仪式，并代表学校与中国教育国际交流协会签署认证协议

證書

太原理工大学：

贵校在来华留学质量认证第三批试点工作中得到认可，认证结果良好。

图2-4　太原理工大学获得来华留学质量认证证书

2019 年，学校修订完善了《太原理工大学招收和培养国际学生管理办法（修订）》和奖学金、社团管理、实习管理、勤工助学、临时困难补助、保险缴纳、外住管理、请假管理等相关制度规定。学校开创了“在线申请 - 审核制”的自主招生模式，共招收国际学生 211 人，在校国际学生达到 594 人。当年，来华留学生首次获得校长奖学金（图 2–5），学校第一位来华留学博士研究生毕业（图 2–6）。2019 年，学校来华留学生毕业典礼如图 2–7 所示。

图2–5　2019年，文法学院留学生王力首次获得校长奖学金

图2–6　2019年，学校第一位来华留学博士研究生毕生

图2–7　2019年，学校来华留学生毕业典礼

2020—2021 年，学校在国际教育交流学院设立国际学生办公室、预科教育中心和太原理工大学“一带一路”研究中心[①]，以切实提高来华留学教育质量，促进

① 太原理工大学“一带一路”研究中心已于 2021 年 8 月更名为太原理工大学阿富汗研究中心。

学科科学发展。学校通过中国政府奖学金绩效评价、中国政府奖学金年度评审，首次获批中国教育部中外语言交流合作中心“‘汉语桥’线上团组交流项目”立项支持。两年内，学校先后招收国际学生 700 余名，录取比例为 21.8%，近 200 名国际学生顺利毕业并获得学位。2020—2022 年毕业典礼暨学位授予仪式如图 2-8~ 图 2-10 所示。

图2-8　2020年毕业典礼暨学位授予仪式

图2-9　2021年毕业典礼暨学位授予仪式

图2-10 2022年毕业典礼暨学位授予仪式

2.3 学校来华留学教育工作成效

自20世纪80年代起，在“211工程”与“双一流”建设规划的指导下，学校来华留学事业稳步推进，取得显著成效。总体而言，学校注重稳步扩大留学生招生规模，优化生源结构，提高生源质量，强调贯彻落实“趋同化”管理理念，逐步完善国际学生招收、培养、管理、服务制度体系，重视孔子学院建设，积极参与共建“一带一路”教育行动和中外人文交流项目，并努力在联合办学方面迈出新步子。

2.3.1 “211工程”建设时期（1997—2015年）：来华留学教育模式渐趋形成

“211工程”建设时期，学校秉承前瞻性思维，国际化办学逐渐被纳入办学定位。2016年，学校积极贯彻落实来华留学工作的指导方针，提出“国际化战略工程”，坚持规划先行、分步实施。随着国际教育交流学院的成立与独立运行，学校不断完善规章制度及管理办法，建立了规范的管理体系和工作流程，形成了由单一的语言培训发展到集语言生和本硕博学历生、奖学金生和自费生、长期生和短期生等于一体的多元化、多层次的培养格局。学校承担了2所孔子学院的建设和运行任务，累计培养2 900余人。

（1）确立来华留学发展定位，建立特色来华留学教育基地。

针对来华留学工作，学校始终围绕“一带一路”建设，坚持“立足山西、面向全球”的办学思路，结合山西省能源重化工基地的发展需求，基于龙城丰厚的历史文化底蕴优势和学科群优势，在人才培养、师资队伍建设、科学研究、社会服务、文化传承、国际合作等方面，确立了“立足亚洲，发展非洲，拓展欧美”的来华留学教育区域发展目标，建立起煤炭能源绿色、高效、清洁开发利用的来华留学高等工程教育基地，着力培养知华、友华、具有一定人文素养的国际化、应用型人才，形成与学校综合实力相匹配的国际化教育格局。

在来华留学办学层次上，学校统筹布局，保持来华留学教育的办学规模、专业布局、生源结构、培养质量和社会效益的协调发展，形成了以学历教育为主、长短期汉语进修为辅的来华留学教育培养格局。

在来华留学学科专业架构上，学校立足山西省的发展建设需求，基于“以工为主、理工结合、多学科协调发展”的高校特色，以煤炭绿色安全开采、能源清洁高效转化、煤机装备和先进材料开发为平台，以矿业工程、化学工程与技术、材料科学与工程、机械工程、安全与应急管理工程等优势学科群为引领，以电气工程、环境工程、信息、计算机工程、土木与建筑工程等学科为主体，以汉语国际教育和经济管理为双翼，以培养具有国际视野和行业竞争力的能源绿色开发、高效利用、清洁转化相关技术与管理人才与本土汉语师资国际化人才为特色，构建了面向能源开采、能源转化、材料研发、装备制造的来华留学生教育学科群，以努力打造国内一流的能源工程类来华留学教育基地。

（2）人才培养机制日臻完善，管理服务和培养模式渐趋规范。

随着我国高等教育国际化进程的不断加快，来华留学人数逐年增加。学校充分参考借鉴专业化、成熟化的培养管理模式，以学生为中心，坚持以能源为培养特色，逐步完善来华留学教育质量保障体系，深入探索、实践“3323”这一现代化来华留学人才培养和管理模式，以切实提升国际学生培养质量和管理服务水平。“3323”具体表现为：

人才培养三要素：“知华、友华、国际化”的人文素养；满足行业服务需求的专业技能；具有国际视野和跨文化交际能力。

招生对象三面向：面向“一带一路”沿线国家、面向学校优势学科群、面向区域经济发展特色。

教学培养两模式：授课形式双模式和学制结构双模式。授课形式双模式分为“中外学生同堂授课，趋同化教学，存异求同”，以及“来华留学生独立成班，与同专业学生多元文化交融，和而不同，周而不比”这两种模式。学制结构双模式为兼顾汉语基础、学科基础与文化学习的预科教育，以及强调知识与能力并行，通过专业知识与实践技能交替攀升达到人才培养目的的学历教育。

日常管理“三个化”：基于国际学生管理服务平台，实现招生、教学、管理等操作系统化；基于完善的管理制度，在招生、培养和日常管理过程中做到严格标准、有据可依，各项程序制度化；坚持“外事无小事”，教育管理人员通过不断学习提升业务能力，了解学生的心理活动规律，尊重国别文化差异，注重工作方式的科学化。

学制结构双模式的实施有力地解决了学生入学之际由于汉语与专业水平差异大而难以完成与中国学生同样严格要求的教学任务与培养要求、由于风俗习惯和语言文化差异而难以融入中国校园和社会等问题，能够帮助学生深入了解中国国情与文化，扎实掌握汉语言文化及专业基础知识，提升跨文化交际能力。中外学生同堂授课能够助力留学生更加深入地融入校园环境和社会环境，推动中外学生沟通交流、增加互信，助推中国故事与中国文化走向世界。来华留学生独立成班有利于增强国际学生之间的沟通交流，加强校园国际化氛围，推动进一步探索建立“一带一路”倡议下来华留学生教育服务质量体系和培养评价体系。

（3）积极推进孔子学院建设，牵起中外人文交流纽带。

学校始终致力于在国际社会大力推广中国文化，满足各地人民对汉语教学的需求。自 2008 年喀布尔大学孔子学院和 2009 年牙买加西印度大学莫纳分校孔子学院成立后，学校先后派遣多名中外方院长及专任教师赴这两所孔子学院任教。教师王焕青、郭涌、赵京武、张晋峰等先后前往喀布尔大学孔子学院任教，教师卢绍刚、沈晓雁、梁颖萍、董晓民等先后前往牙买加西印度大学莫纳分校孔子学院任教。这些教师在各自的工作岗位上辛勤工作，取得了傲人的成绩。其中，赵安源（2009 年）、郭涌（2011 年）、卢绍刚（2014 年）、赵京武（2014 年）等教师先后获得孔子学院“先进个人”光荣称号。2014 年，阿富汗驻华大使馆向赵安源颁发嘉奖令，表彰他对中阿文化交流所做出的贡献。同年，阿富汗高等教育部为赵京武颁发了“特殊贡献奖”荣誉证书，表彰他对阿富汗高等教育事业所做出的贡献。

孔子学院的特色发展培养了一批高素质、高水平的海外学子。“211 工程”建设时期，喀布尔大学孔子学院培养学生 320 余人，西印度大学莫纳分校孔子学院培养学生 2 600 余人，影响力辐射阿富汗、牙买加全国。同时，依托这两所孔子学院，学校先后吸引了多名来自阿富汗、牙买加的国际学生前来太原理工大学就读，来校留学人数实现新的增长。

（4）依托海外孔子学院，南亚师资队伍蓬勃发展。

海外孔子学院是我国为增强国家软实力，提高国际地位而做出的重要举措之一。依托阿富汗喀布尔大学孔子学院，学校于 2015 年获批承办南亚国家汉语师资班，并于当年成功推荐33名学生来太原理工大学攻读汉语国际教育本科专业。截至 2021 年，喀布尔大学孔子学院已经连续 3 年为学校推荐符合条件的孔子学院南亚国家汉语师资班项目奖学金生 81 名。

随着学校汉语国际教育专业的不断发展，现南亚国家汉语师资班学员已由单一的阿富汗学生转变为以亚洲国家为主，如韩国、越南、哈萨克斯坦、塔吉克斯坦、叙利亚等国，以非洲国家为辅，如尼日利亚、莫桑比克、苏丹、贝宁、加纳等国，继而辐射到欧洲国家，如波兰、萨摩亚、俄罗斯等国的格局。同时，国际学生就读的专业也由原来单一的汉语国际教育专业扩展到软件工程、公共管理、国际经济与贸易、土木工程等专业。南亚国家汉语师资班的蓬勃发展对海外生源国本土师资的培养、中外合作领域的拓展具有重要推动作用。

2.3.2 “双一流”建设时期（2016 年至今）：来华留学教育启航新征程

在国际化办学快速发展的新阶段，学校以习近平新时代中国特色社会主义思想为指导，始终坚持“党管外事”的原则，坚持落实立德树人根本任务，力争构建全方位、多层次、宽领域的国际合作与交流新格局，加快国际化办学进程。“双一流”建设时期，学校通过中国教育国际交流协会的高等学校来华留学质量认证，累计招收培养来华留学生 1 120 余人，学校承担建设工作的阿富汗喀布尔大学孔子学院和牙买加西印度大学莫纳分校孔子学院累计培养 1 900 余人。为切实推动科研国际化，充分推进与“一带一路”沿线国家的交流合作，学校成立太原理工大学“一带一路”研究中心。

（1）国际学生结构日趋合理，办学质量显著提升。

学校来华留学生国别与地区分布合理，符合山西省的区位特点。学校重视来华留学培养对区域经济和学校发展的推动作用，基于山西省的区位优势和学科优势，主动对接国家“双碳”战略、能源生产和消费革命战略和山西省发展需要，调整国际学生的国别和层次结构，在招生目标中明确提出生源主要倾向于能源资源丰富的发达过国家或者“一带一路”沿线发展中国家。自“双一流”建设启动后，学校充分利用中国政府奖学金、孔子学院奖学金等多个来华留学生资助渠道，稳步扩大来华留学生规模，来校留学人数不断增加。2016—2021 年，学校共招收来华留学生 2 652 人（图 2-11），在校学生数量逐年增加；学生分布在全校 26 个二级培养单位，分属 8 个一级学科门类；学生来自 66 个不同国家，其中，“一带一路”沿线国家 56 个，排在前三位的是阿富汗、巴基斯坦、孟加拉国，充分服务“一带一路”倡议。生源来自 6 大洲，其中，亚洲学生占比 65.94%，非洲学生占比 30.4%，其余来自欧洲、南美洲、北美洲和大洋洲。

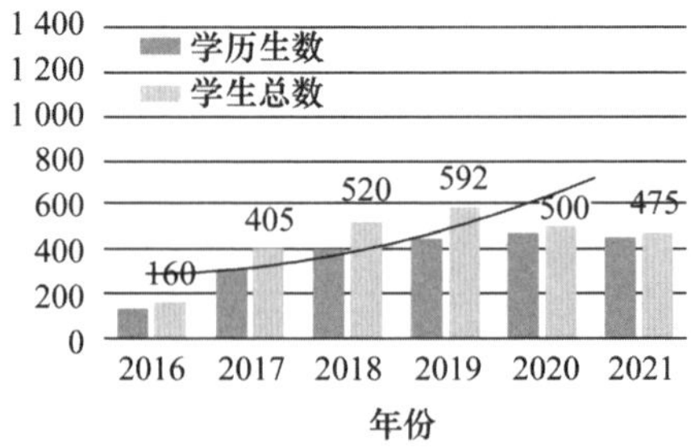

图 2-11 太原理工大学2016—2021年来华留学生人数

学校重视本科层次学历生的培养，同时加强硕士研究生和博士研究生的招生力度，因此，学校来华留学生在学历层次上呈现出本科生、硕士研究生、博士研究生的比例稳步提升的态势（图 2-12）。

学校来华留学生学科分布合理，符合学科建设需求。学校提出以重点学科、优势学科、特色学科为依托，建立预科—本科—硕士的可持续培养体系，反哺学校的“双一流”建设和高等教育国际化。在来华留学生培养方面，学校以一流学科为龙头，以“计算机应用技术”和“管理科学与工程”为双翼，构成高层次来华留学生结构的主体，就读这些专业的来华留学研究生占全部来华留学研究生的60%以上。来华留学本科生的专业以国家一流专业“计算机科学与技术”以及“汉语国际教育”“国际经济与贸易”为主，留学生数量约占留学生总人数的80%。

图2-12 太原理工大学2016—2021年来华留学生中本科生、研究生的占比

学校来华留学生在校学习期间，在国际高水平期刊上发表多篇学术论文，积极参加各类竞赛。2019年至2022年6月，学校获得硕、博士学位的来华留学生以第一作者发表学术论文73篇，其中SCI收录的核心期刊共18篇。经济管理学院硕士研究生郑义于2022年在中科院一区TOP期刊*Energy*上发表论文。学校来华留学生在专业学习和各类竞赛中也取得了一定成绩，如机械与运载工程学院博士魏力2019年代表学校参加“学在中国”来华留学博士生论坛，2022年创作的《学在太原理工大学》短视频被国家留学基金管理委员会采纳；土木工程学院硕士生裴朗作为“一带一路”沿线国家留学生代表参加了2019结构安全监测技术交流会和2019中国·衡水京津冀“双协同”创新发展大会；外国语学院硕士生苏一文于2021年在金色年华第二届“儒易杯”中华文化国际翻译大赛口译总决赛中荣获演讲比赛优秀奖；经济管理学院本科生黎海燕于2022年荣获“汉语桥”演讲比赛优秀奖。

（2）重视师资队伍建设，教学管理服务水平显著提升。

学校高度重视国际学生教学管理队伍的建设，定期招聘教学管理服务人员，以扩充队伍规模、提升教学管理服务水平。2018年以来，学校先后引进专职汉语教师8名，主要从事国际汉语教学和中国现当代文学、语言学等方面的研究，同时负责来华留学生汉语和文化类课程的教学工作。这些教师多次承担、参与省部级来华留学生教学科研项目，并建设了一批国家级、省部级精品课程，如“中国文化”“三晋文化”“汉语读写”“史话中国”“道德修养和法律基础”等；引进国际学生专职辅导员 2 名，承担来华留学生的日常管理服务工作。

学校积极打造国际学生“自我教育、自我管理、自我服务”体系，创造性地将来华留学生纳入管理队伍，使来华留学生积极参与来华留学相关事务。学校于 2015 年 11 月成立山西省首个留学生组织——太原理工大学留学生会；2019 年成立国际学生助理团队，组建国际学生安全宣讲团；2020 年开始聘用国际学生公寓楼长助理（图 2–13）。这些来华留学生组织的成功建立是学校在留学生自主管理领域的有益尝试，是学校“学生工作标准化”向国际学生管理领域的有力延伸，有利于促进、带动学校来华留学各方面工作的规范化，切实助力学校提升“国际化”办学水平和“双一流”建设。

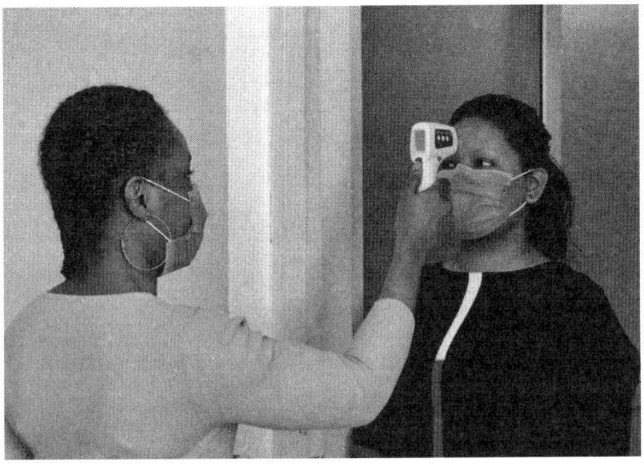

图2–13　国际学生公寓楼长助理协助楼长做工作

（3）培育“一带一路”青年精英，知华、友华、助华。

学校重视来华留学生的实践活动，先后组织暑、寒假社会实践活动，学雷锋支教活动，春节文化体验等常态化实践活动，鼓励留学生积极到中国各地走访，深化对华、对晋的了解，勉励学生加强交流互鉴，为推动构建人类命运共同体贡献青春力量。

学校注重推动就业，鼓励创业，为来华留学生量身打造生涯规划和就业指导。学校将职业生涯规划和指导纳入来华留学生入学教育课程中，并为来华留学本科生开设创新创业课程。国际教育交流学院协同校团委和学生就业指导中心为来华留学生组织了丰富的就业创业活动，主要包括组织留学生参加学校大型就业洽谈会、线上双选会等；主动与当地企业沟通，组织创新创业训练营和沙龙活动，以使来华留学生更直观地了解新兴企业的创办理念、经营模式等，为学生创业就业打开新思路（表 2–1、图 2–14）。

表2-1　太原理工大学来华留学生参加的创业、就业活动

时间	对象	具体活动
2019 年 12 月	2020 届毕业生	太原理工大学第一期国际学生创业训练营
2019 年 12 月	2020 届毕业生	太原理工大学 2020 届毕业生冬季就业洽谈会
2020 年 3 月	2020 届毕业生	太原理工大学“线上”双选会
2020 年 9 月	2019 届张神智	阿里巴巴 GET 全球商业挑战赛
2020 年 11 月	国际经济与贸易、采矿工程等专业学生	“山西品牌丝路行”
2021 年 5 月	2021 届毕业生	太原理工大学第二届国际学生创新创业训练营

（a）来华留学生参加太原理工大学第一期国际学生创业训练营

（b）来华留学生参加冬季就业洽谈会登上《山西晚报》

图2-14　太原理工大学来华留学生参加就业、创业活动

另外，学校设有学生就业指导中心，为在校学生提供专业的就业指导和帮助。学生处与国际教育交流学院定期围绕留学生就业创业能力的提高这一问题，不断探索好的经验、办法，解决学校国际学生就业、创业问题，助力学校“双一流”建设 （图 2-15）。

学校深挖文明传播志愿服务，鼓励来华留学生讲好中国故事，做中华优秀传统文化的传播推介者。2017 年以来，学校先后在暑期组织国际学生利用回国探亲、国外支教的机会远赴阿富汗、泰国、越南等国家开展文化传播实践活动，组建“欢动五洲”志愿者协会，组织国际学生参与二青会志愿服务、HSK 志愿辅导班、迎新志愿者活动、运动会志愿者活动等（图 2-16）。其中，“丝路青年观中国”实践队入选 2019 年全国大学生“一带一路”暑期社会实践专项行动优秀团队，“欢动五洲”志愿者协会入选 2020 年太原市青年志愿者协会理事单位。

图2-15　学生处副处长李栩一行调研国际学生就业、创业工作

（a）参与二青会志愿服务　　（b）参与HSK志愿辅导班

图 2-16　太原理工大学来华留学生参与志愿服务活动

学校培养了诸多知华、友华且愿意助华的杰出来华留学生校友，截至 2021 年 12 月，学校已有学历留学生 313 人、非学历留学生 218 人毕业。多数学生对中国高等教育高度认可，怀揣友华情愫，毕业后选择继续在中国学习深造。部分学生选择回母国从事与专业相关的工作，在促进中国与母国开展政治、经济、文化、科技和学术等方面的交流、合作中发挥了重要作用。如学校先后有 12 名阿富汗校友回到喀布尔大学任教，成为当地教授汉语和传播汉文化的使者；阿富汗籍学生佳和曾在 2014 年担任总统候选人选举团队顾问，目前在中国石油公司阿富汗分部做管理工作；阿富汗籍李白等 3 名学生先后到外交部和大使馆工作，促成了 2017 年阿富汗喀布尔大学青年领袖访华团的到访（图 2-17），大幅提升了中国与阿富汗交流的频次和效果；加纳籍学生邓肯回国后致力于推动加纳大学与太原理工大学的紧密合作，在他的助推下，2019 年加纳政府专门设立了奖学金，资助 10 名学生到太原理工大学进修；越南籍学生陈明璇在母国从事汉语教学工作的同时，还参与多项武术比赛，推动了中国武术文化的传播。优秀校友代表如图 2-18 所示。

图2-17 2017年，阿富汗喀布尔大学青年领袖访华团一行到访太原理工大学

图2-18 优秀校友代表

学校重视来华留学生校友工作，强调加强留学生校友与母校间的深度交流和价值挖掘。学校建有来华留学生校友工作机制，于2022年成立太原理工大学国际教育交流学院校友分会，制定《国际教育交流学院校友分会章程（草案）》。学校注重建立并维护校友数据库，每年进行毕业生统计并建立已毕业留学生的学生信息库，及时更新学生信息，切实推动校友数据库建设，并选任国别校友代表，主要负责与校友保持联络，开展校友活动，积极推动来华留学生海外校友组织的建立和发展。同时，学校每届来华留学生毕业时都建有国际学生微信群，方便已毕业留学生寻求帮助或增进校友间的沟通交流。

（4）成立国别研究中心，实施国际化行动计划。

为推动落实国家“一带一路”倡议、丰富学校国际化建设内涵，学校于2020年3月成立太原理工大学“一带一路”研究中心（图2-19），其《阿富汗问题相关研究》《在华国际学生对我国社会安全的潜在风险评估及防范措施》等研究成果被中国社会科学院国家全球战略智库采纳。2021年，为服务国家重大发展战略，推进国别区域研究工作，充分发挥开展阿富汗国别研究的特色和优势，学校将太原理工大学“一带一路”研究中心改名为太原理工大学阿富汗研究中心，以聚焦阿富汗热点问题，集中研究阿富汗经济、政治、文化、教育等各方面的内容。

图2-19　2020年，太原理工大学“一带一路”研究中心参加“一带一路”视域下的中国与阿富汗学术研讨会

学校积极促进多边教育国际交流和“一带一路”建设，围绕“双一流”建设工作，制定了《太原理工大学国际化战略工程建设方案（2018—2020）》，初步构建了学校国际化发展的四梁八柱，并在二级单位设立外事分管领导，推行外事秘书制度和国际化考核制度，形成了“以学校为主导、学院（二级单位）为主体、学者为主力、学生为主角”的国际合作与交流工作新格局。

学校以人才培养（Cultivation）为第一要务，以师资建设（Faculty）和科研合力（Synergy）为根基，以文化互鉴（Openness）和管理协同（Unison）为核心方法，塑造彰显时代发展趋势与学校特色的“五个聚焦”（FOCUS）国际化发展理念，实施“卓越工程师教育培养计划”“国际智识高地打造计划”“国际科研协同创新计划”“全球多元文化交流计划”“国际化管理效能提升计划”，以进一步强化国际化办学在“双一流”建设中的推动作用，不断提高学校的国际竞争力、声誉和影响力，来华留学生的培养亦纳入其中。

（5）加强管理服务，孔子学院开新局。

2017 年以来，学校承担建设的阿富汗喀布尔大学孔子学院累计培养学生 200 余人，牙买加西印度大学莫纳分校孔子学院累计培养 1 700 余人。学校成功举办了“一带一路”背景下中阿合作研讨会、孔子思想学术研讨会、阿富汗“地球村”国际文化节、敦煌艺术展、加勒比地区孔子学院联席会议等一系列重大活动（图 2-20）。2021 年，两所孔子学院顺利完成转隶工作，意味着学校将进一步承担起孔子学院建设的主体责任，加强对孔子学院的管理，促进国际中文教育的发展，推动中外人文交流及人类命运共同体的构建。

图2-20　牙买加西印度大学莫纳分校孔子学院承办孔子学院总部加勒比地区孔子学院联席会议

第 3 章　太原理工大学来华留学教育发展成效

学校重视来华留学教育事业的发展，坚持提质增效、内涵发展，按照“创新办学模式，优化育人体系，调整学科布局，服务山西转型”的发展思路谋篇布局，深耕国际化和全校一盘棋的发展理念，不断推进中外学生趋同化管理，通过不断优化来华留学生的生源结构、专业结构与层次结构，建立健全来华留学教育质量保障机制，形成科学化、制度化、人性化的教育、管理和服务体系，切实打造“留学太理”工程，服务于“留学中国”品牌建设。以此为指导，学校建立起全方位、系统化的校院二级管理国际化工作体系，在逐步完善来华留学教育质量保障机制的基础上，逐渐形成了以理工优势专业为主、经管文史专业见长的来华留学学科体系，培育了一批具有太原理工大学底蕴、中国情怀、国际视野的知华、友华人才。

截至 2021 年 12 月 31 日，学校在校国际学生共 477 名，分布在学校 26 个培养学院，分属 8 个学科门类。按照学生层次类别统计，学历生 451 名（其中本科生 180 名、硕士研究生 207 名、博士研究生 64 名），非学历生 26 名（其中预科生 22 名、汉语进修生 4 名），分别占在校国际学生总数的 94.5% 和 5.5%。

按照生源国别统计，学校留学生来自全球 55 个国家和地区（表 3–1），其中尤以巴基斯坦、孟加拉国、阿富汗、尼日利亚、加纳、越南和老挝为主。从洲际分布来看，以亚洲（62.3%）和非洲（36.1%）为主，北美洲和欧洲紧随其后，但所占比重较小，仅约为 0.63%。

表3–1　太原理工大学在校国际学生国籍分布情况

序号	国籍	预科	汉进	本科	硕研	博研	合计
1	巴基斯坦	0	0	2	29	26	57
2	孟加拉国	3	0	18	23	7	51
3	阿富汗	4	3	28	12	3	50
4	越南	0	0	27	3	0	30
5	老挝	0	0	21	2	0	23
6	土库曼斯坦	0	0	18	3	0	21
7	也门	1	0	3	8	4	16
8	蒙古	1	0	5	6	0	12
9	乌兹别克斯坦	3	0	6	2	0	11
10	韩国	0	0	1	4	0	5

续表3-1

序号	国籍	预科	汉进	本科	硕研	博研	合计
11	尼泊尔	0	0	0	4	0	4
12	哈萨克斯坦	0	0	1	2	1	4
13	吉尔吉斯斯坦	0	0	2	2	0	4
14	泰国	0	0	2	0	0	2
15	叙利亚	0	0	0	2	0	2
16	缅甸	0	0	0	0	1	1
17	印度	0	0	0	1	0	1
18	伊拉克	0	0	0	0	1	1
19	巴勒斯坦	0	0	0	1	0	1
20	塔吉克斯坦	0	0	1	0	0	1
亚洲小计		12	3	135	104	43	297
21	美国	0	0	0	1	0	1
22	巴拿马	1	0	0	0	0	1
23	加拿大	0	0	0	1	0	1
北美洲小计		1	0	0	2	0	3
24	哥伦比亚	1	0	0	0	0	1
南美洲小计		1	0	0	0	0	1
25	巴布亚新几内亚	1	0	0	0	0	1
大洋洲小计		1	0	0	0	0	1
26	俄罗斯联邦	0	0	1	1	0	2
27	波兰	0	0	1	0	0	1
欧洲小计		0	0	2	1	0	3
28	尼日利亚	0	0	22	25	3	50
29	加纳	0	0	3	35	6	44
30	阿尔及利亚	0	1	0	7	1	9
31	卢旺达	1	0	2	6	0	9
32	莫桑比克	0	0	4	1	1	6
33	苏丹	0	0	2	0	3	5
34	津巴布韦	1	0	2	1	0	4

续表3-1

序号	国籍	预科	汉进	本科	硕研	博研	合计
35	刚果（金）	0	0	1	3	0	4
36	摩洛哥	0	0	1	2	1	4
37	贝宁	0	0	0	0	4	4
38	利比里亚	0	0	0	3	0	3
39	喀麦隆	0	0	1	2	0	3
40	埃塞俄比亚	0	0	2	1	0	3
41	刚果（布）	0	0	0	2	0	2
42	赞比亚	2	0	0	0	0	2
43	利比亚	0	0	0	0	2	2
44	埃及	0	0	1	1	0	2
45	安哥拉	2	0	0	0	0	2
46	塞内加尔	0	0	1	1	0	2
47	布基纳法索	1	0	0	1	0	2
48	突尼斯	0	0	0	2	0	2
49	肯尼亚	0	0	0	2	0	2
50	乍得	0	0	0	1	0	1
51	马达加斯加	0	0	1	0	0	1
52	乌干达	0	0	0	1	0	1
53	布隆迪	0	0	0	1	0	1
54	科特迪瓦	0	0	0	1	0	1
55	马拉维	0	0	0	1	0	1
非洲小计		7	1	43	100	21	172
合计		22	4	180	207	64	477

注：汉进=汉语进修生；本科=本科生；硕研=硕士研究生；博研=博士研究生。

按照奖学金类别统计，中国政府奖学金生 59 名，孔子学院奖学金生 15 名，山西省来晋留学政府奖学金生 210 名，太原理工大学奖学金生 183 名，自费生 10 名，分别占在校国际学生总数的 12.4%、3.1%、44%、38.4% 和 2.1%。

3.1 以质量为导向推动来华留学教育上高度

教育质量是任何类别的教育形式的核心竞争力，学校持续不懈地切实提升来华留学教育质量，坚持走以高质量发展为核心的高等教育内涵式发展道路，切实把资源配置和工作重点集中到提升来华留学教育质量上来。

学校坚持落实以人为本的教育理念，始终将留学生的学习结果作为衡量人才培养质量的重要标准。为此，学校实施"来华留学教育供给侧结构性改革"，建立了"以学生需求为导向"的教育教学管理制度，注重加强入学考试考核，严抓教学培养，瞄准教育理念、师资力量、课程体系设计等核心要素，通过思维革新、管理创新和手段更新加强教学管理。在教学实践中，学校鼓励一线教师尊重来华留学生的价值、关心来华留学生的生活、爱护来华留学生的成长，采用学生能够且愿意接受的教育方式开展教学。与此同时，学校不仅反对过分强调来华留学生的特殊性而给予其过多非政策性的照顾，亦反对无区分的"一刀切"行为，而是持双向视角，换位思考地尊重民族个性、文化传统，在此基础上"以生为本，严爱有加"地进行教育管理。

3.1.1 服务国家倡议，调整学科布局

"一带一路"倡议以打造沿线国家命运共同体和利益共同体为合作目标，主张利用创新的合作模式推动全球格局的良性发展，得到诸多国家的广泛认同与参与。教育在共建"一带一路"中具有基础性和先导性作用，教育交流为沿线各国民心相通架设桥梁，人才培养为沿线各国政策沟通、设施联通、贸易畅通、资金融通、民心相通提供支撑。高校应致力于培养大批共建"一带一路"急需人才，推动教育深度合作、互学互鉴，全面提升区域教育影响力。①

学校积极响应"一带一路"教育行动，推进教育国际化走向纵深。在来华留学生专业建设中，学校始终注重优势学科、特色专业的牵引作用，优先发展特色和优势学科、专业的来华留学生教育。学校"双一流"建设学科以化学工程与技术为核心，以"煤基资源清洁低碳高效开发与利用"学科群为建设口径，主动对接国家"双碳"战略、能源生产和消费革命战略和山西省发展需要，强化学科交叉融合。截至 2022 年 6 月，学校共有 21 个工程教育认证专业、41 个国家级一流本科专业建设点、15 个省级一流本科专业建设点，一流本科专业建设点数量达到有毕业生的本科招生专业数量的 90% 以上。在来华留学生培养方面，学校以"一流学科"为龙头，以面向"一带一路"打造能源工程来华留学教育基地为目标，构建面向能源开采、能源转化、材料研发、装备制造的来华留学生教育学科群，大力发展来华留学生教育。结合专业实际与学生需求，学校在矿业工程、化学工程与技术、材料科学与工程等优势学科以培养高层次研究生为主；在机械工程、信息与计算科学、建筑与土木工程、电气与动力工程等主干学科兼顾本科教育与研

① 中华人民共和国教育部．教育部关于印发《推进共建"一带一路"教育行动》的通知：教外〔2016〕46 号 [A/OL]. (2016-07-15)[2022-10-11]. http://www.moe.gov.cn / srcsite /A20 / s7068 / 201608 / t20160811_274679.html.

究生教育协调发展；在汉语国际教育、经济管理等人文类学科，根据生源国对本土汉语师资和行业管理人才的需求，积极开展特色专业的来华留学国际化人才教育。近3年来，这些优势专业的来华留学研究生和本科生的招生数量占全部来华留学研究生的60%以上，占来华留学本科生的75%以上。

除了依托学校优势学科群、服务区域经济发展外，学校还积极主动面向“一带一路”沿线国家广泛招生。目前，在学校进行学习的国际学生多数来自“一带一路”沿线国家，尤以巴基斯坦、孟加拉国、阿富汗、尼日利亚的学生为主。这些学生回国后将成为“一带一路”倡议的践行者，为我国与其所在国的友好关系做出努力与贡献。未来，学校将继续致力于培养能源开采、能源转化、材料研发和装备制造等领域相关专业的具有国际化素养的高等工程技术人才，将立足亚洲、发展非洲、重点拓展欧美生源，主动面向周边国家和煤炭资源丰富的美国、俄罗斯、澳大利亚、印度、德国、南非、乌克兰、哈萨克斯坦、波兰、巴西等国开展招生宣传和交流合作。

来华留学教育应紧跟时代定位，深入贯彻新发展理念，自觉置身于新发展格局中，力争实现高质量发展，努力为将我国打造成为全球主要留学中心和世界杰出青年向往的留学高地做出贡献。基于此，学校把来华留学教育作为推进国际化进程的根本任务，立足学校优势和山西省特色，服务“一带一路”国家的人才需求，培育具有国际视野和行业竞争力的“煤基资源清洁低碳高效开发与利用”的相关技术与管理人才，打造国内一流的能源工程来华留学生高等教育基地，以引领社会进步、传播中华文明。

3.1.2　精准定位培养目标，推动构建人类命运共同体

提高认识站位，脚踏实地推动构建人类命运共同体，教育对外开放是我国改革开放事业的重要组成部分，是人才工作和教育工作的重要抓手，也是向世界汇聚一流人才、助力国际科技交流的主要途径。创新性地做好教育对外开放工作是保证我国全面开放新格局形成的重要基础。身处百年未有之大变局，学校深知来华留学工作在推广中国教育、培养国际人才的同时，也承担着促进民间交流，培养知华、友华力量，服务国家战略的重要任务。为此，学校明确人才培养目标，准确把握专业定位，在人才培养、课程建设、实验实训安排等方面做出了明确、有效的规定：

（1）坚持需求导向，确定符合来华留学生身心特征的培养目标。

依据《教育部关于对中国政府奖学金本科来华留学生开展预科教育的通知》等文件精神，学校将“人文素养、国际化、应用型”确定为学校来华留学教育人才培养目标的“三要素”，并在校级层面对各专业培养目标的制定提出基本要求：以学术能力和专业技能为核心，以知华友华为根本，注重汉语水平与跨文化能力的提升，加强对中国国情、文化、社会主流价值观及法律法规的认识和了解。具体内容为：①掌握本专业基本理论、基本知识和基本技能，能够通过自主和持续

学习拓展知识，适应经济建设和社会发展需要；能够综合应用专业基本理论知识和基本技能，分析并解决专业领域的问题。②对中国历史、中国文化、中国概况和中国制度达到一定程度的了解，在认知和行动层面形成自己的“中国观”。③具有健康的体魄、良好的生活习惯和身体素质；具有积极的人生态度、健康的心理状态和良好的心理调节能力，具有承受挫折、失败的能力；具有良好的思想品德、社会公德、人文素养、国际责任感，树立科学的世界观，以及正确的人生观和价值观。

学校最早于2015年针对汉语国际教育专业制订了来华留学生人才培养方案，并先后于2016年、2018年、2020年进行了调整和完善。目前针对国际班独立运行的专业培养方案包括《计算机科学与技术专业本科人才培养方案》《国际经济与贸易专业本科人才培养方案》《汉语国际教育专业本科人才培养方案》《土木工程专业本科人才培养方案》等。为适应来华留学生的思想特点和文化背景，体现来华留学教育的特点，培养方案针对来华留学生的基础必修课进行了删减和调整，具体内容如下：与中国学生相比，来华留学生增加了“汉语听说”“汉语读写”“中国概况”“中国文化”“道德修养与法律基础”“史话中国”“中国文化体验”“三晋文化”等语言和文化类课程，删除了“思想道德修养与法律基础”“毛泽东思想与中国特色社会主义理论体系概论”等思政课程，以及英语等外语课程。

“一带一路”倡议的实施促进了我国与沿线国家的经贸往来。为满足我国与沿线国家对国际经济与贸易专业人才的迫切需要，学校充分发挥办学特色与优势，于2019年开始招收国际经济与贸易专业本科留学生。该专业旨在培养对当代中国文化和概况有一定的了解，掌握本专业基本理论、基本知识和基本技能，熟悉国际贸易实务与规则，认识与把握国内外经济与贸易的运行机制与发展规律，熟练使用汉语，熟练运用现代信息技术，具有良好的沟通、协调能力和创新、创业精神，具有跨文化交际能力和国际竞争能力，能够参与并促进中国与母国之间的友好合作关系的高素质人才。

计算机科学与技术专业是学校国家级优势专业。凭借优异的师资队伍与院士工作站、科技部重点领域创新团队等多个学科平台，学校于2020年开始招收计算机科学与技术专业本科留学生。该专业旨在培养对当代中国文化和概况有一定的了解，掌握本专业基本理论、基本知识和基本技能，能够通过自主和持续学习拓展知识，适应经济建设和社会发展需要，能够综合应用计算机软、硬件基本理论知识和基本技能，分析并解决计算机领域复杂的系统问题和交叉领域的工程问题，具有良好的沟通与合作能力，具有跨文化交际能力和国际竞争能力，能够参与并促进中国与母国之间的友好合作关系的高素质人才。

汉语国际教育专业在设立之日起便肩负着服务国家外交大政方针、传播中国文化与促进国际中文教育发展的历史使命。学校依托理工背景及三晋地域深厚的文化底蕴，逐步探索出一条有别于文科院校的汉语国际教育专业学生培养之路，以“双语言”“双文化”和“双能力”为目标，旨在培养能够胜任汉语国际教育和中国文化传播的复合型人才。毕业生需具有扎实的汉语言文化基础知识和跨文化交流能力，系统掌握第二语言教学和文化传播的知识和技能；具有一定的国际视野和全球意识，具备较高的人文素养，获得较强的以汉语作为第二语言进行教学的能力、向世界介绍中国文化的能力，以及跨文化交流的思考与判断能力。学生毕业后能够胜任在国内外院校从事汉语国际教学，在企事业单位、政府机构及新闻出版机构等从事文化传播或外事交流工作，并具备通过进一步深造成为高层次汉语国际教育专门人才的潜能。

（2）坚持对标培养目标，优化课程体系。

“计算机科学与技术”和“国际经济与贸易”两个全英文授课的专业理清了基础汉语、专业汉语、基础课程、专业课程的比例和先修关系，强调在全英文授课体系中突出汉语言文化的核心地位，注重围绕学生不同阶段实际的英、汉语言能力，采用汉语或者英文讲授基础通识课、专业理论课等课程；注重尊重文化差异，以中国史、党史为轴，展示“中国故事”的精髓，提升国际学生对“中国故事”的感知力和理解力。

为实现“汉语国际教育＋中国文化传播”复合型人才培养目标，学校汉语国际教育专业课程设置语言知识与技能、文学理论与修养、文化与跨文化交际、第二语言学习策略与教学、教师综合素质5个模块，既注重夯实语言基础，凸显外语基础和汉语言知识，又遵循理工科培养路线，第五学期至第八学期依次设计了教学观摩、教学实践、文化传播、毕业实习，注重实践对专业技能培养的作用。凭借同校管理、优势互补的平台，中外学生得以广泛交流、互通有无、相互学习，共享国际教育交流学院师资、教学资源和实践基地。各类学历生、预科生等作为汉语教学对象，成为汉语国际教育专业学生的教学实践资源，这对于培养中外学生的跨文化交际能力、语言能力有极大裨益，促进了专业建设的可持续发展。

（3）融入中国文化内涵，切实挖掘课程的人文深度。

学校以培养学生的人文素养和国际视野为目标，在整合原有课程体系、教学内容的基础上，基于人类命运共同体的全球发展理念与中国高质量发展的社会经济现状，以“质量、特色、内涵”的人才培养理念为指导，充分挖掘中国优秀传统文化的内涵和山西省厚重的文化传承、积淀，将国情、世界形势、校史与留学生日常行为规范等有机结合，搭建以专业课程为骨干课程的体现中国模式与中国精神的专业课程体系，以“中国文化”“中国概况”“中国文化体验”“三晋文化”为骨干课程的体现中国文化与中国智慧的通识课程体系，以“道德修养与法律基础”“史话中国”为骨干课程的体现中国内涵与中国力量的素养课程体系，以“汉语读写”“汉语听说”“写作与沟通”“语音课”“HSK辅导课”等汉语综合课为骨干课程的体现中国底蕴的汉语言课程体系。通过这四大课程体系的建设，学校全方位搭建起来华留学生课程教学体系，实现了专业知识与中国文化的双向传授，做到了价值引领、知识教育与能力培养的有机统一，获得了知识教育与素养教育的双重效益。

（4）服务培养目标的实现，致力于预科教育与专业教育的有效衔接。

学校规定接受以汉语进行学历教育的国际学生均须接受预科教育，旨在帮助学生在汉语知识和能力、相关专业知识及跨文化交际能力等方面达到进入我国高等学校专业学习的基本标准。为此学校制订了“基础汉语 + 文化概况 + 专业基础”的预科汉语进修教育的培养方案，以帮助学生在进入专业学习阶段时具备足够的汉语应用能力、相关专业知识及跨文化交际能力。

优化原有基础汉语培训课程，在改革汉语理论课程内容的基础上，加大语言实践课程的比重。通过中外学生交流、任务型社会调查、参观、访问、语言类比赛（汉字书写与认读比赛、演讲比赛）等活动，为学生提供大量语言应用机会，让学生在亲身体验中学习并提高汉语交际能力。

增设专业基础课程，设立“基础数学”“科技汉语 / 商务汉语”等必修课和“基础物理”“基础化学”“报刊选读”等选修课，旨在帮助学生掌握学历教育阶段所必需的专业词汇和基础知识。

学历教育阶段同样注重留学生的学术适应和文化积累。学校强调各专业构建“专业 + 汉语 + 文化”的课程体系，有步骤、有计划、有组织地使国际学生具备进入专业学习所必需的知识基础、能力基础和心理素质。以汉语国际教育、计算机科学与技术、国际经济与贸易等专业为例，尽管留学生已经进入专业学习阶段，但基础汉语的进阶课程、专业汉语的专门课程、学术汉语的提升课程一直从大一上学期贯穿至大三下学期。为培养来华留学生知华、友华的素养与能力，自留学生入学的第一学期至第六学期，“入学教育”“留学理工”“道德修养与法律基础”“写作与沟通”“中国概况”“三晋文化”“史话中国”“中国文化体验”8 门课程依次推进，以切实帮助留学生理解中国特色社会主义理论和中国特色社会主义制度，加深其对中国文化的理解，增强其对山西省的地域认同感和自豪感。

3.1.3 遵循育人规律，改革教育教学模式

（1）遵循教育规律的普遍性与特殊性相结合的原则，逐步推进教学趋同化。

随着来华留学生规模的扩大，趋同化培养已经成为教育主管部门倡导的方式，也是各培养单位提质增效的必由之路。从本质和内涵来看，留学生教育的培养目标与中国学生的教育培养目标是相同的，即通过教育主体与教育客体之间“教与学”的双向互动，使其在人格、知识、技能、文化素养上达到相应的规范、标准和要求，为将来成为合格的社会劳动者和综合型人才奠定基础。[①] 学校深知教育不能因为对象的成分不同而改变自身的规范体系，面向来华留学生实施的趋

① 马彬彬，李祖超 . 高校来华留学生“趋同管理”培养模式探析 [J]. 黑龙江高教研究，2021（1）：62–65.

同化管理理应遵循教育规律。

学校鼓励各培养专业积极探索教学过程的趋同化，探索出“中外学生同堂授课”与“来华留学生独立成班”授课形式。在探索过程中发现，受中外学生教育背景不同、专业基础存在差异及汉语水平高低不同等因素影响，本科阶段来华留学生的专业基础课与核心课程适宜独立成班，而专业技能课和通识课程适宜混合成班，以促进多元文化交融，和而不同，周而不比。硕士与博士研究生通常已经具备一定的语言能力、学历背景，加上小班授课和课程国际化程度较高，则更适合“中外学生同堂授课”，以促进趋同化教学，求同存异。

目前，学校汉语国际教育、计算机科学与技术、国际经济与贸易 3 个本科专业已独立成班，各培养学院严格落实涵括培养目标、课程体系、教学实践、考核标准的教育培养方案，教师在教学过程中充分正视留学生的特殊性，尤其是语言文化的差异，制定出了合理的教育教学方法，学生培养效果良好。

（2）优化师资队伍，提升教学质量。

优质的师资队伍是提高来华留学教育质量的根本保障。学校高度重视师资队伍的规划与建设，着力构建师德高尚、结构合理、素质优良、业务精湛的来华留学生教学师资队伍。具体举措如下：

每年有计划地大批引进海内外高水平人才，将国外专家引进情况纳入二级学院国际化考核指标体系，与学院年度出国访学指标分配相关联，以鼓励各学院加大对外籍教师，特别是国外知名专家学者的聘任力度，并力争每年引进 120~150 人次外籍教师和专家。

注重选拔和培养优秀师资，以切实保障教学质量，增强全校师生的国际化意识。学校将校院领导和教授优先纳入来华留学教育师资队伍，以发挥其表率作用。同时，学校注重加大选派在职教师到国外学习研修的力度，实施中青年骨干教师海外进修助推计划，每年定期选派在职教师到海外学习研修，提升教师的从业能力，拓宽国际视野。学校优先选派具有留学经历的教师承担双语、全英文课程的教学工作，通过提高孔子学院中方院长和教师的待遇，鼓励专任教师积极参与海外孔子学院的建设，以增强教师的教学经验。以 2021 年为例，学校来华留学生的任课教师 490 名，在全校专任教师中占比约 14.9%，其中具有高级职称的教师共 319 名，在来华留学生的任课教师中占比约 65.1%；具有海外背景的教师共 241 名，在来华留学生的任课教师中占比约 49.2%；负责全英文授课课程的任课教师共 161 名，其中具有 6 个月以上海外经历的教师占比约 88.9%，共 143 名。

学校建有年轻师资队伍培训机制，实施新教师课堂教学考核准入制度。为加强师资队伍建设，进一步规范课堂教学管理，切实提高本科教学质量，学校建立了“岗前培训 – 教学能力提升培训 – 教学示范课观摩活动 – 助课 – 课堂考核准入”为一体的新教师培训准入机制，并于 2019 年发布《太原理工大学新教师课堂教学准入实施办法》，要求 2018 年 7 月 1 日以后新入职的教师在入职 3 年内应申请并取得课堂教学准入资格，取得课堂教学准入资格前不得承担课堂教学主讲任务。学校教师发展中心为配合学校建立的新教师培训准入机制，定期组织本科教学示范观摩活动及教师教学能力培训，发挥优秀教师的示范作用，切实提升新教师的教学能力。

国际教育交流学院于2020年成立来华留学预科教育中心，引进专职教师8名，负责来华留学生汉语、中国概况及文化类基础课程的教学工作。同时，学校积极招募校内文法学院、外国语学院的教师承担来华留学生基础课程的部分教学工作，这些教师具备中国语言文学、外国语言文学、历史学、教育学等多个学科门类的专业背景，能够确保高质量完成来华留学教育多层次、宽视野的教学要求和培养目标。

（3）深化教学改革，重视实践活动。

学校坚持开展教学研究，深化教学改革。为推动教育教学改革、提升教育教学质量，学校鼓励教师开展教育教学改革与建设，出台《太原理工大学一流本科“双万计划”实施方案》，激励广大教师投身教育教学改革，以促进教学创新改革与一流本科专业、“金课”的建设工作。学校立项的300余项教育教学改革项目中，涉及教学方法改革的有100余项，涉及来华留学生培养的省校两级教学改革项目共20余项，这些项目有力地推进了来华留学生教学改革的探索，并促进了优秀教改成果的及时转化和推广应用，进而实现了学生学习方式的转变，初步形成了以学生全面发展为目标，以自主学习、合作学习、探究学习、项目学习等为依托，以线上、线下、混合式教学等为模式的来华留学教学改革体系。

学校重视来华留学生的实践活动，秉承留学生与同专业、同层级中国学生趋同化培养的理念，根据来华留学生的学习基础和学习特点，为他们提供涵括专业实践课、语言文化课程实践、社会实践在内的多种课内、外实践教学活动。在专业实践课的教学活动方面，学校遵循由简单到复杂、由验证到设计、由单一到综合的基本思想，为来华留学生构建了以实验教学和课内实践为基础，以设计为主线，以工程训练为依托，以公益劳动、科技活动、社会调查、学科竞赛等课外实践环节为辅助的多节点、多平台、多层次的立体化实践教学体系。为保证实践教学的质量和效果，学校重视校内、外教学实践基地的建设，先后建立了太原理工大学－太重煤机有限公司工程实践教育中心、清泽心雨互联网＋X融合创新实验室等实践基地。

为引导来华留学生亲身感知中国，学校为其开展了丰富多彩的文化体验课外实践活动，并设有专项经费支持，以充分保障来华留学生实践活动的顺利进行。学校先后与山西大学文学院、太原理工大学子弟小学、太原旅游职业学院、太原钢铁（集团）有限公司、晋城煤业集团、黄土农言文化旅游试验示范园等合作建立了语言文化实践基地，还创造性地将党建工作与来华留学生实践活动高度融合，打造了优秀党建品牌“五洲驿站”。2018年学校来华留学生“知华、友华”情感培养基地获得学校“双十工程”立项，2020年升级为“一带一路”国际人才培养基地。这些基地的建立与完善既是学校贯彻落实教育国际化、提高留学生教育质量的重要实践，亦是增加留学生对中国语言、社会、文化的深入了解与认同，促进学生全面发展，增进中外友谊的关键一环。

（4）重视全英文授课课程的建设，打造国际化精品课程。

面向中外学生开展全英文教学，是推动国际化教学的重要手段，不仅有助于学生掌握英文学术语言、紧跟前沿学术动态，还能够为中外学生提供更为国际化的交流平台，让不同思想、文化与知识相互碰撞，反哺教师的教育理念、教学方法、跨文化交际能力。

学校积极推进来华留学全英文专业建设，出台政策鼓励和号召各学院集中优势资源，从双语、全英文授课课程建设入手，积极筹建全英文专业培养体系，对全英文授课课程的公共基础课、专业课和必修课进行了详细规定。为了提升教师参与全英文授课课程建设的积极性，学校先后出台政策规定全英文授课教师的工作量系数为3.0，鼓励教师开设全英文授课课程。截至2021年12月，本科生层次双语、全英文授课课程达到90门，研究生层次双语、全英文授课课程达到137门。学校秉承全英文授课项目与课程并非简单移植或者翻译的原则，积极打造了以计算机科学与技术、国际经济与贸易为代表的突出学校特色的专业，并于2020年实现了本科生招生。

3.2　以效能为目标推动来华留学管理实现多维度

来华留学教育要走内涵式发展道路、实现高质量转型发展的目标，要求各高校结合校情探索出一条适合自身发展的来华留学管理体系。太原理工大学面向来华留学生的管理始终坚持提高政治站位，重视管理成效，推进标准建设，不断完善规章制度及管理办法，逐步建立起规范的管理体系和工作流程。

3.2.1　“双化”管理理念

（1）以国际化规划促管理，切实推进高等教育现代化。

“双一流”建设是引领我国高等教育高质量、内涵式发展的国家工程，旨在提升中国高等教育的综合实力和国际竞争力。2015年10月24日，国务院印发的《统筹推进世界一流大学和一流学科建设总体方案》中明确指出要“推进国际交流合作”，切实提高我国高等教育的国际竞争力和话语权，树立大学的良好品牌和形象。发展来华留学事业作为高等教育国际化的重要组成部分，在服务国家整体政治外交大局的同时，更有助于推进“双一流”提档升级。因此，学校在《太原理工大学“十三五”事业发展规划纲要》和《太原理工大学“十四五”事业发展规划纲要》中都将来华留学作为国际化战略工程的重要组成部分，以切实推进学校“双一流”建设，以国际化促进高等教育现代化。

2016年，学校颁布《太原理工大学“十三五”事业发展规划纲要》，制订了“十三五”期间与国际学生招生、管理和培养工作发展任务相关的国际化战略规划。学校将国际合作与交流提高到全面提升办学水平的战略高度，提出改革留学生招生和培养模式，加速推进国际化进程，提高国际交流合作水平，以来华留学工作推动人才招聘、科研合作、学术交流和人才培养全方位国际化。自2016年国际化战略实施以来，学校来华留学事业生机勃勃，交流合作水平得到显著提高，学校综合实力与核心竞争力亦稳步提升。

2021年，学校发布《中共太原理工大学委员会关于制定学校“十四五”事业发展规划的建议》，明确指出要加大力度建设一流国际化办学工程，主要内容为：坚持不懈推进学校与国外高水平大学、顶尖科研机构的实质性学术交流与科研合作，建立国际合作联合实验室、研究中心，加大校际访问学者和学生交流互换力度；进一步扩大留学生招生规模，完善国际学生招收、培养、管理、服务制度体系，优化生源结构，提高生源质量，推进趋同化管理；继续选派优秀学生、青年教师、学术带头人等赴国外高水平大学、机构访学交流，提高人才培养和师资队伍的国际化水平；加强孔子学院建设，积极参与共建“一带一路”教育行动和中外人文交流项目，在与澳大利亚伍伦贡大学加快联合办学方面迈出新步子。规划目标主要通过全球战略伙伴建设、学科国际影响力提升、国际科技战略合作、队伍国际竞争力提升、学生全球视野拓展、“留学太理”六大工程实现。

学校还先后通过规划纲要、建设方案、战略工程实施纲要等文件，对来华留学生工作进行了专项规划和部署，如《太原理工大学国际化战略工程建设方案（2018—2020）》《太原理工大学一流学科建设高校建设方案》《太原理工大学“双一流”建设方案》等。同时，学校围绕来华留学发展战略规划制定年度行政工作要点，用于指导各职能部门及二级培养单位制订来华留学工作计划，以推进具体工作有效执行，如《太原理工大学2019年工作要点》《太原理工大学2020年工作要点》《太原理工大学2021年工作要点》等文件中都提出了推进师资国际化和课程国际化、提升国际学生数量和质量、提升国际化办学条件和水平、提升我校国际影响力等工作要求，并配有具体措施指导，以保障年度目标的达成。每年年底学校会针对国际化工作进展情况进行考核，以切实保障来华留学各项工作有序开展、工作计划有效落实。

（2）以趋同化促管理，助力来华留学提质增效。

2010年9月，教育部出台的《留学中国计划》中明确指出应积极推动来华留学生与我国学生的管理和服务趋同化。2018年10月，教育部在《来华留学生高等教育质量规范（试行）》中进一步指出：“高等学校应当建立健全来华留学生教学管理制度，符合国家教育教学标准和相关规定，逐步实现中外学生教学管理的趋同”“高等学校应当建立健全来华留学生教育管理体制和工作机制，保障来华留学生教育的健康发展和持续改进，推进中外学生管理和服务的趋同化”。

学校坚持教育、管理与服务三大领域的趋同并重，在充分考虑来华留学生教育文化背景、语言能力差异的基础上，逐步建立起与中国学生相一致的来华留学生教育标准与管理制度，以“求同存异、循序渐进”地将来华留学生纳入学校教育体系。这主要表现在：第一，建立健全涵括来华留学生招生录取、教学考核、管理服务等在内的教育管理制度，使来华留学生趋同化教学管理工作有据可依、有章可循。第二，将来华留学生工作纳入学校统筹事务范围，理顺工作体系，明确与来华留学生招生、教学、教务管理、活动组织、后勤服务等事项相关的各职能部门与各培养学院的职责分工，实现分工明确、各司其职。第三，各部门在思想上达成一致、形成共识，在实际事务中沟通顺畅、协同联动，以切实提高管理成效。第四，建立来华留学生工作的激励制度，将来华留学生工作成效纳入部门年终考核，对成效显著、亮点突出的部门予以相应奖励，以营造各部门在思想上高度重视、在工作中执行有力的良好氛围，引导相关人员以担当作为、积极主动的姿态参与到留学生工作中来。第五，加强对一线教师与管理服务人员的跨文化培训和指导，提高其教学管理能力、语言沟通能力和跨文化交际能力。

3.2.2 协同化管理架构

（1）确立领导机制，统筹规划留学事业。

为健全外事工作领导机制、规范外事工作管理、统筹国际交流与合作工作顺利开展，学校于 2017 年设立外事工作领导小组：组长由党委书记和校长担任；副组长由分管外事工作的副校长担任；成员由党委办公室主任、校长办公室主任、组织部部长、宣传部部长、学工部部长、人事处处长、计财处处长、教务处处长、研究生院院长、后勤保障处处长、国际合作处处长、国际教育交流学院院长担任。

随着在校国际学生数量的持续增长，为有效实施国际化战略工程、提升国际化办学水平、完善工作机制，外事工作领导小组下设国际学生招生工作组、教学指导工作组、国际学生服务中心、应急管理工作组、职业规划及校友工作组 5 个工作小组，覆盖国际学生招生计划、教学指导、管理服务、应急管理、校友库等诸多方面。

2022 年，为进一步精简机构，提升工作效率，充分体现来华留学生的趋同化管理理念，学校对下设机构进行整合，现有国际学生招生工作领导小组、国际学生学业奖学金评审领导小组、国际学生突发事件处置工作领导小组 3 个工作小组，各工作小组各司其职，分工合作，相辅相成，齐心协力开创学校来华留学生工作新局面。

（2）落实校院两级国际化管理体制，切实推动来华留学生工作。

学校建立了由学校党委正确领导、学校行政领导主要负责、以国际教育交流学院为归口管理单位，各职能部门、各培养学院协同联动的校院两级国际化管理体制，形成了全员、全程、全方位的育人模式和人人愿为、人人乐为、人人有为的格局。

学校各职能部门、各培养学院以趋同化管理为原则，将来华留学生的培养、管理和服务纳入各自工作范畴，建立健全各类制度，具体承担国际学生的相关工作。学生的日常教学由培养学院负责，学校每月定期召开本科生院教学工作例会和研究生院教学工作例会，分管副校长出席，各学院分管教学工作的院长/副院长参加会议。学生的日常管理由培养学院和国际教育交流学院协同负责，学生管理部门每月召开学生工作例会，分管校领导出席，各学院分管学生工作的书记/副书记参加会议。学生的住宿管理由公寓管理中心负责，学校定期召开工作协调会议，国际教育交流学院分管领导参会。

国际教育交流学院是履行学校国际学生管理职能的工作机构，会同学校相关部门制定招收和培养国际学生的宏观政策，对国际学生教学管理工作人员进行业务培训，对与国际学生相关的职能部门和培养单位进行指导，全面统筹协调国际学生的招收、教学、日常管理和服务，以及毕业后的校友联系等工作。国际教育交流学院下设党务行政办公室、招生考试办公室、教学科研办公室、国际学生办公室4个管理机构和国际学生预科教育中心1个教学机构。党务行政办公室全面负责日常行政工作；招生考试办公室负责国际学生招生宣传、网站维护和录取工作；教学科研办公室负责国际学生学籍管理、课程和考试安排等工作，负责与各培养学院、研究生院、教务处进行日常工作协调；国际学生办公室负责国际学生日常管理、奖学金评审、外事手续办理、心理咨询及组织文化活动；国际学生预科教育中心负责国际学生的汉语、文化教学及相关工作。

学校参与来华留学生管理工作的职能部门有国际合作处、本科生院、研究生院、后勤保障处等，各部门协同联动，各司其职，共同为来华留学生在华正常生活、顺利完成学业保驾护航。其中，国际合作处负责学校对外合作与交流工作的管理和服务；宣传部负责来华留学生的意识形态工作和宣传工作；学生工作处负责将国际学生管理工作纳入学校学生管理工作范畴，参与学校来华留学生突发事件应急工作领导小组并协助处理外事突发紧急事件等；人事处负责来华留学生任课教师岗前培训、国（境）内外进修访学、博士后管理、高层次人才引进等；财务部负责审核国际教育交流学院每年针对来华留学生培养所做的预算，按时拨款，为来华留学生教育事业的发展做好财务保障；本科生院负责对来华留学本科生培养方案、注册、学籍异动等相关信息进行备案，审核评定来华留学生毕业及学位授予，监控来华留学本科生的教学质量等；研究生院负责指导制订、监督执行来华留学研究生培养方案，监管来华留学研究生教育教学质量工作，组织来华留学硕士研究生、博士研究生的学位论文抽查、评阅，审核评定来华留学研究生毕业及学位授予等；后勤服务中心负责全面保障留学生公寓的公共设施安全、用水用电安全、服务人员配备与管理等工作；团委负责协调中外学生文化活动；校友会负责服务广大来华留学生校友，开展多层次的交流与合作。

各培养院系将来华留学生纳入教学常规和日常管理，主要负责教育教学管理与培养等事务，并设有主管留学生教育的院领导和外事秘书，以及负责留学生教学工作的专兼职人员。各培养学院通常指定教学副院长分管来华留学生教育，全面负责来华留学生教学协调及日常管理工作；指定教科办主任为教学秘书，负责统计来华留学生的在校情况，协助解决学生在学习、科研上的问题；指定学工办主任为外事联络员，负责对接留学生、了解留学生的学习情况、掌握留学生的思想动态及日常管理等工作。针对来华留学硕士、博士研究生，各培养学院实施“导师负责制”，为每一名留学生安排专业导师。在留学生的在校学习生涯中，导师将辅导留学生的专业课学习，指导留学生完成毕业设计。留学生人数较多的学院，如经济管理学院，通常专门配有国际学生辅导员，负责定期进教室、进宿舍走访，定期召开留学生座谈会议，实时了解学生学习、生活及思想状况，做到精准掌握每名留学生的相关情况，以保证留学生培养与管理工作稳步进行。针对每一级新入学的研究生，各二级学院组织导师座谈会，力争搭建一条“导师—教学管理人员—辅导员—学生”之间畅通无阻的沟通渠道，帮助学生尽快适应在华学习生活，熟悉日常教学及管理流程（图 3–1）。

图3–1　体育学院举行2019级国际硕士研究生导师座谈会

国际教育交流学院作为归口管理部门，与各培养学院建立了协同联动工作机制，实行与培养学院双轨并行的管理体系（图 3–2）。其中，国际教育交流学院将留学生管理纳入日常管理体系，负责来华留学生的奖学金、签证、请销假、学籍异动、考勤、实习实践等重点环节，将留学生的日常管理环节存档，体现在学生档案中，做到每一名学生的培养过程都有迹可查。培养学院将留学生的教学管理纳入学院总体教学管理体系中，以每月一报的形式反馈留学生的考勤、成绩及论文情况，严格监控过程管理依法依规，保证学院、导师、学生之间的沟通渠道畅通，将培养方案严格落实到学生的日常管理中。

（3）完善规章制度，规范来华留学生管理。

为确保有序、规范、高效、科学地开展国际学生培养、管理与服务工作，学校根据《来华留学生高等教育质量规范（试行）》《学校招收和培养国际学生管理办法》等法律法规，制定了涵括来华留学生招收、培养、管理、服务等各方面内容的校院两级规章制度，并严格按照制度要求执行。学校坚持根据国家最新来华留学政策法规及时修订、完善相关规章制度，现已形成制度体系。

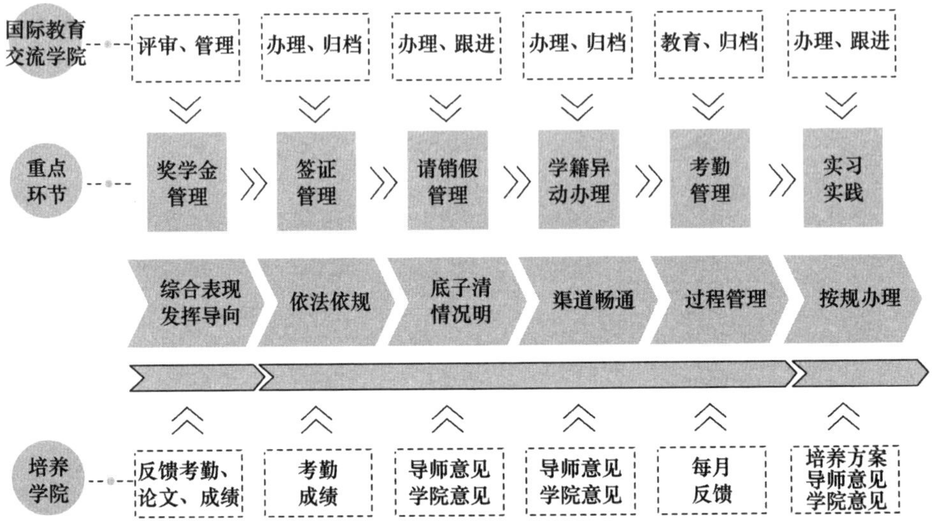

图3-2　国际教育交流学院与培养学院双轨并行的管理体系

来华留学生管理规章制度涉及招生管理、教学管理、日常管理、后勤管理4个方面。来华留学生招生管理制度涉及招生简章、奖学金标准、奖学金评定等（表3-2）；来华留学生教学管理制度涉及教学管理、经费分配、学位授予、培养方案、请销假、调停课等（表3-3）；来华留学生日常管理制度涉及管理办法、学生手册、工作流程、保险、突发事件处理等（表3-4）；来华留学生后勤管理制度涉及住宿申请和公寓住宿管理等（表3-5）。

表3-2　太原理工大学来华留学生招生管理制度

序号	文件名称
1	《太原理工大学招收和培养国际学生管理办法（修订）》（校发〔2020〕12号）
2	《太原理工大学来华留学生招生管理人员及工作分工》
3	《太原理工大学外国留学生招生与管理办法（试行）》
4	《太原理工大学国际学生招生简章》
5	《招生录取流程图》
6	《太原理工大学中国政府奖学金年度评审实施办法（试行）》
7	《中国政府奖学金生延长奖学金期限申请表》
8	《太原理工大学国际学生学业奖学金评审细则（征求意见稿）》
9	《太原理工大学国际学生学业奖学金管理办法》（校发〔2020〕14号）
10	《太原理工大学学生单项奖学金实施细则》

表3–3　太原理工大学来华留学生教学管理制度

序号	文件名称
1	《太原理工大学来华留学生学位授予实施办法》（校发〔2020〕37 号）
2	《太原理工大学来华留学生学籍管理规定（试行）》（校发〔2020〕13 号）
3	《太原理工大学在校优秀来华留学硕士研究生硕博连读管理办法（试行）》（校发〔2020〕13 号）
4	《太原理工大学来华留学生教学管理人员及工作分工》
5	《汉语预科教育培养方案》
6	《太原理工大学外国留学生经费管理办法（试行）》（校外〔2014〕98 号）
7	《关于留学生学习成绩评定的决定》
8	《太原理工大学来华留学本科生培养方案（2020 版）》
9	《太原理工大学来华留学研究生培养方案（2022 版）》
10	《太原理工大学汉语国际教育专业培养方案（2020 版）》
11	《关于留学生学习成绩评定的决定》
12	《关于〈太原理工大学关于授予来华留学生学位实施办法〉的补充规定（工作量计算办法）》
13	《太原理工大学留学生请假表（中英对照版）》
14	《太原理工大学国际学生（本科生）学籍异动审批表》
15	《太原理工大学国际教育交流学院外国留学生休学申请表》
16	《太原理工大学国际教育交流学院外国留学生复学申请表》
17	《太原理工大学来华留学生教师调停课申请表》
18	《太原理工大学国际学生教学督导工作实施办法（试行）》

表3–4　太原理工大学来华留学生日常管理制度

序号	文件名称
1	《太原理工大学国际学生违纪处理办法》（校发〔2020〕13 号）
2	《太原理工大学国际学生突发事件应急预案》（校发〔2020〕15 号）
3	《太原理工大学国际学生辅导员（班主任）职责及要求》
4	《太原理工大学国际学生临时困难补助实施办法（试行）》
5	《太原理工大学国际学生勤工助学管理办法（试行）》

续表3-4

序号	文件名称
6	《太原理工大学国际学生签证管理办法（试行）》
7	《太原理工大学国际学生档案管理办法（试行）》
8	《太原理工大学国际学生实习管理制度》
9	《太原理工大学国际学生手册》
10	《太原理工大学来华留学生管理办公室人员及分工》
11	《太原理工大学留学生管理办公室工作流程图》
12	《留学生系统注册申请步骤》
13	《留学生校园生活指南》
14	《来华留学生入学须知（流程图）》
15	《太原理工大学外国留学生监护人保证书》
16	《太原理工大学外国留学生入学登记表》
17	《留学生居留许可申请表》
18	《太原理工大学国际学生居留许可办理指南》
19	《来华留学生保险使用指南》
20	《事故处理程序图》

表3-5　太原理工大学来华留学生后勤管理制度

序号	文件名称
1	《太原理工大学国际留学生校外住宿管理办法（试行）》
2	《太原理工大学国际学生公寓住宿管理办法（试行）》
3	《留学生住宿标准》
4	《学生宿舍调整申请表》
5	《公寓住宿违纪处理办法——太原理工大学国际学生违纪处理办法》
6	《太原理工大学国际学生申请校外住宿审批流程》
7	《太原理工大学留学生校外住宿申请表》
8	《太原理工大学国际学生校外住宿承诺书》

“十三五”期间，学校严格执行《学校招收和培养国际学生管理办法》《来华留学生高等教育质量规范（试行）》的各项要求，不断完善规章制度及管理办法，逐步建立起规范的管理体系和工作流程，持续加强对来华留学生进行中国法律法规、国情校情和文化风俗等方面的教育，增进中外学生的交流和友谊，

增强来华留学生对中国发展的理解和认同，强调讲好中国故事，传播中国声音。“十四五”以来，学校持续重视国家政策方针的指引作用，根据国家来华留学事业的发展需要及学校来华留学工作的现状，及时完善、更新各项规章制度。截至2021年年底，学校3次修订《太原理工大学招收和培养国际学生管理办法》《太原理工大学来华留学生学位授予实施办法》等重要制度，于2020年3月重新制定了《太原理工大学来华留学生学籍管理规定（试行）》《太原理工大学国际学生违纪处理办法》《太原理工大学国际学生学业奖学金管理办法》《太原理工大学国际学生突发事件应急预案》《太原理工大学国际学生收费标准及经费管理办法》等重要制度，于2020年4月出台《太原理工大学学生单项奖学金实施细则》《太原理工大学国际学生签证管理办法（试行）》《太原理工大学国际留学生校外住宿管理办法（试行）》《太原理工大学国际学生勤工助学管理办法（试行）》《太原理工大学国际学生辅导员（班主任）职责及要求》等具体制度，于2020年5月颁布《太原理工大学国际学生学业奖学金管理办法》《太原理工大学在校优秀来华留学硕士研究生硕博连读管理办法（试行）》。同时，学校还探索完善了国际学生社团管理制度、实习管理制度、勤工助学制度、临时困难补助制度、保险缴纳规定、请假管理规定等。这些规章制度的完善切实推动了学校来华留学治理体系和治理能力的提升，为学校来华留学教育高质量发展提供了基本准则和依据。

3.2.3　网格化管理手段

（1）注重信息化建设，更新管理平台。

较高的信息化管理水平是做好来华留学生管理服务工作的重要抓手，有助于整合高校内外部资源，提高管理服务效率和效益，提升管理服务质量。教育部印发的《来华留学生高等教育质量规范（试行）》中特别提到，高等学校应当积极运用信息技术，加强来华留学生教育管理和服务的信息化建设，提升业务信息化水平。

学校注重构建共享资源平台、创新管理体制与运行机制等方面的信息化建设。学校将来华留学本科生的教务管理纳入学校教务管理平台，将来华留学研究生的教学管理纳入研究生院管理系统，与中国学生一同进行信息化、网络化的教务管理，以统筹安排留学生的教学计划与课表，方便准确、及时地进行学籍信息登记、培养方案管理、选课、学分查询、成绩查询及打印成绩单等操作。学校自2016年起专门建立了国际学生管理服务平台，将留学生的个人信息、专业、教学班级、奖学金类型、住宿、缴费、签证、保险等信息统一纳入其中，实现了在线招生、教学、日常管理一体化服务，规范了签证、保险、住宿登记等的管理，建立起完备的留学生校友数据和规范的国际学生档案。该平台分为迎新管理、学工管理、保险管理、证件管理、住宿管理、教学管理6部分，基本可以实现来华留学生从申请就读到招生录取、到校报到、在校学习以至顺利毕业、离校成为校友的这一周期的全程覆盖。留学生招生办公室认真审核注册信息，班主任和辅导员等留学生管理服务相关人员实时更新和维护数据。

学校建有国际教育交流学院官方网页，设有首页、走进国教、师资队伍、新闻中心、党政工团学、人才培养、留学 TYUT、研究中心、考试服务、常用下载 10 个版块，以使留学生招生、管理、教学等方面的信息能够及时发布。同时，学校还开设了“太原理工大学国际教育交流学院”留学生微信公众号，旨在及时发布相关信息、提供咨询服务。

（2）人性化管理服务，提升来华留学生的体验。

学校注重提升来华留学生的在学体验，主动打造有温度的“留学太理”品牌。通过更新管理服务理念与方法，建立起一套涵括留学生入学前、入学初、入学学习阶段以至毕业后的全方位、全过程的管理服务模式，打造了一个入校前、入学初、入学后跨文化适应 3 个阶段有机衔接的留学服务品牌，切实为来华留学生提供有阶段、有效率、有温度的管理服务，具体举措如下：

入校前，通过发送邮件等方式对新生开展行前指导，包括传达提示信息、警示信息、相关规定等，以便来华留学生充分做好行前准备。入学初，成立国际新生入学教育工作领导小组，辅导员与中国学生协同做好来华留学生注册、入住、银行开户、课程选择等一系列事项，切实保障新生入学事宜扎实有效推进。入学后，开展入学教育，讲清学校历史、培养方案、毕业要求、校纪校规、法律制度、心理适应、安全教育和校园文化等涵盖来华留学全过程的各项内容。

为帮助来华留学新生克服“文化休克”或避免因过度寻求“抱团取暖”而导致文化隔绝，学校主动为留学生提供必要的帮助和温暖：通过开展心理疏导讲座、组织经验分享会、鼓励中国学生社团有效介入等方式帮助留学生自我教育、自我管理；通过国际教育交流学院会同相关部门组织游学、生活实践等多项活动，促进来华留学生与中国学生、当地居民的互动交流，帮助留学生更好、更快地融入本地生活。学校还定期邀请保卫处、消防局、出入境管理局相关人员到学校就安全、外事办理手续、信息安全等内容进行宣讲。

（3）实施网格化管理，提供精准的服务指导。

由于来华留学生生源国多样、文化多元、学习层次不一等实际情况，时而会出现诸如学生短暂失联等较难处理的问题。为切实解决这些问题，学校尝试采用在城市治理过程中得到有效应用的网格化管理模式，推进来华留学生管理服务的精准化。

学校根据来华留学生的专业、年级、寝室、国籍、校外居住地分布等，建立了专业年级网格、校内公寓网格、国籍地区网格、校外属地网格等，将学生一一划分进入这些网格，并由相关领导、班主任、导师、辅导员、任课教师、学生干部、志愿者等人员担任网格长与网格员。网格员在网格长的指导下开展工作，以切实满足每一网格中的合理需求。

3.3　以学生为根本推动来华留学服务添温度

学校始终坚持以学生为中心的原则，想学生之所想、忧学生之所忧，力争建设来华留学社会化、专业化服务体系，积极做好来华留学服务提供者的本职工作。

3.3.1　完善设施设备，营造国际化氛围

校园是来华留学生学习、生活的主要场所，国际化的校园文化环境有助于来华留学生最大限度地实现文化浸润，帮助来华留学生顺利度过跨文化适应期，增强留学生的凝聚力，提高对学校的归属感、对中国的认同感。学校注重打造开放包容、兼收并蓄的国际化校园文化环境，主要表现在：

在校园环境和空间布局上，学校努力创造跨学科、跨文化沟通交流的中外师生混融的场所和环境，积极打造具有层次感和交流感的展览、休憩、饮食和锻炼空间，用多元文化中共通的内容营造尊重、平等、融合、友好的校园文化氛围，倡导中外师生增强交流互动，充分体现开放式的教育理念。来华留学生可以合理使用校内多媒体教室，享受学校充足的文体设施，在各个餐厅就餐，以引导中外学生增进交流。为更加充分地满足来华留学生的学习、生活需求，学校设有来华留学生专用图书阅览室与清真餐厅等（图 3–3~ 图 3–5）。

（a）端午节为师生发放粽子

（b）明向校区餐厅一景

（c）清真餐厅

（d）西餐窗口

图3–3　学生餐厅

（a）中外学生晨起跑步　　（b）中外学生参加足球比赛

图3–4　中外学生在操场进行文体活动

图3–5　留学生专用图书阅览室

在校园设施上，学校注重增加与语言学习、文化体验相关的设施，对涉及来华留学生的服务场所、校园、网站、制度等进行国际化改造（图 3–6~ 图 3–8），中英文双语宣传，以方便留学生在校学习、生活，提升留学生的在学体验。

图3–6　多功能会议室

图3-7 留学生服务大厅

（a）封面

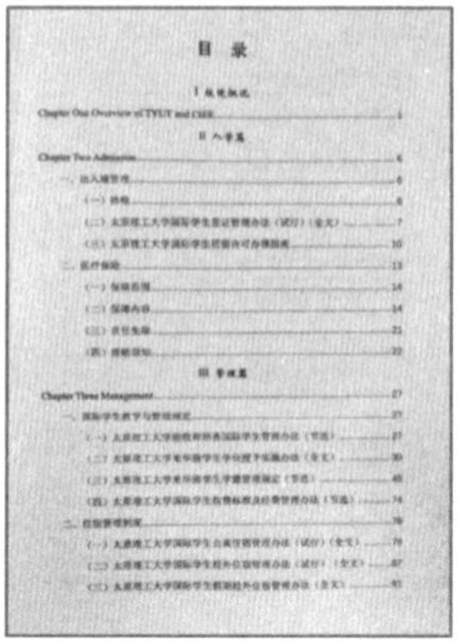

（b）目录

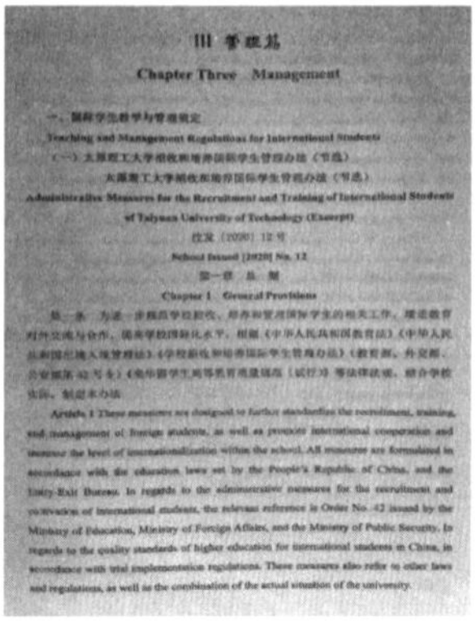

（c）中英文对照

图3-8 中英文对照版《国际学生手册》

学校注重加强留学生主要生活区和教学区的中国文化环境建设，在留学生专用教室和宿舍建有“文化走廊”，用以宣传中国文化，分享经典诗词、笔墨山水画等（图 3-9）。

（a）留学生公寓内景

（b）留学生公寓外景

图3-9 留学生公寓

3.3.2 加强专业培训，提升服务水平

学校始终注重提升来华留学生师资队伍与管理人员的国际化水平，将其作为推进学校国际化发展、助推学校“双一流”建设的重要组成部分。为此，学校建有来华留学生管理服务人员能力提升与培训机制，积极搭建能力提升平台，鼓励开展来华留学生研究，以切实提升教师的国际化能力。

2013 年 9 月 10 日，学校成立教育部出国留学培训与研究中心，旨在维护出国留学人员权益。出国留学行前培训内容主要包括：国家公派留学政策、公派留学服务体系和在外留学服务管理规定、办理出国手续的相关服务及注意事项等的介绍；留学目的地国教育体制和高等院校教学研究特点介绍等。该中心同时辅助学校做好教师国际化能力和跨文化交际能力的提升工作，为来华留学生的教学管理提供相应的培训。

学校注重对中层领导干部国际化能力和意识的培养和引导，鼓励来华留学生管理服务人员赴外国调研学习。学校于 2018 年组织各学院分管教学管理工作的副院长赴英国进行为期两周的研学（图 3–10），参加了由剑桥大学组织的领导力和管理专题讲座、经济学教学及科研专题讲座、案例教学法及应用研究交流，参观了剑桥大学创新创业中心及孵化基地，以及人工智能教学及科学研究室等；2019 年 8 月组织各学院分管学生工作的副书记赴美国研学，研学返回后就美国高校教育管理服务理念及其对学校国际化战略的启示进行了热烈研讨（图 3–11）。

图3–10　2018年学校各学院副院长赴英国研学留念

图3–11 2019年学校各学院副书记赴美国研学留念

学校注重教师国际化能力与意识的提升，重视来华留学管理人员的培训工作，定期面向山西省教师队伍举办或者承办高等教育国际化或者来华留学专项培训会，积极组织管理人员参加由中国教育国际交流协会、国家留学基金管理委员会、中国高等教育学会、汉考国际教育科技（北京）有限公司等组织的来华留学工作相关培训，鼓励管理人员自主参与培训，发展各项能力及技能。近 3 年来，学校先后于 2019 年 10 月、2020 年 10 月承办山西教育对外开放大讲堂，组织相关人员参加“2019 年来华留学管理基层干部基本技能培训班”“2020 年首期中外人文交流区域主题研修班”“2020 年山西教育对外开放大讲堂”“2020 年孔子学院在线合作论坛”“2021 年山西教育对外开放大讲堂”“第七届中国语言政策与语言规划学术研讨会”“‘汉教英雄会’华北区国际中文教学技能交流活动”“来华留学质量认证培训会”等，以不断增强来华留学管理服务素养，推进来华留学治理能力的持续提升。

为提升来华留学生管理人员的业务技能，实现来华留学生教育工作的健康可持续发展，国际教育交流学院定期组织“微讲座”，由不同部门的来华留学生管理与教学人员围绕“留学生法律法规与政策文件”“招生报到和注册”“出入境与住宿管理”“来华留学生教学管理”“中国文化与国情教育”“校园多元文化冲突与心理干预”等主题展开汇报交流。

3.3.3 丰富文化活动，彰显人文关怀

（1）搭建文化交融“国际社区”，中外和谐美美与共。

人类文明因包容才有了交流互鉴的动力。学校秉承“一种文明只有同其他文明交流互鉴、取长补短，才能保持旺盛生命活力”的理念，积极推动不同文化的交

流与互学互鉴。学校在尊重来华留学生的文化传统、思维习惯与行为方式的基础上，开展了形式多样、内容丰富的国际化人文、体育、艺术活动，营造了良好的文化浸润氛围。这些精彩纷呈的活动既让来华留学生深刻领略了博大精深的中国文化，也能够为中外学生提供一个展示才华、增进交流的平台，加强中外师生的人类命运共同体意识，使学生成长为国际化优秀人才。

“留动中国”是由中华人民共和国教育部主办的一项文体竞赛活动，每两年举办一次。学校于 2016 年组建代表队参加了“留动中国——在华留学生阳光运动文化之旅”活动，在体育艺术比赛中以武术太极拳和长拳获得了西北赛区第二名的好成绩（图 3–12）。

图3–12　2016年留学生参加“留动中国——在华留学生阳光运动文化之旅”活动

全国大学生“一带一路”暑期社会实践专项行动由共青团中央学校部、中国大学生“一带一路”协同发展行动中心组织开展，主题为“丝路新世界·青春中国梦”。学校于 2019 年组建了“丝路青年观中国”实践队，实践队由 6 名来自中国、阿富汗、泰国、越南的中外学生共同组成，以第二届“一带一路”国际合作高峰论坛的举行为契机，秉承“探中国形象，展中华风采”的主旨，于暑期走访了阿富汗喀布尔市马利法特学校、泰国曼谷 HDF 孤儿院、越南如意吉祥中文俱乐部等地方，开展了国际友人访谈、问卷调查、支教助学、中国传统文化（茶艺、书法和武术等国粹）展示等活动，成功入选优秀团队。

“汉语桥”全球外国人汉语大会由中央电视台与孔子学院总部等联合主办，旨在激发外国青年学生学习汉语的热情和兴趣，增进世界对中国语言与文化的理解。2020 年，学校精心组织，广泛动员，鼓励、引导国际学生积极参与，共有来自 6 个国家的 6 名国际学生提交了《无问西东》《琅琊榜》《伪装者》等多部经典中文影视作品的配音作品，最终学生荣获“优秀奖”，学校荣获“优秀组织奖”。

“感知中国”系列活动由国家留学基金管理委员会主办，旨在引导来华留学生知华、友华。学校每年积极组织申报该系列活动，并于 2016 年承办“感知中国——晋善晋美科技文化之旅”系列社会实践和文化体验活动，内容主要为参观山西省最大的不锈钢生产基地、晋城煤业集团及“中国北方第一文化巨族之宅”——皇城相府，旨在让来华留学生切身感受到山西省经济社会的发展，了解山西省多元发展的煤炭文化及煤炭清洁高效转化过程，增进对中国科技、经济及改革发展成果的认识（图 3–13）。2018 年，学校承办“感知中国路·黄河三晋行”活动启动仪式暨太原理工大学国际学生实践教学基地挂牌仪式。2019 年，学校在山西省太谷县广誉远中医药博物馆和山西中医药博物馆举行“感知中国·大美三晋”研学活动，旨在引导来华留学生“学好专业知识，报效祖国家乡；读懂中国文化，感受中国发展；担当交流使者，搭建友谊桥梁”（图 3–14）。

图3–13　学校中国政府奖学金生参加“感知中国”系列活动

图3-14　学校留学生赴山西省太谷县参加“感知中国·大美三晋”研学活动

中国阳城国际徒步大会由山西省晋城市阳城县举办，截至2023年，学校已经连续3年组织来华留学生参加该项活动（图3-15）。该项活动旨在引导来华留学生感受“东方古堡”的魅力，领略“悠然阳城”的风采，更多地接触多样中国，感受中国文化的魅力，从而促进中外文化交融，增进中外友谊。

图3-15　2019年，学校来华留学生参加第四届中国阳城国际徒步大会

太原理工大学中外交流晚会于每年 12 月举行，是山西省规模和影响力最大的中外交流晚会，旨在展示各个国家优秀的传统文化和民族区域特色，进一步促进中外文化的融合与交流，太原广播电视台、黄河电视台、《太原晚报》等媒体对此项活动均有报道。学校从 2014 年举办第一届中外交流晚会，至 2019 年已成功举办了 6 届，由中外学生带来的舞蹈、歌曲、小品、主题宣讲等多种形式的表演为观众带来了一场场精美的视觉盛宴（图 3–16）。

图3–16　中外交流晚会学生的表演

《娴院演讲》是由山西省娴院慈善基金会创办的一档传播思想价值、分享独特人生经历的新媒体栏目，将人文、历史、科技、设计领域的嘉宾演讲制作成视频，演讲内容有助于留学生充分接触中国文化，了解中国公益人物，培养人文情怀，增强社会责任感。国际教育交流学院和山西省娴院慈善基金会于 2021 年签订了合作协议，涉及《娴院演讲》推广、灯苗班创新创业教育、公益课题研究、国际学生在华指教 4 个方向，旨在培养来华留学生的创新创业素养，提升来华留学生跨文化交际的能力，引导国际学生“到中国各地走走看看”。学校鼓励留学生参加娴院慈善基金会举办的形式多样的活动，以使留学生从“聆听者”变为“参与者”，将学术研究与丰富的中外文化交流实践相结合。

“世界声音话中国、教育国际大家谈”系列活动（图 3–17）由国际教育交流学院党总支主办，由国际教育交流学院团委承办。该活动旨在为学校中外学生搭建“国际化交流平台”“语言交流平台”“文化交流平台”3 个平台，切实增加学校的国际化氛围，开拓中外学生的国际化视野，引导留学生融入中国，增强“知华、友华”情感。

（a）启动仪式现场　　（b）启动仪式新闻

图3–17　“世界声音话中国、教育国际大家谈”系列活动启动仪式

太原理工大学中外学生“全球胜任力”提升主题社会实践活动由国际教育交流学院和模拟联合国社团联合举办，旨在促进青年学子思考时政热点，提高青年学生“全球胜任力”四大能力——沟通能力、合作能力、批判性思维及创造性思维。2021 年 7 月 25—29 日，学校中外学生汇聚一堂，共商国际局势，彼此共享观点。中外学生从此次活动中收获了珍贵的友谊，提升了全球胜任力和表达交流能力，获益匪浅。

“来华留学生过中国年”是由校领导、各职能部门和学院代表于春节前夕为留在学校的来华留学生组织的特色活动，师生一起写福字、剪窗花、贴春联、包饺子，共话年味。2021 年春节，央视新闻频道的《牛气“食”足　寻味年夜饭》栏目对学校的“来华留学生过中国年”活动进行了全程直播，赢得了国内外社会各界的广泛关注。

除此之外，学校还结合实际需要，坚持开展与学科、培养目标相关的主题实践活动，如中国古建筑研学实践可以让学生通过实践体会古建筑文化，实探煤炭行业及矿山工业发展活动可以让学生了解当代中国的社会现实和人民风貌，“丝路华语”青年学子论坛讲座组织学生为学校庆生、“学雷锋”活动引导学生积极参加志愿活动等。

除上述这些活动外，学校还积极组织来华留学生参加校内外竞赛与文体活动，如学校曾在 2016 年和 2017 年组织学生参加“山西省大中学生武术锦标赛”，学生在自选太极拳、自选太极剑、三路长拳 3 项比赛中成绩突出。这些精彩的文体活动不仅丰富了来华留学生的课余生活、锻炼了他们的体魄，亦搭建了中外学子相互合作、友好交流、共同成长的平台。

组建来华留学生联谊团体亦是促进中外学生互学互鉴、实现跨文化交际与融合的有效路径。学校建立了来华留学生联谊团体管理制度，并出台了校党办文件，确保社团活动合法合规。截至 2021 年年底，学校建有排球、足球、板球和舞蹈 4 个来华留学生兴趣社团，由国际教育交流学院和学校团委协同管理，并配置指导教师，划拨活动经费为其购置所需物品。学校鼓励社团成员代表培养学院参加校园文体活动等（图 3–18）。

（a）来华留学生参加“五育杯”排球联赛　　（b）来华留学生参加校庆合唱活动

图3–18　学校来华留学生和中国学生一起参加校园文体活动

（2）关注心理健康，注重情绪疏导。

学校重视来华留学生心理健康教育工作，配备两名来华留学生专职辅导员从事国际学生心理健康教育与咨询，坚持育心与育德相结合，强调加强对来华留学生的人文关怀和心理疏导，构建了教育教学、实践活动、咨询服务、预防干预、平台保障“五位一体”的心理健康教育工作格局，建立了“行政班级 – 学院 – 学校”三级心理健康干预机制，着力培育学生理性平和、积极向上的健康心态，促进学生心理素质和科学文化素质的协调发展（图 3–19）。

（a）学生心理健康指导中心　　（b）心理咨询室

图3–19　学生心理健康指导中心和心理咨询室

学校以“预防为主、防治结合”为原则，以来华留学生心理筛查工作机制为基础，以心理干预为补充，强调充分发挥来华留学生辅导员、班主任的前哨作用，全方位关注来华留学生的心理健康：学校建立心理健康服务中心，借助分析量表筛查的结果、一对一谈心谈话等对学生进行排查；关注学生的名单台账、留存重点学生的谈心谈话记录等，重点关注，精准施策；规定辅导员、班主任在各类节假日、新学期开学后、考试季及毕业离校前等时间节点通过不定期进宿舍、进课堂、开展座谈等方式及时了解学生的近况与状态；借助微博等新媒体网络平台，与学生保持紧密的联系和交流，以及时了解学生的在校状况，力争做到第一时间发现问题，并及时、有效干预；在突发事件发生时，应及时跟相关学生沟通交流，安抚学生的情绪。

学校重视开展心理健康教育系列活动。为帮助来华留学生尽快适应新的学习与生活环境，不断提高学生的心理调适能力，学校积极整合校内外资源，邀请山西医科大学、学校心理健康服务中心等的资深专业人士有针对性地为来华留学生开展以“大学生压力、情绪与心理健康”“美好大学生活从适应开始——留学理工课程之心理健康教育”“国际学生压力、情绪管理与心理咨询”等为主题的心理健康教育讲座（图 3–20）。这些心理健康教育讲座是来华留学生“知华、友华”情感培养基地在国际学生心理健康教育方面的有效尝试，促进了学校国际学生心理健康的趋同化管理。此外，学校还积极开展团体心理辅导活动，旨在通过团体交互推动来华留学生个体更好地认识自我、探索自我，促进形成良好的适应力。如学校于 2019 年“525”大学生心理健康节组织了国际学生团体心理拓展徒步行活动，共有 61 名来华留学生参与，学生以心会友、用心前行，自我挑战、团队协作，用脚步丈量生命的宽度，在团队协作和互动中先后完成了 9 000 m 徒步任务，并进行了分享交流（图 3–21）。

图3–20　心理健康教育讲座

图3-21 国际学生团体心理拓展徒步行活动

3.4 教育质量监控体系推动来华留学工作提效率

建立完善的来华留学生教育质量监控体系是提升来华留学生培养质量、保证教学效果的重要组成部分。为规范培养过程管理、确保教学活动有序进行和教学质量稳步提高，学校建立起一套涵括教学、管理与服务的全方位、多层次的来华留学生教育质量监控体系。

3.4.1 建立教学质量监控机制，纳入学校整体质量保障

学校建有来华留学生教学质量监控机制，并纳入学校教学质量监控整体工作。学校来华留学生的教学工作全部与中国学生趋同化管理，主要表现在：

将来华留学生的教学计划和任务纳入学校总体教学计划和任务，设有完善的校院二级督导制度，对来华留学生课程的教学过程、手段、效果及教学档案管理定期进行检查与督导。校级教学督导组主要通过教学督导和管理督导两个方面对教学进行监督和反馈，督导情况在每月一次的全校教学例会上进行通报。学校充分考虑来华留学生教育独立与趋同互融的培养模式、知华友华的国际化人才培养目标以及远程教育的实施效果，专门制定了《太原理工大学国际学生教学督导办法》，增设了国际教育专项督导环节，聘任具有培养留学生经验的教师作为督导专家，程序上严格按照学校督导组的要求对国际汉语教师进行听课督导，以兼顾普遍性与针对性，充分体现国际教育的特点。

制定国际学生教学满意度评价指标。学校设计了中英双语版《太原理工大学国际教育交流学院教师教学质量评估调查表》（简称《评估调查表》），并借助该表在每学期期中、期末考试之后对授课教师进行测评。《评估调查表》针对教师职业道德、教学态度、教学内容和方法、教学过程和效果等方面设计了评价指

标，同时也针对教师需要保持的优点和需要改正的缺点设计了开放性题目。通过国际学生对教师的课堂授课内容、语言能力、教学水平等方面进行的评价，学校可以全方位、深入地了解学生对任课教师及课程设置的体会和建议。与此同时，学校还将学生对教师授课情况的评价、评分和意见及时反馈给任课教师，督促其进行改进，并定期约谈相关教师。

强调教师总结反思，及时调整教学过程。考试结束后任课教师及时进行教学总结，对授课过程和考试情况进行评价，内容包括对教学大纲、教学内容的思考，对教学方法及效果进行的自我评价，对必要的先修课程的要求或建议，对学生的学风、实践环节、辅导答疑情况及有效性的分析，对考试情况的分析及综合性意见或建议等。通过教师自我评价，引导教师针对发现的问题及时总结并在下次教学过程中进行调整。

丰富教学例会的形式，增设教师讲课互评环节。国际教育交流学院每两周举行一次教学例会，除定期反馈和讨论来华留学生的教学信息和突出问题外，每次教学例会均有一名教师进行时长为 20 分钟的教学示范。待该教师示范结束后，其他教师围绕其教学内容、教学方法、教学环节等方面进行评价，提出不足之处，以帮助教师提高教学水平，在日常教学中提高教学质量。

3.4.2 建有管理服务工作监督和考核机制，确保管理服务体系正常运行

为保证来华留学管理服务体系的有效运行，推动相关部门切实做好来华留学管理服务工作，学校建立了包含来华留学教学管理服务工作在内的国际化建设评估指标体系，以及校内二级单位国际化考核评估机制和激励机制，以对各二级单位的国际化保障措施、国际学术交流、国际人才培养、国际科研合作、国际化工作业绩同期比较和创新情况等方面进行量化考评，其中国际人才培养、国际学术交流、国际化课程建设等与来华留学工作相关的比重占考核内容的 50% 以上。

学校专门建有来华留学管理服务工作督查和考核机制，并将其纳入年终考核。截至 2021 年 12 月，学校已经形成了由国际教育交流学院牵头，党委统战部对国际学生宗教工作、党委宣传部对国际学生意识形态工作、党委保卫部（处）对国际学生日常安全工作、后勤保障处对国际学生应急处理与公寓管理工作、学生处对国际学生辅导员进行督导核查的全员、全程、全方位“三全”管理服务监控机制，并定期检查反馈整改，有力地确保了来华留学管理服务体系的正常运行。

3.4.3 引入外部监督，合力提升质效

学校重视第三方评价机构、社会舆论等外部监督力量的作用，积极配合政府监管和督导检查活动，主动参与第三方外部质量保障项目。学校充分响应教育部高等学校来华留学质量认证工作的号召，积极参加中国教育国际交流协会来华留学生高等教育质量认证，坚持以评促改、以评促建，着实提高来华留学教育、管理和服务水平。2018 年，学校顺利通过来华留学质量认证工作。2021 年年底，学校

启动第二次“来华留学生高等教育质量认证”工作，2022 年学校的工作重点中明确指出要对标“双一流”建设的目标任务，加强国际合作交流，做好 2022 年度来华留学生高等教育质量认证相关工作。

除此之外，学校自 2010 年起积极参加中国工程教育专业认证协会（CEEAA）的国际工程教育专业认证，并将此作为推动工程教育改革和人才培养质量提升的重要抓手。截至 2021 年 12 月，学校已有 21 个专业通过国际工程教育专业认证，标志着学校高水平、国际化的专业建设再上新台阶，高水平工程教育人才培养质量取得重大突破。与此同时，学校积极配合山西省教育厅定期进行的来华留学生培养质量调研和检查，积极参与 2018—2020 年中国政府奖学金绩效评价工作，从资源配置、资金管理、招生管理、可持续影响、满意度和办学特色等方面进行自评。

学校还将来华留学生实习单位、用人单位等外部相关方纳入质量监控体系，每年通过向实习单位、用人单位等第三方发放学生培养满意度调查问卷、组织座谈会等方式，了解它们对学校来华留学生培养质量的满意程度，并及时收回、研讨反馈意见，调整实施改进措施。

3.4.4　注重反馈改进，形成闭环机制

学校注重接收来华留学生教学质量监控结果的反馈意见并改进。通过教学督导听课、教师工作会议、学生评教、学生座谈会等形式对来华留学生教学质量监控结果进行收集。在反馈意见收集完成后，学校及时召开由校长出席、各单位重要负责人参会的来华留学生教学工作协调会。会上各部门对来华留学生教学质量的反馈结果进行通报，并结合反馈意见提出相应的改进措施。

学校注重接收来华留学生管理和服务履职督导结果的反馈意见并改进。学校通过来华留学生教育质量认证、国际学生管理工作交流会、国际学生座谈会等形式对来华留学生管理和服务履职督导反馈结果进行收集。在反馈意见收集完成后，及时召开由校长出席、各单位重要负责人参会的来华留学生工作专题会。会上对各相关二级单位来华留学生管理和服务质量的反馈意见进行通报，并结合反馈意见提出相应的改进举措。例如，在 2021 年的改进措施中，明确提出应秉持“以学生为中心”的办学理念，加快国际学生公寓的建设进程，进一步改善硬件设施和办学条件，让来华留学生充分感受到学校的关心和关爱；相关部门应提升国际化考核指标在学校各类考核中的比重，完善培养经费、工作量计算等方面的制度保障，调动各单位积极参与国际化工作的热情和积极性，做出亮点、特色；强调以制度化促进规范化，推进学校来华留学生教育工作“规范管理、提质增效、内涵发展”，进而助力学校高水平国际化创新型大学建设。

学校注重接收来华留学生招生录取、教学质量和管理服务的满意度调查结果反馈并及时改进调整，其中问题反馈主要涉及招生入学、教学课程建设、培养方案、教学班级设置、管理服务等几个方面。

招生入学方面，以往安排导师均采用先由学院面试，待被录取之后再确定导

师的方式，存在导师和学生匹配度不强的问题。学校根据学生意见，将方式调整为“导师面试—学院审核录取”，让学生和导师先行沟通了解，解决了导师和学生之间匹配度不强和互相适应困难的问题。

教学课程建设方面，全英文授课项目研究生反馈部分全英文专业课程师资有限，教师的英语水平不能满足上课需求。鉴于此反馈，学校于 2022 年启动了以学科为单位的全英文专业课程建设方案。

培养方案方面，有部分国际学生反馈存在跟中国学生同堂上课跟不上进度的问题，以及汉语知识不能满足专业需要导致理解专业知识和完成课程作业有困难的情况。学校就此对培养方案进行了改进，更新招生计划，进行专业筛选，独立成班，形成独立的培养方案。

教学班级设置方面，为满足汉语国际教育专业留学生对语言和文化的差异性需求，2017 年改进形成两个混合国别班，将阿富汗学生分散开同其他生源国学生组班，解决了国别单一问题，增加了学生跨文化交流的机会。

管理服务方面，学校应学生要求在留学生公寓门口安装电动车充电桩（图 3–22）。寒暑假期间为满足学生的学习需求，特开放国际教育交流学院楼自习室为学生营造良好的学习环境。春节期间为学生分发春节礼物，组织各种文化体验活动，丰富学生的寒假生活。

图3–22　安装电动车充电桩

第 4 章　针对来华留学教育开展的学术研究

4.1　“一带一路”视域下来华留学生培养模式探究[①]

来华留学教育是提升我国教育的国际竞争力、影响力、吸引力的重要举措，在“一带一路”倡议的驱动下，既要对接国际标准，也要坚持中国特色，扩大我国在世界高等教育中的话语权。《留学中国计划》明确要求：“建立与我国国际地位、教育规模和水平相适应的来华留学工作与服务体系；造就出一大批来华留学教育的高水平师资；形成来华留学教育特色鲜明的大学和高水平学科群；培养一大批知华、友华的高素质来华留学毕业生。”这不仅对我国高校留学生教育的规模、层次、水平与效果设定了发展的目标，更对我国高校的留学生教育服务工作提出了更高的要求。

2020 年，山西省来华留学生达到 1 500 人，其中 80% 以上来自“一带一路”沿线国家，将其培养成为认同中国文化、熟悉中国标准的工程类技术和管理人才是当前来华留学教育的主要任务。如何加深来华留学生对中国文化的认知和理解，提升其专业能力和素养，增强其讲好中国故事的意愿和能力，是一项充满挑战的工作。汉语学习难度较大，而且来中国学习的学生，理工科类专业的学生超过 70%，出国前有汉语学习经历的学生不足 30%。即使经过一年的预科学习，其汉语水平也很难达到专业学习需求，学生进入专业学习后常出现“听不懂”和“学不会”等问题，极大地影响了学习效果。

4.1.1　太原理工大学建设来华留学生培养体系

作为山西省来华留学生教育的排头兵，太原理工大学自 1985 年开始招收国际学生，经过 30 余载的探索与实践，在学生国别、层次、类别等方面积攒了丰富的经验，已逐步形成了立足自身优势、重视提质增效、追求内涵发展的留学生培养模式。太原理工大学在探索来华留学生教育培养模式上已经积累的研究经验如下。

（1）制定了“汉语类 + 文化类 + 专业类”的课程体系。

学校制定了培养“具有人文情怀、国际视野和工程素养的新工科背景下的国际化人才”的目标，建立了“汉语类 + 文化类 + 专业类”3 类课程模块的课程体系，

---

① 陈少平，张金萍，刘楠楠．“一带一路”视域下来华留学生培养模式探究 [J]. 山西教育（管理），2020（12）：69-70.

帮助学生在较短时间内提高综合的汉语交际能力和学习能力，加深对中国文化的认知和理解。

（2）搭建了工程教育专业认证和来华留学质量认证平台。

学校 2017 年开始招收培养全英文授课项目研究生，2018 年通过了教育部高等学校来华留学质量认证，2020 年启动了中外合作办学项目和全英文授课来华留学本科生项目。截至 2020 年，共有 18 个专业通过国际工程教育专业认证，至此，学校在国际化进程中又向前迈出了坚实的一步。上述平台为来华留学生招生、教学、管理、质量保障和评价等提供了国际标准平台。

（3）打造了"一带一路"沿线国家能源工程类来华留学教育基地。

学校立足于一流学科群建设优势，致力于培养国际化、应用型、高层次的来华留学人才。通过贯通"预科—本科—硕士—博士" 4 个学历层次，将人文素养教育、多元文化教育与工程教育合为一体，打造了"一带一路"沿线国家能源工程类来华留学教育基地。

4.1.2 全面探究新的来华留学生培养模式

（1）研究内容与目标。

学校以 4 个"新工科"专业为依托，以"一带一路"沿线国家来华留学生的培养过程为研究对象，面向"一带一路"沿线国家的社会和行业发展需求，基于学校优势专业和特色学科，探索来华留学生人才培养模式。依据高等教育发展规律，确立"一带一路"倡议的背景下来华留学生教育发展的人才培养目标，为留学生教育的可持续发展做好顶层设计。基于泰勒的"经典课程方式"①，建立"语言 + 文化 + 知识 + 技能"相互嵌套的人才培养课程体系，确保留学生人才培养的质量与"一带一路"沿线国家的社会发展需求相匹配。从利益相关者理论②出发，探索"一带一路"沿线国家来华留学生工程教育人才的联合培养平台，加强中外校企联合培养，为在"一带一路"沿线国家推广中国企业的管理制度、行业发展的标准体系等奠定基础。引入形成性评估理念，构建科学、合理的人才培养评价体系和教育服务质量体系，形成良好的教学效果反馈和闭环控制机制。

（2）培养模式的主要创新点。

基于山西省历史文化底蕴丰厚及一流学科群建设的优势，形成了以能源类学科教育为特色，以多元文化教育为依托，融合人文素养教育的国家能源工程类来华留学生教育基地，形成"源于能源、专注能源、服务能源"的创新型来华留学人才的培养格局，在推动山西省来华留学教育振兴崛起的进程中发挥排头兵作用。

形成"专业知识和汉语水平交替攀升"的来华留学人才培养模式。以培养具

① 盛沛锋，钱树静 . 来华商科留学生培养动因、模式探索与新构想：以宁波大学国际工商管理专业为例 [J]. 福建商学院学报，2020（5）：82–89.

② 荣杨 . 应用型高校大学生创新创业能力培育路径研究 [J]. 产业创新研究，2020（23）:137–138.

有“知华、友华”的人文素养、满足行业需求的专业素养、具有跨文化交际能力的国际素养作为人才培养三要素；以“一带一路”沿线国家、优势学科群、区域经济发展特色为人才培养三面向；以来华留学生独立成班的全英文授课模式，强调汉语与专业并行、知识与素养并重，通过专业知识与实践技能交替攀升实现人才培养目标。

实现来华留学质量认证和工程教育专业认证的共享共赢。来华留学质量认证和工程教育专业认证的共同点在于建立健全培养质量的保障体系，切实提高教学管理水平和人才培养质量，二者在培养目标和毕业要求上互通有无，共享共赢。在育人过程中践行成果导向教育（OBE）理念①，实现中外学生国际化适应能力和工程素养的同步提升。

4.2　留学生趋同化管理研究综述②

随着我国综合国力的提升，来华留学生的规模不断扩大，留学生培养层次日渐丰富，亟须优化管理机制以实现来华留学教育内涵式转型发展。趋同化管理是世界各国招收国际学生的主要培养方式，也是提高国际学生教学质量的基本措施。教育部在2010年印发的《留学中国计划》中提到，高校应“积极推动来华留学人员与我国学生的管理和服务趋同化”。中共中央、国务院印发的《中国教育现代化2035》中也明确指出，应“实施留学中国计划”。因此，探索符合我国留学生的趋同化管理模式，成为来华留学教育发展面临的十分严峻的挑战。

4.2.1　研究现状概述

2021年年初，在中国知网输入关键词“留学生趋同化管理”进行检索，共显示相关文献50篇。通过分析中国知网生成的可视化分析图表我们发现：我国来华留学生趋同化管理研究起步于20世纪90年代末，从时间和发文篇数综合指标看，2012—2016年，年均发文3篇左右，2017年之后我国留学生趋同化管理研究呈螺旋式加速上升趋势，2018—2020年年均12篇左右；从研究者的角度看，山东大学、江苏大学、北京语言大学、上海交通大学等几所高校对趋同化管理问题的关注度明显高于同类院校；从主题分布看，相关研究主题多集中于“趋同化管理”“管理模式”“国际学生”等；从研究对象看，现有研究以普通高等学校为主，高职院校、中医药院校来华留学生研究热度上升较快。通过对趋同化管理研究主题的概要分析可以发现，随着我国成为亚洲最大留学目的国，学界对高校留学生趋同化管理的关注持续升温，研究视野也随之不断扩大，现有研究主要聚

① 张久明.高中生物教学中培养学生学科核心素养的实践探究[J].中学课程辅导（教师通讯），2020（22）：80-81.

② 韩艳丽，张金萍，陈少平.留学生趋同化管理研究综述[J].智库时代，2022（3）：201-204.

焦留学生管理模式的本体探讨、趋同化管理模式的内涵、留学生趋同化管理模式的现状及策略研究几大方面。

4.2.2 概念内涵与现实意义

所谓“趋同”，从管理学角度看，是指被管理者根据管理者的制度设计，在管理者国度享受同等的“公民待遇”。按照上述逻辑，来华留学生趋同化管理可以理解为来华留学生在中国高校享受与中国学生同等的待遇，具体表现为接受相同的行政机构管理、遵守相同的规章制度、享有相同的校内软硬件资源[①]。简言之，趋同化管理就是将来华留学生纳入高校整体管理系统，实施教育、生活服务、管理方式等趋向于中国学生的管理模式[②]。值得注意的是，由于留学生具有“外国人 + 学生”的双重身份特性，加之中外学生在风俗习惯、教育背景、思维方式等方面都存在差异，因此，我们所说的“趋同”不是“等同”，而是一种“适度趋同”。具体来说，就是在留学生培养过程中，既要坚持统一标准、规范管理的原则，也应尊重留学生群体的特殊性，在允许“同中有异”的同时，坚持“异少同多”的执行方向，建立具有中国特色的留学生规范化管理模式。依托高校已有培养模式对留学生进行趋同化管理，探索符合现阶段特征的趋同化留学生管理模式，提高人才培养质量，优化教育资源，节约管理成本，走内涵式发展道路，已成为我国来华留学教育转型过程中的关键性、基础性工作。

4.2.3 重点研究内容

关于留学生趋同化管理，我国许多高校已进行了初步探索和众多有益实践，分析相关研究成果可以发现，目前学界关于留学生趋同化管理的研究主要集中在以下几大方面。

（1）关于留学生管理模式的研究。

在趋同化管理方面，欧美国家的留学生管理模式以专业化、成熟型、菜单式为主要特征[③]。作为中国高等教育的一部分，我国来华留学生教育既服务于经济发展的需要，同时又受其制约，并伴随着国家经济、文化等各方面的发展而变化。因此，很多学者立足我国高校来华留学教育的历史阶段性特征，从历史发展角度探讨高校趋同化管理的特点。彭庆红等认为我国来华留学生管理经历了从“特殊化管理”到“趋同化管理”的变迁[④]。姜苏华等认为我国来华留学教育经历了外事

---

① 伊鸿慧．高校来华留学生趋同化管理的思考与实践 [J]. 教育教学论坛，2015（38）：8-9.

② 高英学．关于来华留学生教育管理对策的思考 [J]. 中国高教研，1998（6）：64-65.

③ 黄展，刘晶．高校国际学生趋同化教育管理理论与实践探析 [J]. 国家教育行政学院学报，2014（6）：68-71.

④ 彭庆红，李慧琳．从特殊照顾到趋同管理：高校来华留学生事务管理的回顾与展望 [J]. 河南师范大学学报（哲学社会科学版），2012（5）：241-245.

管理模式（中华人民共和国成立初期）、单独管理模式（改革开放—2000 年）和综合管理模式（2001 年以后）3 个阶段①。此类研究多通过结合中华人民共和国成立前后不同的政策背景，总结我国来华留学教育模式各发展阶段的特征。

目前，学界对留学生管理模式的分类方式不尽相同，大都以高校留学生归口部门的特征为主要依据，一般基于留学生管理机构的职责权限范围进行分类。如顾莺等认为当前我国高校留学生管理体制主要包括国教院体制（二级学院型）、国际处体制（外事部门兼管型）、学生处（学校职能部门）、留管办（专门部门管理）4 种模式②。吴舒程等将我国高校留学生管理模式简述为集中管理模式（国交院）、留学生处模式（院校两级）和职能趋同化模式（不单独设机构）3 种类型③。还有学者从管理学角度出发，将高校现行留学生管理模式分为“内部职能型”与“事业部型”两大类管理模式，强调运用管理学思维把握留学生的群体特征。此外，在归纳高校留学生管理模式的基础上，部分学者对各模式的优劣和存在依据进行了对比论证。如逢成华指出，国际合作交流处、国际文化交流学院和留学生处立体合作模式是实现趋同化动态管理过程的有效途径④。可见，各种留学生管理模式都有其适用条件与利弊，高校留学生管理模式应在研判学情、校情的基础上进行合理的选择。

（2）有关趋同化管理内容的研究。

目前趋同化管理的研究内容主要涉及教学、管理、生活、服务几大领域，其中，管理领域的研究最为广泛，集中表现为对现行管理模式的讨论，包括各种管理模式的利弊及适用条件，如招生、学生社团、留学生辅导员队伍建设、宿舍管理、校外协作、就业心理辅导等方面的探讨。此外，教学趋同化研究也日益受到重视，如刘芳、吉翔关注全英文授课趋同化课程建设，陈理业、丁文阁、修赫鸿等人关注趋同化背景下的留学生思政课程开展。王冀萍、孙利等人则以高校教育管理活动中的事实要素为切入点，通过梳理高校教务管理工作的路径，关注学籍、成绩管理和学位授予制度规章等教学管理方案。

近几年，学者对趋同化管理研究的范围从理论定位衍生到具象分析，对不同层次、不同类别高校留学生管理工作进行了探究归纳。此部分研究多针对我国某具体高校趋同化管理现状进行实证分析，如黄凯锋、印超慧以上海交通大学为例，黄山以西安电子科技大学为例进行了研究。也有的学者关注国内各大高校间的横向对比，如姜苏华就 140 所高校的留学生规模与管理体制的相关性进行了分

---

① 姜苏华，马艳妮，胡乃麟．来华留学生教育发展与管理模式探析 [J]. 大学教育，2013（4）：131-134.

② 顾莺，陈康令．高校留学生趋同化管理的比较研究：以全球 8 所高校为例 [J]. 思想理论教育，2013（9）：86-89.

③ 吴舒程，张轮，刘欣．我国高校留学生趋同化管理存在的问题及对策研究 [J]. 科教文汇（中旬刊），2017（8）：1-13, 16.

④ 逄成华．论高校来华留学生管理模式 [J]. 扬州大学学报（高教研究版），2011，15（6）:29-32.

析。此外，还有部分学者对不同特色的留学生招收院校进行了针对性分析，如宋兰香、杨烨、徐宽乐等人关注农业类大学，安然等人关注理工科院校，过国娇关注财经类院校，此类研究多针对特色院校的留学生教育进行多方位、深层次剖析，以探索特色院校发挥专业优势发展来华留学教育的普适性规律。此外，随着“一带一路”沿线国家留学生来华人数逐渐增多，“一带一路”沿线国家的地域研究逐渐受到重视。同时，将发展中国家人口资源转化为人口红利的留学生职业教育方兴未艾，如黄华、易美君等学者结合高职院校自身的办学层次和学制特点，就现阶段我国高职院校的留学生招收培养模式进行了初步探讨，可见，立足高职教育的来华留学生管理模式越发受到关注。我国趋同化管理研究则更为基础，现有趋同化管理多从学校管理者角度出发，更多从节约管理成本、提高管理效率的角度出发，着重解决管理服务层面出现的问题。我国学者如徐倩、谢志芳、张磊等人从心理学角度对留学生文化调适和文化适应进行了分析。

（3）针对留学生趋同化管理存在的问题的研究。

部分学者着重关注高校趋同化管理教育实践，聚焦趋同化管理实践中存在的问题并提出改进策略。如甘琬滢认为，制约高校趋同化管理发展的因素包括留学生政策和工作细则缺乏、认知度和执行度不足、管理人员语言水平和服务意识欠缺、趋同化管理措施执行存在误区等[①]。伊鸿慧指出，高校国际化水平、学生事务管理专业化程度是影响高校趋同化管理的关键[②]。赵奇栋等提出目前留学生入学门槛低是制约趋同化管理的主要因素，并从我国来华留学教育事业所处的发展阶段、涉外社会保障体系、高校管理体制的国际化程度、国际学生群体自身的特点4个方面提出建议[③]。众多学者对趋同化管理中的各因素进行了深度思考，上至国家政策和学校体制机制、管理理念、奖学金政策，下至课程设置、教学管理、硬件设施、教师素养、后勤管理、社外保障体系、学生社团等多个领域，涵盖宣传推介、招生录取、教学管理、实践就业等一系列环节。

4.2.4 研究展望

（1）深化本体研究。

目前我国趋同化管理的有关研究，多混合在来华留学教育历程及留学生管理模式研究中，加之对是否应该实行趋同化管理模式争议较大，因此，对留学生趋同化管理的专门性研究还比较少。

应达成共识的是，趋同化管理是一个渐进的过程，不可能一蹴而就，更不能

① 甘琬滢 . 高校留学生教学培养趋同化管理的问题和对策 [J]. 皖西学院学报，2018（5）：22-25，57.

② 伊鸿慧 . 高校来华留学生趋同化管理的思考与实践 [J]. 教育教学论坛，2015（38）：8-9.

③ 赵奇栋，曹丽丽 . 国内高校国际学生趋同管理制约因素探析 [J]. 南京理工大学学报（社会科学版），2019（3）：56-59.

因噎废食。随着我国来华留学教育新格局的形成，趋同化管理模式对于高校实现来华留学教育提质增效，保障来华留学教育长足发展具有重要的意义。进一步完善趋同化管理的理论构建，可深化有关留学生教育及高等教育国际化理论的认识，拓展研究中国教育体制和社会背景下的留学生教育发展路径，为国际理论界有关留学生教育发展模式的研究提供中国智慧，从而实现我国来华留学教育的长足、持续发展。

（2）优化实施方案。

目前，我国来华留学生趋同化管理的研究范畴主要包括管理模式趋同化和文化趋同化两个方面。其中，管理模式趋同化是手段导向，具有较强的可观测性和可操作性；而文化趋同化是目的导向，在可操作性上存在一定不足。因此，现阶段高校趋同化管理应在科学方案的指导下，以管理模式趋同化为改革重点，以逐步实现文化趋同化为目标，积极、审慎地推进。此外，虽然留学生趋同化管理模式在国内高校已引起一定的重视，但是在具体实施过程中，由于高校留学生教育条件各异，学生类别、特点不同，教育管理理念不同，高校趋同化管理的执行力度和执行效果各不相同。因此，实践中如何衡量高校趋同化管理的水平，如何科学地界定各责任主体的责任，如何有效地判定高校趋同化管理的成效，需要我们对趋同化管理的实施方案及评判标准进行更为全面的统筹谋划，尤其应注意加强人才培养工作的顶层设计，通过对标中国学生的教学管理制度，搭建留学生培养体系的从人才定位、人才培养、过程监控、毕业要求到评价反馈的闭环架构，并进一步反作用于高校教育管理模式。

（3）拓宽研究领域。

我国现有趋同化管理研究多从顶层设计出发，强调从理论上将来华留学教育纳入高校整体教育体系，但在实践中，尤其是在教学领域，趋同化管理多停留在理论层面，因此，探究教学实践中趋同化管理的合理模式，把趋同化管理落到实处，是一项复杂的长期工程。如何进一步找准制约推进来华留学生趋同化管理的困难所在，如何以各教学要素为改革着力点，构建有效促进来华留学生趋同化管理的实施路径，这些都有待深入探讨。

留学生群体兼具学生身份与外国人身份的双重属性，其特殊性更多体现在文化背景和思维方式上。留学生在高校出现的各类不适应，归根结底是文化层次上未达成认同。推动文化冲突向文化融合的发展转化是实现趋同化管理的关键环节，也是高校教学管理的重点、难点。因此，趋同化管理不应局限于死板生硬的条条框框，而应建立在以文化认同为基础的有温度的人文规范上。深入教育过程，对来华留学生的跨文化学术研究进行深度分析，可大大丰富现有关于跨文化交际的理论成果。因此，除了管理上的规范、统一之外，立足留学生文化认同视角，通过构建留学生社会支持网络，引导留学生适应中国文化，也是高校趋同化管理发展的一大方向，以提出切实提升来华留学生趋同化管理质量的建议，开拓来华留学生趋同化管理的新局面。

4.3 南亚国家汉语师资班的阿富汗留学生的跨文化适应研究①

4.3.1 引言

阿富汗素有“亚洲命运的十字转门”之称，其凭借独特的地缘优势在我国“一带一路”深入推进的进程中发挥着重要的节点作用。为扩大中国与南亚各国的人文交流，加强南亚各国汉语教师的本土化建设，孔子学院总部于 2015 年设立“孔子学院奖学金南亚国家汉语师资班项目”（简称“南亚国家汉语师资班”），以促进中国文化的对外交流，加强汉语国际传播。同年起，太原理工大学作为我国唯一在阿富汗建有孔子学院的高校，开始承接南亚国家汉语师资班阿富汗学员的培养工作。截止到 2018 年 2 月，共有 97 名阿富汗留学生前来学习本科层次的汉语国际教育专业。作为目前国内最大的阿富汗留学生集聚地，对这一特殊群体的跨文化适应情况进行研究，对于加深对中阿文化差异的理解、增强学生的跨文化交际能力、提高阿富汗本土汉语师资的培养质量有重要意义。

（1）研究方法。

本书主要采用问卷调查法与访谈法，从心理适应、社会适应与学术适应 3 个维度对阿富汗留学生的跨文化适应过程与影响因素进行了剖析。② 为确保被调查对象能够完全理解调查内容，调查问卷与访谈的语言同时使用汉语、普什图语和英语。调查共计发放问卷 86 份，回收 86 份，为确保数据的有效性，共计剔除无效问卷 8 份，得到有效问卷共 78 份，有效问卷的回收率为 90.7%。

阿富汗留学生受自身民族文化和国情的影响，在来华求学期间的跨文化适应经历具有群体特殊性，本书对其跨文化适应过程与影响因素进行了实证研究。在此基础上，针对中阿双方合作院校和留学生个体，提出了加强跨文化适应全程辅导、完善人才培养计划、尊重阿富汗民族文化并提升阿富汗留学生的跨文化敏感度等方面的建议。

（2）研究结果。

表 4-1 是心理适应、社会适应、学术适应量表的信度和效度检验结果，由此可知调查问卷各项目间的相关性很高，内部一致性好，问卷信度较高。由 KMO（用于比较变量间简单相关系数和偏相关系统的指标）值和 Bartlett（巴特利球形）检验可知，各量表的 P 值均小于 0.005，存在显著性差异；由因子分析的结果可知，各量表提取的因子累积方差贡献率均超过 65.832%，且每个公因子的负荷值均大于 0.407，表明调查问卷的结构效度良好。

---

① 张金萍，杨懿．“一带一路”背景下来华阿富汗留学生跨文化适应实证研究 [J]. 教育现代化，2020，7（11）：189-194.

② 朱国辉．高校来华留学生跨文化适应问题研究 [D]. 上海：华东师范大学，2011.

表4-1 心理适应、社会适应、学术适应量表的信度和效度检验结果

量表名称	克龙巴赫 α 系数	KMO 值	Bartlett 检验
心理适应量表	0.646	0.563	0.000
社会适应量表	0.881	0.569	0.000
学术适应量表	0.789	0.674	0.000

以有效数据为准，参与本次调查的男生有 60 人，占 76.9%；女生为 18 人，占 23.1%。被调查对象集中在 19~22 岁，尤以 20 岁居多。近七成的被调查对象表示在来华之前没有任何出国经历，其来华时间按长短划分依次为：1 个月左右（22 人）、3 个月左右（19 人）、6 个月左右（7 人）、12 个月左右（30 人）。

4.3.2 来华阿富汗留学生跨文化适应过程的分析

（1）留学动机分析。

调查结果显示，外部动机是驱动阿富汗留学生选择来华留学的首要因素，其中"通过 HSK 考试""获得中国政府奖学金""对今后工作有帮助"是主要原因，而"所学专业中国大学的水平更高""考中国的大学比考阿富汗的大学更容易"等紧随其后。可见，阿富汗留学生选择来华留学更加看重的是经济因素和对个人发展有利的工具性因素。尽管"喜爱汉语""了解中国的社会、文化与风俗"也在选择来华求学的动机之列，但却并非是他们的首选。这反映出留学生个体来华求学的动机与国家层面开展南亚国家汉语师资班的初衷存在偏差，有待进一步弥合。

（2）心理适应情况分析。

为了调查阿富汗留学生来华后的心理适应情况，笔者在参考威廉·庄（William Zung）教授编制的抑郁自评量表（self-rating depression scale，SDS）的基础上，结合阿富汗的社会文化特征，编制了涵盖正面感受和负面感受各 10 个调查项目的跨文化"心理适应量表"。调查结果如图 4-1 所示，接近四成的阿富汗留学生属于轻度抑郁者，中度抑郁者占 20.5%，重度抑郁者占 10.2%。

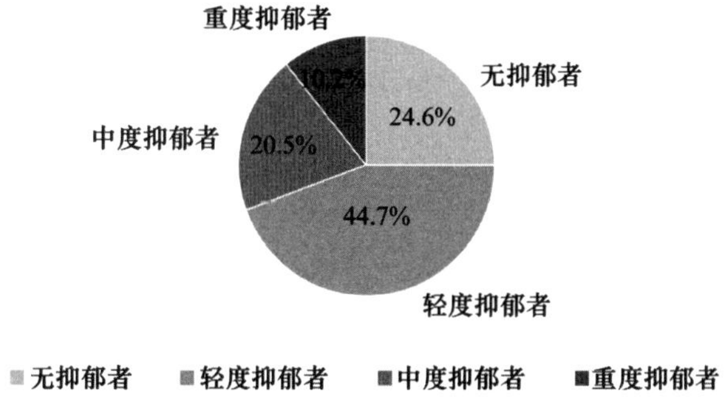

图4-1 来华阿富汗留学生抑郁程度统计图

调查结果表明，来华阿富汗留学生的心理健康总体处于中上水平，抑郁程度相对较低。究其原因，主要是中国安全、舒适的社会环境为其生活和学习提供了基本保障。在访谈中，留学生纷纷表示“中国很和平”“这里很安全”“宿舍和教室很明亮，很方便我们学习”，这在很大程度上缓解了文化冲突带来的不适。

阿富汗留学生在不同阶段的跨文化心理适应的难度不同。在本次调查中，来华12个月左右的留学生跨文化心理适应的难度最低，其次是来华1个月左右者，而心理抑郁程度较高者则主要分布在来华3个月左右的被调查者中。阿富汗留学生来到中国后的心理变化趋势大致与斯韦勒·利兹格德（Sverre Lysgaard）提出的U形曲线理论相符，即他们的跨文化心理适应是一种动态过程，以兴奋开始，然后逐渐出现危机，最后逐渐适应新的文化环境。

（3）社会适应情况分析。

笔者从语言、饮食、交通、住宿、人际交往、政治及世界观等层面对阿富汗留学生在中国的社会适应情况进行了分析。调查结果显示，“遵守规章制度”“使用交通工具”“排队”及“参加社交活动、聚会或典礼”等对阿富汗学生来说并无多大困难，适应情况较好。但在“理解当地语言”“理解中国的政治体系”“找到喜欢吃的食物”“住宿”及“同行政部门打交道”等方面难度较大。这反映出阿富汗留学生在中国的社会适应中对自律性要求较高，能遵守中国的规章制度，却尚未真正融入当地的生活。因不能理解当地语言（主要是晋方言）而对自己应付中国环境的能力产生的无能感，因与熟悉的食物和伙伴分离所带来的不适、孤独与思乡之情，因无法与同胞、中国人建立良好的关系而产生的自我怀疑，都深刻地映射出他们正在经历的文化冲突及情感上的焦虑。

（4）学术适应情况分析。

学术适应量表共涉及课堂学习、师生互动、学习方法、课后作业、考试考核及课外活动等19个项目。从总体来看，阿富汗留学生在学术适应上处于较高的水平。如图4-2所示，绝大多数（85.9%）留学生认为自己在中国的学习难度为“有点儿难”。其中“集中精力学习”“按时完成作业”“习惯中国老师的教学方法”的适应难度最小。另有少数同学（3.8%）认为自己的学业“不难”。“与其他外国学生交朋友”“选择自己想学习的课程”“与中国学生交朋友”及“参加课外活动”对阿富汗学生来说则难度较大。调查结果显示，第一，阿富汗留学生目前无法与中外学生建立良好的人际关系。第二，所在院校的课程设置缺乏多样性。第三，希望与留学生有关的第二课堂能在外延上拓展。

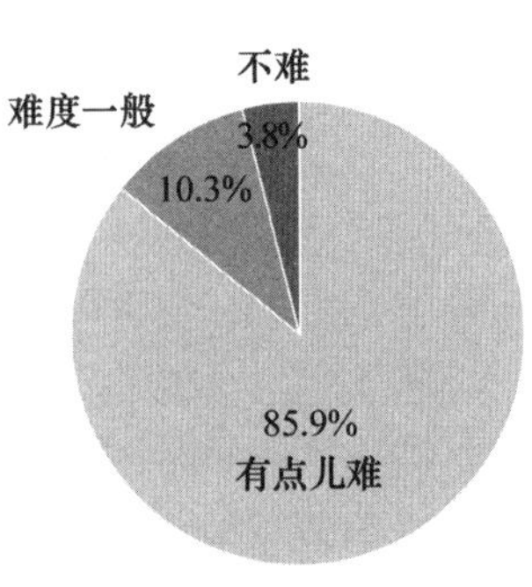

图4-2　来华阿富汗留学生学术适应难度统计图

4.3.3　来华阿富汗留学生跨文化适应的影响因素分析

（1）学生个体因素与跨文化适应。

一是性别因素。通过独立样本 T 检验可知：性别因素只在阿富汗留学生的跨文化心理适应上存在显著差异（$t=-2.071$，$P<0.05$），且女生（$M=60.3\%$）的跨文化心理适应难度高于男生的（$M=54.8\%$），在社会适应和学术适应方面，男、女生之间的差异并不显著（表 4–2）。

表4–2　来华阿富汗留学生跨文化适应的性别差异检验

跨文化适应难度	男生		女生		t 值	P 值
	均值	标准差	均值	标准差		
心理适应难度	54.8	0.1	60.3	0.12	–2.07	0.042
社会适应难度	42.9	0.1	48.1	0.11	–1.9	0.061
学术适应难度	31.6	0.08	30	0.05	0.83	0.41

图 4–3 显示的是来华阿富汗留学生心理适应的性别差异图，由此可知：从总体来看，男生在心理适应的过程中，其心理波动较之于女生相对平稳，与之相对，女生心理波动则较大，并大致呈现为“倒 U”状的变化曲线。其次，不同性别的留学生出现心理适应难度峰值的时间不同。男生在来到中国 3 个月左右时心理适应难度最高；女生在来到中国 6 个月左右时才出现峰值。

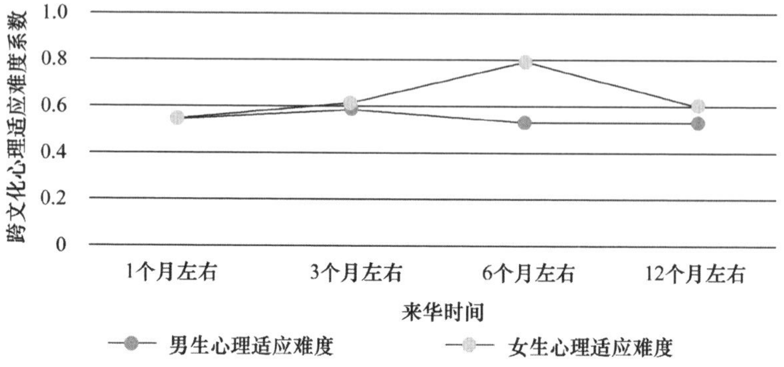

图4–3　来华阿富汗留学生心理适应的性别差异图

二是对中国与目的院校的了解程度与跨文化适应。对中国与目的院校的了解程度与跨文化适应的相关性检验见表 4–3，检验结果显示，阿富汗留学生出国之前对中国及目的院校的了解程度与其来华后的社会适应难度呈正相关关系，与其学术适应难度呈负相关关系，即他们临行前对中国与目的院校越了解，来华之后在社会适应方面遇到的问题越多，在学术适应方面遇到的困难越少。通过访谈可知：第一，被调查对象在社会适应上遇到的障碍，主要是由于临行前对中国及目的院校的了解不准确。换言之，当他们自认为对中国及目的院校越了解，其心理预期与实际体验之间的落差就越大。以社会适应中的“理解当地口音 / 语言”为例，尽管阿富汗留学生在本国已有学习汉语普通话的经历，但当他们在目的院校的社区进行购物、乘车等日常活动时，不可避免地要与当地居民接触，其中不乏使用晋方言的人群。被调查对象表示，“不知道汉语有这么多方言”，这在一定程度上提升了跨文化适应的难度。第二，学术适应上的负相关则是因为被调查对象早在喀布尔大学孔子学院时就已经熟悉了中国教师的教学模式，“习惯了中国教师的教学方法”，因此在来到中国学习时便感觉容易了很多。

表4–3　对中国与目的院校的了解程度与跨文化适应的相关性检验

		心理适应	社会适应	学术适应
对中国的了解程度	皮尔逊相关系数	0.036	0.254*	–0.345**
	显著性	0.753	0.025	0.002
对目的院校的了解程度	皮尔逊相关系数	0.075	0.249*	–0.3**
	显著性	0.516	0.028	0.008

注：*在0.05水平（双侧）上显著相关，**在0.01水平（双侧）上显著相关。

三是汉语水平与跨文化适应。单因素方差分析结果显示，汉语水平不同，阿富汗留学生在心理适应上没有显著差异（F=0.248，P=0.91），但在社会适应（F=2.582，P=0.044）和学术适应（F=4.019，P=0.005）上有显著差异。为进一步探讨汉语水平与社会适应和学术适应的关系，笔者通过相关分析发现，汉语水平与社会适应难度呈显著的负相关关系（R=–0.326），而与学术适应难度呈正相关关系（R=0.244），即阿富汗留学生的汉语水平越高，他们的社会适应难度越小，而学术适应难度越大。这一结果与当前的一些研究结论如“学生对课程的适应能力随着目的语水平的提高而增强”[①]存在差异。

针对这一矛盾现象，笔者通过访谈获知，主要是以下原因：来华 3 个月左右的留学生，因为来到目的院校便获得了更为专业的语言培训，他们“明显感觉自己的汉语水平有了很大提高”，所以增强了他们在学术适应上的自信心。对于已经来华 12 个月左右的留学生来说，他们不像刚来的留学生那样觉得“自己什么都知道”，反而觉得尽管在汉字、词汇和语法上取得了进步，但随着专业课程难

① 丁安琪，吴思娜 . 汉语作为第二语言学习者实证研究 [M]. 北京：世界图书出版公司北京公司，2011.

度的提高，学习中疑惑的地方越来越多。也可以认为，阿富汗留学生在学术适应上的“矛盾性困难”是其要求自身不断进步的一种表现。

四是居留时间与跨文化适应。相关性检验结果显示，在中国居留时间与社会适应难度、学术适应难度均存在显著性差异（P=0.05）。具体而言，通过对阿富汗留学生在不同时段遇到的社会适应困难进行统计可知，在刚来中国的时候，遇到的困难主要与生活密切相关，如语言、住宿、饮食及“面对盯着自己看的人”等方面。随着在中国居留时间的延长，则会遇到更多人际交往和意识形态理解方面的困难，如“面对不满意的服务”“从两面看待跨文化差异”及“理解中国的政治体系”等方面。

通过对来华时间不同的阿富汗留学生学术适应的难度进行统计可知，来华6个月左右的被调查对象其学术适应难度最大（图4-4）。这是因为刚来中国1个月左右的留学生处于跨文化适应的“蜜月期”，安定的生活环境、系统的学习训练、友善的师生关系及饮食上的新鲜感使他们保有很大的学习热情。随着时间的推移，面对日常生活中人际交往的范围拓展及专业学习上的不断深入，无力感不断增强，留学生通常要在“与挑战斗争”和“从现实中逃脱”两者间徘徊，这种情况会在6个月左右达到顶峰。

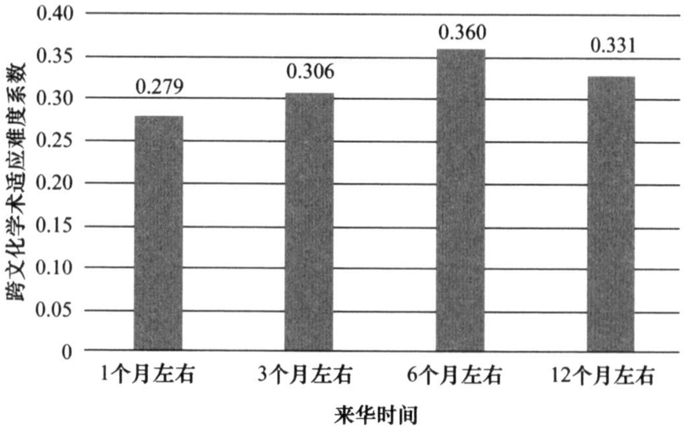

图4-4　来华时间不同的阿富汗留学生学术适应难度统计图

（2）社会关系网络与跨文化适应。

社会关系网络是留学生来到目的国后获得社会支持的主要渠道。在主、客观因素的共同作用下，阿富汗留学生在汉语文化环境中所构建的社会关系网络呈现出社会关系网络同质性强，网络成员在社会地位、身份、角色等方面相似性高的特点，因而所提供的跨文化适应的社会支持有限①。阿富汗留学生的社交文化圈主要以阿富汗人（“家人和朋友”、在中国的阿富汗同胞）为主，“家人和朋友”被他们视为在适应过程中获得情感支持的最为重要的来源；在中国的阿富汗同胞则可提供情感、文化、知识等方面的全方位支持，因而“同族集聚”现象十分突出。导致“同族集聚”现象出现的原因主要有两个方面：一方面，阿富汗留学生在班级管理上集中归属于南亚国家汉语师资班，相对封闭的培养环境、基本固定的学习场所、国别单一的学生来源是其主要特征。南亚国家汉语师资班的学生因前期集中强化的语言培训和特有的身份，很少有机会能够与中国学生和其他国家的学生共同上课、交流。另一方面，在生活上，因为拥有相通的语言、共同的文化背景和行为规范等，他们与本国同胞交流省时省力，且能获得心理上的归属感和安全感，但也会产生一定的交际“惰性”，即在思想意识上不主动向外拓展社会交往圈。过度依赖单一的文化圈（阿富汗人）限制了被调查对象多元社会关系网络的拓展，使得单一的文化圈的封闭性凸显，对其专业学习、人际交往和社会融入等方面产生消极影响。

（3）阿富汗的文化维度模式与跨文化适应。

文化维度模式的稳定性和保守性会影响社会个体的行为习惯，尤其是在跨文化适应的过程中，母语文化中的深层价值观会对留学生在目的国的跨文化适应行为产生不可避免的影响。接下来主要基于霍夫斯泰德（Hofstede）提出的文化维度模式②来解读阿富汗的文化模式对留学生在华跨文化适应的影响。阿富汗留学生对国家和民族的认同感格外强烈，但同时也在面对他人对本国文化认同时表现得脆弱而敏感，在与其他国家和文化背景的人交往时，一定程度上缺乏自信。

阿富汗文化注重体制内权力的约束力，权力距离大③。绝大多数的阿富汗留学生比较认可专业教师及管理人员的“权威性”，并对“中国老师”和“国际学生管理人员”存在天然的敬畏之情，但同时也缺少向这两大主体求助解决心理问题的勇气，多将这两者提供的帮助视为“工具性”支持。

他们注重自身的道德与行为规范，并且重视目的国社会的规则要求。这突出表现在跨文化社会适应中，排队、遵守交通规则等对留学生来说都不是很难的事情。

4.3.4 促进来华阿富汗留学生跨文化适应的建议

在派出遴选的学生出国之前，建议喀布尔大学孔子学院为学生做好必要的行前培训，内容涉及以下 3 个方面：一是有关中国、太原及太原理工大学的基本情况的精准介绍。二是有关跨文化适应的必经阶段及解决措施，如组织有来华留学

① 王坚. 来华留学生网络社会支持与跨文化适应研究 [D]. 武汉：华中师范大学，2015.

② 曹胜强. 跨文化交际中的中西方人际关系认知差异 [J]. 现代交际，2019（11）:55-56.

③ 张敏. 阿富汗文化和社会 [M]. 北京：昆仑出版社，2007.

经历的学生分享经验。三是提高派出学生的汉语水平。

作为培养学校，太原理工大学应当完善培养计划，提供心理指导，提升服务水准。在教学方面，应当完善培养计划，教学院系应在培养过程中妥善处理好汉语语言培训与专业课程学习、留学生单独授课与中外学生合班上课、母语文化与目的语文化3对矛盾关系。第一，科学设计分班测试，有效甄别并确定留学生的汉语基础水平。第二，深入开展有关阿富汗留学生汉语习得的相关研究，以科研反哺教学，提高汉语授课的教学效果。第三，在现有教学条件的基础上，适度增加专业选修课程，为学生提供更多的课程选择，提升其专业素养。第四，选择部分专业基础课程实行中外学生同堂上课，营造国际化的课堂氛围，实现不同文化间的理解与交融。在管理方面，应当注重提升服务水准，创建平等、友好、互动的校园环境，丰富并提高在校人员包括教师、管理人员和学生的跨文化知识和交际能力，例如，利用主题班会、微信公众号、宣传栏等渠道来进行必要的跨文化适应技能培训；关注特殊的时间节点（来华3个月和6个月），及时采取应对文化休克的举措；帮助留学生扩大社交领域，充分发挥国际学生联合会等学生社团的能动作用，使他们既有机会接触不同国家的留学生，也能参与当地社区的文化交流，增强群体归属感以及对中国文化的亲和力和认同感。面向留学生开展心理健康教育工作，以预防为主提供心理咨询、指导和服务。一方面有效解决留学生的心理问题，减少留学生在异国他乡无法倾诉的压力，让他们得到更好的成长；另一方面减少文化差异带来的冲突，使留学生的学习和生活更加顺利。

阿富汗留学生应当端正来华留学态度，提高跨文化敏感力。在求学过程中做好职业生涯规划，在就业过程中实现汉语水平和专业技能的有机统一。面对客观存在的民族文化差异，应当既不回避气馁，也不盲目依附，提高自身的跨文化敏感力：明确作为交际者在跨文化环境中都需要经历否定、防御、最小化、接受、适应和融合的过程，这是一个在情感上完成从拒绝到文化整合的发展历程[①]。不因跨文化交际失败而停留在本国文化交际圈，不一味地“扎堆”“抱团”[②]。正面应对文化休克，积极寻求多方援助，求同存异，实现自我语言、情感与认知的全面发展。

综上所述，来华阿富汗留学生因自身民族文化与国情的不同，在中国校园经历跨文化适应的过程中体现出了该群体的自身特征。中国高校与社会安全稳定的大环境以及民众的热情在很大程度上缓解了他们来华初期的心理抑郁情况。尽管他们也渴望与中国及其他国家学生进行更为深层次的交往，但受限于语言水平、生活习惯等差异，大多数时候只能结成泛泛之交。形成此种群体特征的原因

① 吴永平．边际模式对提高来华留学生跨文化适应的启示[J].广东石油化工学院学报，2016（5）：63-66.

② 王毅凤，农梅东．东南亚留学生的跨文化敏感度调查：以广西高校为例[J].科教导刊（上旬刊），2015（13）：186-188.

是多维的，既有客观的文化差异，也有学生自身的因素。作为开展留学生教育的主体，高等院校的教师及管理人员需要引导学生明确跨文化适应过程涉及跨文化交际双方，是一个双向的动态过程，只有在不同文化实体的紧密联系与互动中，相互渗透、相互认可，才能更好地改善跨文化适应的经历，更进一步讲，才能真正落实“一带一路”倡议倡导的“国之交在于民相亲，民相亲在于心相通”。

4.4 国际化复合型汉语国际教育人才培养的探究

1998 年，时任教育部副部长周远清在第一次全国普通高校教学工作会议上提出，人才培养模式实际上就是人才的培养目标和培养规格，以及实现这些培养目标的方法或手段。培养目标是指依据国家的教育目的和各级各类学校的性质、任务提出的具体培养要求，也就是具体要培养什么样的人才。然后在培养目标的指导下，设置系统、有序的课程，规定课程类型和课程门类，安排各课程并规定其教学目标、教学内容、教学大纲、学时分配等。在此基础上以学科教育理念为指导，按照人才培养目标和培养规格，依据相对稳定的课程体系、管理制度和评估方式建立全面而系统的培养体系。

4.4.1 国际化复合型汉语国际教育人才培养缘起

本科“汉语国际教育”（学科代码：050103）专业是根据《普通高等学校本科专业目录（2012 年）》和《普通高等学校本科专业设置管理规定》所整合设立的专业，自 2013 年起，原“对外汉语”（原学科代码：050103*）、“中国语言文化”（原学科代码：050106W）和“中国学”（原学科代码：050108S）合称为“汉语国际教育”专业。目前，全国共 300 多所大学开设了汉语国际教育本科专业，年招生人数达到 1.5 万人以上①。汉语国际教育本科人才培养引发了有关国际化复合型汉语国际教育人才培养的思考。

（1）汉语国际教育专业本科人才的培养目标及未来走向。

培养什么样的人才是如何培养人才的前提，关键在于培养的人才将从事什么样的工作。刘珣认为：“从学术上较能精确地指称这一学科内涵和性质的，应当是‘汉语作为第二语言教学’，即‘Teaching of Chinese as a Second Language’（英文缩写为 TCSL）。”②2019 年我国开设汉语国际教育专业的高校增至 366 所，就业方向主要为在教育类、文化类、企事业类机构从事教育教学、中外语言文字处理、文化交流等工作。上海外国语大学汉语国际教育专业学生的主要就业去向为汉语教学和培训、文化交流、对外宣传及管理。重庆师范大学汉语国际教

① 潘玉华，李英姬，陈展．“三化一特”：汉语国际教育本科专业课程设置新路径 [J]. 云南师范大学学报，2016（2）：32-36.

② 刘珣．对外汉语教育学引论 [M]. 北京：北京语言大学出版社，2000.

育专业学生的主要就业去向为对外汉语或相关科目的教学工作、中外文化交流相关工作、在涉外单位从事中外跨文化交流及其他需要兼具汉语和外语能力的工作。

设置汉语国际教育专业本科人才培养目标，首先应当考查汉语国际教育专业的人才出口途径，即未来将从事什么样的工作，其中以汉语教师为多数学生的首要选择，包括对外汉语教师及中小学文科教师。其次目前人才市场需要在新闻出版、文化管理和企事业单位从事对外汉语教学及中外文化交流相关工作的实践型语言学人才。在确定了人才出口途径之后，进一步思考培养什么样的人才。应当培养对中国文学、中国文化及中外文化交流有较全面了解的专业实践型语言人才。最后探索如何培养这样的人才，并进一步确定培养目标、课程设置及培养体系。

刘松岩将汉语国际教育人才分为3类，即通用型、复合型和高级型人才，认为“一带一路”建设背景下汉语国际教育人才需要适应各国社会与市场的需求[①]。由于汉语国际教育专业本科人才的输出是一个较为宽泛的范围，因而其人才培养的目标定位于培养国际化复合型的实践型语言人才，这样才能够更好地适应人才市场的需求，达到人才培养的目的，为社会发展提供更多的专业型人才。

（2）培养国际化复合型的汉语国际教育人才。

从我国高校汉语国际教育专业的培养目标和专业课程设置可以看出，各高校的培养目标主要着眼于国际化与复合型人才，但其专业课程的设置却有较大差异，对于如何培养人才需要深入探索和实践研究。例如，首都师范大学注重汉语语言课程，中山大学偏重英语语言课程，多数高校理论结合实践类的课程安排较少。北京语言大学汉语国际教育研究院的吴应辉等提出，汉语国际教育相关的世界各国汉语教学理论与实践研究已超越传统的对外汉语教学研究，成为第一热点。[②]不少高校结合其地理位置及主要人才输出国的特点进行汉语国际教育人才的改革，如红河学院利用其地处云南、与越南接壤、和不少东南亚国家之间交通便利的优势，增加了学生毕业之后在东南亚各国就业的机会，对培养规格和培养要求提出了新的内容，如“有良好的英语听、说、读、写能力，并初步掌握一门东南亚国家语言”[③]。接下来以太原理工大学汉语国际教育专业本科为例，对于如何培养国际化复合型的汉语国际教育人才进行探讨。

---

① 刘松岩．“一带一路”建设背景下汉语国际教育的发展趋势[J]. 现代语文（教学研究），2016（12）：4-7，2.

② 吴应辉，郭晶．汉语国际教育学术研究排名与热点分析（2015—2017）[J]. 辽宁大学学报（哲学社会科学版），2019（3）：124-133.

③ 黄薇，洪波．汉语国际教育专业教学实习与国际汉语教师培养：以红河学院为例[J]. 语文建设，2014（17）：30.

4.4.2 国际化复合型汉语国际教育人才培养的具体措施

汉语国际教育人才培养的重心是培养国际化和复合型的人才，其中“国际化”并不是简单的外语课程的学习，“复合型”也并不是简单的多学科知识的叠加。太原理工大学自 2013 年成立汉语国际教育专业以来，通过多项教育教学改革及实践一直在思考和探索如何更好地培养国际化复合型汉语国际教育人才。

（1）国际化人才培养的践行。

“汉语作为第二语言教学已从‘对外汉语’进入‘汉语国际教育’时代，专业概念的外延进一步拓展，范围从‘教学’到‘教育’，视角由‘国内’到‘国际’，这既是国内外汉语教学环境、需求变化的影响，也是专业在积累中自身发展的结果。名称的变化，包含了语言教学所负载的专业教育职责与文化传播意义，也是人们对专业与学科认识提升的结果”①。

国际化具体表现在学生的国际化、师资的国际化、课程的国际化、国际合作交流及国际拓展几个方面。太原理工大学汉语国际教育专业利用来华留学生教学基地及孔子学院的优势，将来华留学生教育教学与汉语国际教育专业实习实训有机结合在一起，使在校进行专业学习和语言培训的来华留学生既成为汉语国际教育专业学生教育教学实习的对象，同时在举办的各种学习及文化活动中也成为其跨文化交际的对象。学校邀请多所国内外大学为学生开设语言、文化及教育学课程和讲座，使学生能够更好地建立国际视野并了解本学科的研究前沿及进展，明确学习目标。同时，国际教育交流学院鼓励教师到海外高校进修或者工作，引进双语及全英文课程和原版教材，在课程教学上努力与国际教育教学接轨。由于语言教学对于学科的重要性，学院不仅开设了扎实、系统的英语课程，而且还加大了第二外语的开设力度，将第二外语的教学设置为 4 个学期，尽可能夯实学生多种语言的交际能力。教学理念、教学方法、教学内容等的国际化是学生形成国际化视野的必要保障。

（2）设定“三双”式培养目标。

太原理工大学汉语国际教育专业以“三双”，即“双语”“双文化”和“双能力”为目标，培养具有扎实的汉语和外语（英语及第二外语）基础，具有跨文化交际意识，具有国际汉语教育与中国文化传播能力的人才，能从事国际汉语教学及中外文化交流的相关工作，并具备向高层次国际汉语研究方向发展的潜能的人才。要求本专业学生应对中国语言文学、中国文化及中外文化交流方面的知识和法律法规有较全面的了解，善于沟通协作，具有较好的人文社会科学素养、社会责任感和良好的职业道德，具有较强的创新意识和综合素质，并具有终身学习和适应社会发展的能力。

“双语”为汉语和外语（英语及第二外语）。首先，与外语专业不同，汉语国

① 程娟，施家炜．汉语国际教育本科专业建设研究 [M]. 北京：北京语言大学出版社，2017.

际教育专业的人才主要从事汉语言文字、汉语言文化的教学与交流工作。因此，对于汉语国际教育人才最为重要的即汉语言文化知识的储备及实践应用。其次，与传统的汉语言文学专业不同，汉语国际教育专业学生不仅需要熟知汉语言文化知识，而且需要用英语或第二外语将汉语言文化知识进行输出。因此，英语及第二外语（目前太原理工大学为汉语国际教育专业学生开设了日语、德语、法语、西班牙语的选修课程）也同样重要。要求学生能够系统掌握汉语言知识、汉字知识与中国文学文化知识，一定程度上了解其他人文学科、自然学科知识，具有良好的人文素养、科学素养和较高的审美品位，具有感悟、辨析、探究中外语言文学现象的能力。

“双文化”为“中国文化”及“世界文化”。“和平、发展、合作、共赢”是当今时代的主题，汉语国际教育专业正是在经济全球化及中国经济实力稳步上升的背景下应运而生的，这一专业从某种程度上可以说是中国语言文化与世界语言文化交流、碰撞的中介之一，让世界了解真实的中国和中国文化早已成为时代赋予的重要课题。太原理工大学汉语国际教育专业要求学生掌握深厚的中国传统文化知识，同时在了解世界文化的基础上促进中国语言文化对海外的传播与交流。

“双能力”为“语言教学能力”及“跨文化交际能力”。对于汉语国际教育专业的学生而言，既要能够从事国际汉语教育，又要能够进行跨文化交流，成为符合当下人才需求的“双能力”人才。随着社会经济和科学技术的迅猛发展，人才市场对人才提出了更高的要求，“双能力”成为人才综合素质的新要求。人才培养的最终目的是帮助其顺利走上工作岗位，从事相关职业。本科教育是人才教育的重要开端，但并不是最终目的地，因此，“双能力”的培养对于本科人才日后的选择和适应更多的工作岗位极为重要。

“双语”“双文化”“双能力”的“三双”式培养目标不仅是培养复合型人才的思考，也是使人才更加适应国际化的探索。

（3）设置“三位一体”式课程群。

太原理工大学汉语国际教育专业设置于国际教育交流学院，学院分设语言教学教研室、文学文化教研室和教育研究教研室，其中半数教师拥有博士学位，半数以上教师拥有海外留学或教学经历，能够较好地完成汉语国际教育专业课程的教学任务。学院课程实行语言、教育、文学文化“三位一体”，并将课程设置模块化。

除去公共基础课外的学科基础课和专业课可划分为5个模块：模块一为语言知识与技能，主要包括语言学概论、现代汉语、古代汉语、中国古代及现当代文学等汉语言本体及学科基础类课程；模块二为文学理论与修养，主要包括中外文学以及文艺理论与批评课程；模块三为文化与跨文化交际，主要包括中外文化与跨文化交际；模块四为第二语言学习策略与教学，主要包括第二语言学习策略、教学理论及教学实践等；模块五为教师综合素质，包括相关教育教学技能和才艺等。

汉语国际教育专业的跨学科性显而易见，为了避免各学科之间的简单相加，太原理工大学汉语国际教育专业不断研究课程之间的衔接性及系统性。如英语类课程，由“英语听说＋英语读写”发展为“汉教专业英语”，由基础逐步深入并专业化；在汉语言类课程中，由“现代汉语—古代汉语”，由“古代文学—现当代文学—外国文学—文艺理论与批评—比较文学”，逐层剖析，实现从现象到理论的不断深化；在文化类课程中，有“中国文化概论—外国文化史—三晋文化”的中外及地方文化课程相接续等。课程的设置主要突出以实际运用为导向，围绕汉语言教学能力、文化传播能力、跨文化交际能力的培养等形成以预备课程为基础、以核心课程为主导、以拓展课程为补充、以素质教育为拓展的课程结构体系。

（4）理论知识与教育教学实践能力交替攀升的培养体系。

太原理工大学汉语国际教育专业人才的培养注重教育教学实践，建立理论知识与实践能力交替攀升的培养体系，从而激发学生的学习兴趣，引导其通过自主学习和提高自身能力，从而达到主动建构理论知识，进而实现自主获取知识、自我发展创新能力和自我培养素质的目标。

首先，根据教学实践，由于现代汉语、语言学、教育学课程的基础性和重要性，在“现代汉语—古代汉语”“语言学纲要—第二语言习得概论”“教育心理学—汉语国际教育引论、英语听说＋英语读写”的理论学习之后，加入“语音与语音教学—汉字与汉字教学—词汇与词汇教学—语法与语法教学”“汉语作为第二语言教学法”“汉教专业英语”这些相应课程群的实践类课程，将理论知识与实践能力有序置于课程体系之中。其次，加大实践类课程的比重，如增加“现代教育技术”为32课时的实践课，帮助学生更好地将现代教育技术应用于教学过程，以适应现代化、国际化的教育教学。再次，改变“先学理论然后再集中进行实践”的传统教学实践模式，将单一的实践教学活动分解为“听课—助课—说课—讲课”，逐步增强其教学能力，同时将教学管理环节分解为“校内实习—校外实习”“学校实习—新闻传播机构实习—机关企业实习”几大模块。学生通过理论指导实践、实践提升理论的循环控制模式，达到实践能力与理论知识的综合提升。在有序的实习实训环节，逐步对应提升学生的汉语教育教学能力与管理能力、跨文化交际能力、双语语言文字处理能力。

为了达到国际化复合型人才培养的目标，国际教育交流学院不仅有序实施实习实践环节，而且不断拓宽实习实践的种类和场所。如学校的特色精品课程“三晋文化”，在历史文化知识的学习后，结合山西省特有的大院文化、地理文化和非物质遗产文化，实习教师带领中外学生现场进行文化考察，学生不仅能够深入了解文化的起源和发展，还能运用汉语国际教育理论知识进行汉语言及中国文化的教学实践，以便未来在人才市场中具有更强的竞争力。

（5）实施效果。

经过10余年的教学实践，太原理工大学汉语国际教育专业逐步形成了厚基础、宽口径的人才培养模式，学生毕业后能从事国际汉语教学及中外文化交流的相关工作，并具备向高层次国际汉语研究方向发展的潜能，达到了国际化复合型人才培养的目标。

到 2023 年为止的 3 届毕业生中，汉语国际教育专业学生的就业率均在 70% 以上，除考取硕士研究生继续深造、前往海外孔子学院担任志愿者及成为中小学教师外，还有的在企事业单位及新闻传播机构从事语言文字处理相关工作。其中第一届汉语国际教育专业学生 38 人，22 人考取硕士研究生，4 人于海外深造；第二届 53 人，39 人考取硕士研究生，2 人于海外深造；第三届 60 人，29 人考取硕士研究生，4 人于海外深造。为了更好地进行汉语国际教育，学院鼓励学生积极考取国际汉语教师资格证，同时，为了拓宽学生的就业面，鼓励学生积极考取中小学教师资格证。

学校每学年对学生进行的综合素质评价的统计数据表明，学生的学习成绩呈上升趋势，综合能力和素质逐步得到提升。学生积极参加省级以上的技能竞赛，并获得各类奖励，其中每年均有一名学生代表山西省参加全国大学生英语竞赛，并有学生在相关刊物上独立发表作品，还有个别学生已成为网络签约作家。

随着我国综合实力的不断增强、国际影响力的不断扩大，以及汉语及汉文化热爱者的不断增加，汉语国际教育专业应时代要求而不断发展。国际化复合型汉语国际教育人才的培养是一项长期而系统的工程，只有在切实做好汉语国际教育专业人才的需求分析，明确其培养目标的基础上，才能够确立系统、全面的培养方案。汉语国际教育专业是一个年轻的专业，且国内外汉语国际教育也有不同的特点，因此汉语国际教育专业的培养方案需在不断变化的时代环境中不断更新。

4.5　加强来华留学生道德教育的路径研究

来华留学生教育是“一带一路”倡议中经济合作和人文交流的助推器，不仅能够实现各国师生有序流动、促进沿线国家人文交流和民意相通，亦是增强中国教育的内源性牵引力、提高教育质量与国际声誉的新契机。发展来华留学教育，做好来华留学工作，进而影响和培育各国青年一代的友华力量，成为提升中国国际话语权与塑造国家良好形象的重要着力点。来华留学生道德教育是来华留学教育的重要组成部分，既可帮助来华留学生培养良好的道德情操，提高综合素质，也可助力来华留学教育事业可持续发展。当前来华留学生道德教育的效果有待提高，教育者与管理者的管理理念与方式亟待更新。因此，针对来华留学生群体探索出一套行之有效的道德教育体系，是当下道德教育刻不容缓的议题。

4.5.1　来华留学生道德教育现状分析

道德教育是中国精神文明建设的重要内容[①]，是引导思想观念和规范言行举

① 王玄武，骆郁廷. 思想教育·政治教育·道德教育比较研究 [M]. 武汉：武汉大学出版社，2002.

止的综合教育实践活动[①]。为准确掌握来华留学生的思想状况，结合已有研究，本书从学生的基本信息、学生的道德现状及学校的道德教育现状3个方面，对太原理工大学、山西大学、山西医科大学、北京师范大学、华东师范大学、兰州大学、四川大学、云南大学等样本院校进行问卷调查和深度访谈，发现虽然来华留学生来自不同国家和地区，其在民族、文化、风俗习惯等方面存在较大差异，但由于共处于同一个社会环境，这一群体表现出如下共性特点：来华留学生基本都有着积极向上、乐观进取的人生态度，具有多元化的思想特点，能够适应并融入来华生活，认可中国政治、经济、文化、社会、生态等方面的伟大成就，对中国国家形象有积极正向的认知。但是，学生抱团取暖倾向严重，个别学生存在思想懈怠、安于现状、进取心不强、纪律意识淡薄、自由散漫、社交单一、对中国认知存在偏差等问题。

4.5.2 来华留学生道德教育的主要内容

明晰来华留学生道德教育的主要内容是有效开展道德教育的基础。虽然诸多研究者根据地域、时代背景等的不同，提出了差异化的道德教育内容，但大多认为应围绕文化教育、国情教育、价值观教育等方面展开道德教育。以《来华留学生高等教育质量规范（试行）》为指引，参考众多研究者的研究成果，结合留学生的实际道德水平，充分考虑来华留学生群体不同阶段发展的需要，我们将来华留学生道德教育的内容划分如下：

（1）入华之初以跨文化适应为中心帮助留学生感知中国。

跨文化适应旨在帮助初入中国的留学生正确应对语言沟通障碍、生活习惯差异、学习模式不适应等跨地域、跨文化问题，使学生初步了解中国国情、中国文化及相关道德与法律规范等，主要包括：

一是讲好、讲清中国国情与中国文化，借助“中国概况”“中国文化”等课程向学生展示中国历史、经济、政治、文化等方面的内容。历史方面重在使学生了解以书法、儒学、武术、丝绸、瓷器、茶等为代表的中华五千年底蕴，知悉其背后的文化观念与价值沉淀；经济方面重在展示改革开放以来中国经济建设取得的成就及中国全面建成小康社会的伟大成就；政治方面重在讲好中国共产党的奋进故事、友好故事和发展故事，讲好中国致力于推动构建以合作共赢为核心的新型国际关系的责任担当，引导学生认同并积极投身于“一带一路”倡议与人类命运共同体建设之中；文化方面重在向学生讲好中国传统文化、革命文化、现代文化及其关系。中国文化博大精深、内涵丰富，应注重分层次、分阶段教学。学生来华初期阶段，重在使学生亲身体验茶艺、书法、饮食等中国经典文化，增加学生的兴趣；学生来华中期阶段，重在使学生知悉文化背后的内涵，加深理解；学生来华后期阶段，重在分析、讨论，对比文化差异，拓宽学生的国际视野。

② 王瑶. 中国赴海外留学生思想政治教育研究[D]. 长春：吉林大学，2021.

二是关注心理健康，帮助来华留学生解决生活适应、学业压力、交友相处等方面引发的心里不适，对其进行心理健康普查与心理健康教育，增强其心理素质，促进其身心全面发展。运用跨文化适应和交际理论，借助课堂及各种学生活动，鼓励学生走出舒适圈，帮助其克服文化休克等问题，增强其跨文化适应能力和跨文化交际能力，更好地适应在华留学生活。

三是抓好法治教育，强调道德教育。通过向学生普及签证、就业、治安管理等方面的相关法律法规及学校规章制度等，培养来华留学生的纪律意识和法治观念，提升其法律素养，提高其法律能力。通过向学生传授中华民族传统美德与中国革命道德、基本道德规范等，加强来华留学生的道德修养，引导其遵守社会公德，养成文明习惯。

（2）在华期间以沉浸式体验帮助留学生了解、认同中国。

结合本地优势提升来华留学工作的效能，植根于中华文化沃土推动文明互鉴，向学生讲好中国故事，传播中国声音，以提高我国国际传播影响力、中华文化感召力、中国形象亲和力、中国话语说服力和国际舆论引导力，引导国际社会形成正确的“中共观”和“中国观”，全力推动构建人类命运共同体，主要表现为：

一是抓好人文素养课程，增强感知教育。依托“道德修养与法律基础”“史话中国”“写作与沟通”等人文素养课程，引导学生培养正确的世界观、人生观、价值观、道德观和法治观，正确认识自我与环境，具备相应的法律素养；引导学生了解中国历史的基本脉络，熟知中国自建党以来的百年征程，学习中国自建党以来取得的伟大历史成就，理解中国特色社会主义理论和中国特色社会主义道路，认同中国的发展道路和发展理念，感受中国作为一个负责任大国的使命担当。

二是用好本地宝贵资源，发挥独特的育人优势。结合本地历史、文化、制度等资源优势，带领学生亲身感受与经历，让其在近距离的接触与深入的分析、讨论中，感知中国共产党在中华文明的土壤上孕育、产生和发展的故事，领略中国在经济发展、社会发展、民生改善、环境保护等领域的成就等。

三是动态把握来华留学生的思想动态，及时对其进行关照。加强对来华留学生日常思想动态的关注，及时分析来华留学生群体的思想、心理变化，知悉其现阶段的实际需求与迫切困难，给予及时帮扶；从学生需求出发，以学生喜闻乐见的方式教育指导，使道德教育更贴近来华留学生群体。

（3）归国之际以职业规划与就业指导促进留学生再社会化。

通过及时向处于毕业阶段的来华留学生普及中国境内外就业政策与就业环境，给学生以合理的就业指导，助力学生实现角色转变。根据来华留学生的群体特征制定出相应的分众化、国别化的就业指导对策，帮助其明确职业目标，增强其就业技能，有效协助其将在华学习所得转化为自身竞争力，助力其成功择业就业。

4.5.3 加强来华留学生道德教育的路径分析

来华留学生道德教育是一种跨文化道德教育，提倡的是主动关注多种文化之间的相互关系和作用，是促进各种文化平等交融的一种动态过程，即在教育中主动关注不同文化的差异，研究不同文化对学生的影响，使具有不同文化背景的学生能够相互理解、共同学习，提倡主动性与互动性统一、民族性与融合性并存、主导性与自构性结合。①结合来华留学生道德教育现状，借鉴已有研究成果及部分高校的优秀经验，我们尝试从以下 3 个方面进行教育路径的探索，其贯穿留学生入华之初、来华之中、归国之际全阶段。

（1）加强来华留学生道德教育多元主体的协同联动。

道德教育的实施离不开道德教育主体的合力。来华留学生道德教育主体即来华留学生道德教育队伍，其包含在特定时间与空间对来华留学生开展道德教育的专兼职道德教育者。来华留学生道德教育队伍的积极性、主动性与创造性的发挥程度直接影响来华留学生道德教育的实效性，因此，应构建以任课教师、班主任、辅导员等为主，以相关工作人员、同辈为辅的来华留学生道德教育队伍。

同时，应加强来华留学生道德教育多元主体的协同联动，通过整合育人网络，推动道德教育主体协同联动、并肩作战，这将在很大程度上助力来华留学生道德教育工作的开展：专职教师结合现实问题与学生特点，创新话语体系，探索教学方法，丰富教学手段，借助课堂达到育人效果；班主任、辅导员在帮助来华留学生解决生活、学习困难等日常管理与服务的基础上，定期召开班会、谈心谈话等活动，搜集整理学生的意见与看法，及时发现学生的思想动态，帮助学生提高道德素质、规范道德行为；相关工作人员在处理学生日常事务的过程中，及时发现并反馈学生的道德教育问题。在认真完成各自责任的基础上，任课教师应与班主任、辅导员等定期开展工作交流、互动探讨，在协作中发现问题，并及时探索解决办法，以使道德教育真正落脚于留学生的实际需求。

（2）拓宽来华留学生道德教育的渠道。

发挥课堂主渠道作用，充分借助网络平台。来华留学生的大部分学习生活是在课堂中进行的，因此，课堂教学应成为进行道德教育的主要渠道。应结合来华留学生的特性，积极建设适用于留学生人文素养培养的课程，挖掘“中国文化”“中国概况”及汉语课程、专业课程中的道德教育因素，注重潜移默化的影响；借助诸如微信公众号、学校关于留学生的专用网站等平台的优势，采用生动活泼的形式在这些平台上展现中国与留学生母国的倡议合作、留学生感兴趣的传递正能量的国际热点问题、中国方案等，并组织学生进行“云讨论交流”，使学生在轻松、活跃的气氛中树立正确的道德观念，并实时对留学生进行网络在线辅导

① 肖微 . 跨文化思想政治教育的研究现状与特点分析：基于“高等教育国际化”的视角 [J]. 科技创业月刊，2015（4）：83-84.

与道德教育，帮助其解答思想困惑，解决学习和生活上遇到的困难。

增强感知体验，注重实践教育。来华留学生大多性格活泼、思想行为活跃，基于此特点，可以尝试通过组织诸如“留学生美食嘉年华”“留学生硬笔软笔书法比赛”“中国传统体育项目趣味运动会”“‘我的中国游行记’演讲比赛”等内容丰富、形式多样的活动，让学生在充分参与活动的同时，健康成长、健全人格、成长成才，增强对中国的了解；通过组织学生游览当地名胜古迹与当代建筑，引导其感受人文与自然景观，体悟风俗文化与革命文化，体验中国高铁、移动支付、共享单车等，让其在旅游参观的同时，感受并认可真实、立体、全面的中国。

营造国际化氛围，建设多元校园文化。来自不同国家和地区的来华留学生的日益增加为建设兼容并蓄、多元融合的校园文化奠定了基础。以校园为空间，将面向来华留学生的道德教育融入校园文化标志、校园文化活动、校园制度建设等校园多元文化建设之中。

（3）创新来华留学生道德教育的方式。

结合来华留学生这一教育对象群体的特点，来华留学生道德教育的方式应更加注重实证性、互动性与现实性，主要表现在：

将正、反向内省融入道德教育：教育者可以通过相关积极和消极的道德教育案例，引导来华留学生在讨论他人行为的过程中教育自己。

将跨文化交际融入道德教育：应在追求管理的精细化和制度化的基础上，增强服务意识，加强跨文化交际与沟通能力。在对来华留学生教育与管理的过程中，以理解、尊重与包容的态度，采用行之有效的管理与教育方法。

将朋辈引导融入道德教育：积极挖掘来华留学生中的优秀同辈群体，如学习模范生、优秀毕业生等，引导其在日常的学习、生活中发挥带头模范作用。

来华留学生道德教育工作是一项漫长而复杂的系统工程，是培养知华友华国际人士的关键一环，应在道德教育制度体系、内容、方法等方面下功夫，以使来华留学生道德教育工作尽快迈上新台阶。

4.6　面向来华留学生讲好中国故事的路径探索①

讲好中国故事，传播好中国声音，展示真实、立体、全面的中国，是加强我国国际传播能力建设的重要任务。要加快构建中国话语和中国叙事体系，用中国理论阐释中国实践，用中国实践升华中国理论，打造融通中外的新概念、新范畴、新表述，更加充分、鲜明地展现中国故事及其背后的思想力量和精神力量。要加强对中国共产党的宣传阐释，帮助国外民众认识到中国共产党真正为中国人民谋幸福而奋斗，了解中国共产党为什么能、马克思主义为什么行、中国特色社会主义

① 呼丽娜，孙雪琦，陈少平．新时代面向来华留学生讲好中国故事的实践理路[J]. 国际公关，2023（10）：157-159.

为什么好。要围绕中国精神、中国价值、中国力量，从政治、经济、文化、社会、生态文明等多个视角进行深入研究，为开展国际传播工作提供学理支撑。要更好地推动中华文化“走出去”，以文载道、以文传声、以文化人，向世界阐释、推介更多具有中国特色、体现中国精神、蕴藏中国智慧的优秀文化。要注重把握好基调，既开放自信，也谦逊谦和，努力塑造可信、可爱、可敬的中国形象。

来华留学生兼具学生和国际人士的双重身份，既是中国故事的直接体验者，也是中国声音有效的传播者，其对中国精神、中国价值、中国文化、中国力量等的认同是加强中外沟通，促进海外民众了解和认同可信、可爱、可敬的中国的重要渠道和纽带。在“一带一路”倡议的助推下，来华留学生人数不断增加，生源国别日趋多样，留学生层次也逐步提高，如何采用贴近不同区域、不同国家、不同群体受众的精准的传播方式，推进中国故事和中国声音的全球化表达、区域化表达、分众化表达，增强国际传播的亲和力和实效性是亟待研究的重要课题。

4.6.1 讲好中国故事的研究现状

学界从讲好中国故事的价值、困境、策略等角度对如何讲好中国故事、传播中国声音的探索实践日益增多。接下来我们将全面梳理学界关于讲好中国故事的研究成果，以期为后续研究提供参考，深化关于讲好中国故事的研究。

讲好中国故事是国际传播或对外传播、国家叙事、公共外交、思政教育等活动的要求和目标。[①] 讲好中国故事主要是为了使国际进一步了解中国，破除国际对中国的模糊认识，提升国家软实力[②]，在传播研究、话语叙事研究、思政教育研究中有重要意义。在传播研究领域，讲好中国故事旨在提高国际传播能力，展现真实、立体、全面的中国。国内关于讲好中国故事的研究起于新闻传播学。自从习近平总书记于 2013 年 8 月在全国宣传思想工作会议上首次提出“要着力推进国际传播能力建设，创新对外宣传方式，加强话语体系建设，着力打造融通中外的新概念新范畴新表述，讲好中国故事，传播好中国声音，增强在国际上的话语权”[③]，关于讲好中国故事的研究数量逐渐增加，研究深度和广度也不断拓展，研究内容主要为讲好中国故事的含义、缘由、具体内容、路径方法与现实困境等。

习近平总书记提出要讲好“五个故事”，即要讲好中国特色社会主义的故事，讲好中国梦的故事，讲好中国人的故事，讲好中华优秀文化的故事，讲好中国和平发展的故事。因此，研究者多在此基础上深入挖掘中国故事的内容，丰富其内涵，多集中于中华优秀传统文化、中国国情与民情、真情实意的国际交往故事、社会美德故事、脱贫扶贫故事、特色领域故事等。

---

① 胡晓菲，胡冀青．破界、融合、创新：“讲好中国故事”研究的现状与展望[J]. 传媒观察，2021（9）：5-16.

② 陈理．今天的中国有底气，也有必要讲好自己的故事[J]. 党的文献，2016（4）：50-54.

③ 中共中央文献研究室．习近平关于社会主义文化建设论述摘编[M]. 北京：中央文献出版社，2017.

学界多着墨于探索如何讲好“中国故事”，或针对特定对象，如高校来华留学生，或基于某一特定媒介，如纪录片、媒体报道等，展开具有一定借鉴和推广意义的路径、策略研究，提出的路径和策略多集中于发挥多方主体作用、拓宽传播渠道等。截至2022年1月，以“来华留学生”“中国故事”为检索词在中国知网上检索，面向来华留学生讲好中国故事的研究共计约40篇，自2018年起研究数量逐渐增多。这些研究成果大都论及了向来华留学生讲好中国故事的意义、向来华留学生讲哪些故事、怎样向来华留学生讲好中国故事等问题。

综合以上分析，选取哪些中国故事、采取何种讲述方式与风格是讲好中国故事、传播好中国声音亟须解决的问题。

4.6.2　讲好中国故事的路径分析

根据传播学相关理论，借鉴已有研究成果，本书尝试从叙事主体、故事内涵、叙事方式、有效传播、效果反馈5个方面提出精准化、分众化讲好中国故事的路径。

（1）建立多元的中国故事叙事主体。

结合来华留学生工作实际，应当构建以政府为主导，以师生为主体，以新媒体为媒介的多元叙事主体。高校作为主战场，应充分发挥辅导员、教育管理与服务者在内的高校教师这一主体力量的作用，将中国故事融入日常教学与“第二课堂”，并在此基础上引导兼具历史的“剧中人”和“剧作者”身份的人民群众参与到讲述中国故事的队伍中，以切实增强留学生的融入感与亲切感；引导来华留学生成为中国故事的讲述者，通过组织演讲、作文竞赛、短视频比赛等活动激励海内外学生讲好中国故事。

（2）明析同中有异的多层次的中国故事内涵。

习近平总书记提出：要广泛宣介中国主张、中国智慧、中国方案……引导国际社会共同塑造更加公正合理的国际新秩序。[①] 这进一步丰富了中国故事的内涵，为我们讲述什么样的中国故事提供了指导。在讲好中国特色社会主义、中国梦、中国人、中华优秀文化、中国和平发展这些主题的故事的基础上，可以围绕中国精神、中国价值、中国力量，从政治、经济、文化、社会、生态文明等多个视角进行阐释。根据来华留学生的思维方式与学习习惯，讲述中国故事时，可以尝试从科技、制度、文化3个方面展开，并选出有代表性的歌曲、遗址、图书、影视作品、美食、人物等具体展示，以小见大地引导学生了解我国的发展观、文明观、安全观、生态观、国际秩序观和全球治理观等，明白中国共产党为什么能、马克思主义为什么行、中国特色社会主义为什么好，感受“舌尖上的中国”“古老的中国”“发展中的中国”“开放中的中国”“为人类文明做贡献的中国”。在明确这些内容的基础上，还应根据学生国别、知晓程度、关注点等的不同适当调整内容。

---

① 2021年5月31日，习近平总书记在主持中共中央政治局第三十次集体学习时发表的重要讲话。

中国文化“多元一体”，地域文化是其多样性的表现。充分借助学校所在地独特的文化资源，发挥地方文化的优势与特色，不仅有利于帮助来华留学生解决跨文化交流与适应等问题，还能够形成具有地域特色的来华留学生教育。同样，在讲好中国故事时，离不开地域故事。留学生来到中国某个特定地域学习，其亲身感受到这一特定地域所发生的变化，才乐于深入了解产生这些变化的原因。因此，借助发生在特定地域的故事来阐述中国故事，将极大丰富中国故事的内涵，拓宽中国故事的深度与广度。讲好地方故事、传播好地方声音，不仅能够加强地方国际传播能力的建设，大力推动地域优秀文化“走出去”，对于扩大地方“朋友圈”，全面提升地方的影响力、知名度和美誉度也具有重要作用，亦能进一步推进我国国际传播能力建设，更丰富多彩、生动立体地展示中国。

（3）创新叙事路径，探索叙事方法。

结合已有研究，在讲述中国故事时，应注重发挥媒体视觉叙事的直观性优势，增强故事的生动性，可借助已有出版物、纪录片、电影、电视等“他者之声”向留学生讲述中国故事，提高讲述的感召力与亲和力，引发其共鸣，增强其认同；注重以小见大，增强课程的生动性，可以选取有代表性的普通人物、典型小事，通过微观镜头唱响中国之音。针对来华留学生，可以尝试从“增强故事的表现力，让来华留学生明晰中国故事”“丰富传播途径，让来华留学生讲述中国故事”两个方面入手来创新叙事路径，具体体现在：

坚守课堂阵地，重视课堂教育。课堂是向来华留学生讲好中国故事的重要平台，应努力打造汉语与文化融合、知识与思想融合的课程体系。充分挖掘各门课程中蕴含的中国故事元素，力争在向来华留学生教授知识的同时讲好中国故事、传播好中国声音。重视“中国概况”“中国文化”以及音乐、书法等文化体验课程的建设，将中国政治、经济、文化、社会、生态文明领域的故事融入其中。

注重引导学生全方位、亲历式地走进中国、感知中国，扩大其与中国社会、文化的接触面。重视校园文化活动，通过组织中国传统文化节日活动，讲述中国传统节日的价值导向，激发学生对中国文化的喜爱与认同。鼓励来华留学生组建茶艺、书法等文化体验类社团，开展经典诵读、“我与中国”等文艺比赛，引导其传播中国声音。组织文化实践活动，带领学生走进工厂、走进社区、走进纪念馆，让其亲身感受中国的发展变化，走近为实现中华民族伟大复兴做出贡献的民众。

借助多方平台，让来华留学生讲好中国故事。在增强来华留学生对中国故事认同的基础上，引导鼓励留学生通过微信、微博、QQ、抖音等各类社交软件记录来华生活，分享在华日常。

（4）关注学生体验，精准有效传播。

叙事客体即来自不同国家的来华留学生。由于文化、地域、受教育程度等方面的差异，学生对中国故事的接受程度存在差异。因此，在向来华留学生讲述中国故事时，应根据其民族特点、教育背景、认知结构等差别讲述不同难度、不同层次的“同而有异”的中国故事。如何精准、分层次、分众地为来自不同国家、不同汉语水平的留学生选定贴近其接受能力、符合其信息接纳习惯的中国故事，积极探索讲好中国故事的实践方式与体验渠道，让尽可能多的来华留学生在所能接受的“频道”上找到感知中国文化、感悟中国故事的“节目”是值得深入探讨的问题。

（5）注重效果反馈，形成“回音壁”。

研读相关文献可以发现，现有研究多着力于探讨中国故事的讲述内容与方式，较少涉及中国故事认同效果的评价标准，认同效果的评价标准能够用以衡量所讲述故事的效果，不仅可以判断出讲述故事的有效性，亦能发现讲述故事的过程中存在的问题。应当建立多元的效果评价指标体系，形成“回音壁”，及时收集反馈意见，以修正讲述的内容与方法，从而更好地提高中国故事的传播与认同质量。

4.6.3　讲好地域故事的探索实践

山西省地处黄河流域，自古以来便是中华历史文化的核心区域，具有独特地域特色的山西文化对中华民族的文化价值观的形成起着巨大的作用。山西文化作为中国文化中一种重要的地域文化，拥有悠久的历史文明、鲜活的民族特色和丰富的精神内涵，且山西文化中所包含的红色文化、历史文化，及其所蕴含的文化价值观等成为讲好中国故事的关键一环。因此，立足三晋大地讲好山西故事，对于增强来晋留学生对山西文化的认同感、提升山西文化的国际影响力、塑造山西省留学品牌，以及传播山西国际形象具有深远的现实意义。讲好山西地域故事，亦能增强留学生对中国共产党的价值观的理解、认同和好感，提升高校留学生教育工作的效能，推动中西文明对话和互鉴，推动中外民心相通相知，引导国际社会形成正确的“中共观”和“中国观”，全力推动构建人类命运共同体。结合讲好中国故事的研究成果，接下来我们尝试从山西故事的内容、讲述方式及效果评价方面探索如何向来晋留学生讲好山西故事。

结合中国故事的内容与山西省的优势，山西故事的叙事内容可以从山西省在中国共产党发展历程中的贡献立意，从技术、制度、文化 3 个方面着手，从红色事迹、历史、品牌、地域特色等 6 个维度呈现，选取有代表性的歌曲、遗址、美食等进行展示，具体表现为：将技术与品牌融合，展示山西省钢铁、煤炭、汾酒、醋行业的发展历史与技艺，展现山西省科技发展与创新成果；将制度与脱贫攻坚、红色事迹等相融，通过欣赏红色歌曲、参观抗战纪念遗址、走进山西乡村生活，展示在三晋大地上涌现出的一位位优秀国际友人与中国共产党人的伟大事迹，以及山西省脱贫攻坚所取得的成就，讲述山西省在中国共产党领导下所进行的探索与实践；将文化与历史、品牌、地域相糅，展示山西省著名的民居建筑、历史人物、传统技艺、地方风味与民俗风物，力求学生在具象感知的过程中，深刻感受山西省在民生改善、生态保护、文化建设等方面所取得的成就，以小见大地了解我国的发展观、文明观、安全观、生态观、国际秩序观和全球治理观等，体悟中国共产党在中华文明的土壤上孕育、产生和发展的故事。

以“三晋文化”课程作为讲好山西故事的主渠道，将“三晋文化”定为来华留学本科生的人文素养必修课，建立涵括课程结构、教学方法、教学评价 3 个方面内容的教学体系，从经典工艺、历史、人物、民俗等方面积极向来晋留学生展现在三晋大地上所孕育、产生和发展的中国故事，传播山西声音。通过对“三晋文化”课程的学习，来晋留学生能够系统了解山西省的历史发展、地理环境、政治制度、社会习俗及经济、教育、文学艺术等方面的知识，近距离接触和体验山西省地域文化，达到“让世界了解山西文化，让山西文化走向世界”的推广效果，进而连接中国文化与世界文化，并借此提高学生的汉语应用能力，培养学生的跨文化交际能力，增强学生的中国文化素养。

在课程结构上，设立山西省概况、山西省科技发展与创新之路、山西省制度探索与实践之路、山西省文化变迁与传承之路 4 个板块，将晋煤产业、晋醋技艺、晋酒工艺、山西省党史、山西省建设成就、山西省建筑及民俗风情融入其中。同时，将这些内容分为初级、中级、高级等不同等级，每个等级中选取不同难度的歌曲、书籍、影视作品等具体展示内容。在教学内容上，注重专业知识与文化知识的融合、经验知识与实践知识的交接、课堂与课外的衔接，强调学生的亲历感；注重根据学生的专业、汉语水平、来晋时长、对山西省各方面的了解程度，以及生源国的国情和历史，有针对性地选择内容进行展示和交流，以更精准、有效地推动山西故事的全球化表达、区域化表达、分众化表达。在讲授方式上，以“起于微观，感于宏观”为指导，在体验学习理论、情境学习理论、跨文化交际理论的指导下，尊重学生好动的天性，注重协同教师与学生、课堂与实践，课程参与人既可以是讲述者，亦可以为受众，角色互动，互授互听；积极采用情景表演、故事展示、影视剧编排与配音、实景参观等吸引力大、学生参与度高、融入性强的形式，在轻松有趣的氛围中引导留学生听好山西故事、认可山西声音。在考核评价方面，注重考核方式的多元化，采用“过程考核 + 综合考核”的办法进行考核。过程考核主要包括阶段测试（20%），以及探究式活动与主题报告式考核（30%），总占比为 50%，注重学习效果评价，考核过程可以追溯。期末考试注重考查对三晋知识与文化的理解与运用，以及留学生的综合能力与素质，并根据学生的学习效果不断改进课程。

在做好课程建设的同时，建立山西故事讲述效果评估反馈机制，从留学生视角了解其对所讲述故事的看法，这对于及时纠正学生的错误认知、适时调整故事内容，进而更精准地讲好山西故事、传播好山西声音、扩大山西“朋友圈”有重要作用。在现有中国文化认同研究成果及相关问卷、量表的基础上，我们结合叙事客体的特性对部分问卷及量表进行改编，制定出如下叙事客体对山西故事认同程度的评价标准。

评价标准分为 3 部分：第一部分为受试者的基本信息，包括性别、年龄、国籍、学历、来华（晋）时长、汉语学习时长等。第二部分为山西故事认同度对比研究。受试者在入学前后分别被邀请参与完成问卷调查，前测基于受试者尚未系统了解山西；后测则是对受试者通过一段时间的语言习得与亲身感受山西地域故事后的重新调查。问卷内容涉及科技、制度、文化 3 个方面，包含对山西故事的认知、情感和行为 3 个维度，共 50 个认同变量，均为具有时代特色的山西地域故事元素。采用利克特量表，将数值录入 SPSS 17.0 统计软件包进行配对样本检验，对比学生对山西故事认同度的前后变化。第三部分为深度访谈。访谈主题集中在来晋留学原因、在晋的生活情况、如何看待山西省 3 个方面。

4.7 地方预科教育的可行性探索

来华留学生预科教育作为现代高等教育留学体系中汉语技能培训、专业教育衔接和跨文化适应不可或缺的环节，是推进高等教育国际化发展的重要驱动力，对提高来华留学教育水平，促进来华留学教育的可持续发展和“留学中国”品牌建设具有重要意义。[①] 当前，我国来华留学生预科教育尚处于初级阶段，因此，探索新的预科教育形式，从源头开始进行全过程质量保障，尤其是关注地方预科教育建设意义重大。

4.7.1 我国来华留学生预科教育的模式及特点

当前我国来华留学生预科教育大致有以下 3 种实施模式：一是教育部委托部分重点院校针对中国政府奖学金本科来华留学生开展的预科教育；二是各地方政府正在着手实施的地方政府奖学金本科来华留学生预科教育；三是各高校自主设立的针对自筹经费来华学习者开展的预科教育。[②] 就预科院校的地域分布而言，目前我国预科教育基地的地域分布明显具有不均衡性，主要分布在北京、上海、湖北等省、市。开展地方政府奖学金本科来华留学生预科教育的院校的数量更是屈指可数，集中于上海、山东、江苏几个省、市。

现有来华留学预科教育模式的特点主要表现在 3 个方面：第一，从面向群体来看，前两种模式主要面向公费留学生，奖学金由中国政府和生源国政府提供，而第三种主要面向自费留学生，部分学校也提供校级奖学金。第二，从学制年限来看，3 种来华留学预科教育模式的学制基本都是一年。学习内容以培养汉语言知识和能力、相关专业知识及跨文化交际能力为主。一年学习结束后，学生的汉语水平应达到 HSK（汉语水平考试）四级。第三，从学位层次来看，3 种来华留学生预科教育模式都以本科生为主，硕士和博士层次的预科教育不多。这主要是

---

① 郭伏良，涂佳楠，郎宁 . 来华留学预科教育总体设计及其质量保障机制：以河北省高校为例 [J]. 河北大学成人教育学院学报，2014（2）:102-106.

① 胡红洁，李有强 . 高等学校来华留学生预科教育的回顾与反思 [J]. 黑龙江高教研究，2013（4）:136-138.

因为现阶段我国针对研究生层次的留学生教育多采用全英文授课，而本科阶段多是汉语授课。

从运行模式来看，分类分科进行专门培养是当前 3 种预科教育模式的共同之处，然而其考核标准却各有不同。具体而言，对中国政府奖学金本科来华留学生开展的预科教育具有统一的培养标准，在来华留学生招生管理、培养目标、学习年限、课程设置、教学方式、考核方式等培养环节都制定了完善的评价体系，其培训基地相对固定，培养质量较高。地方政府和高校开展的预科教育在一定程度上有效弥补了教育部设立的预科教育基地在面向群体和学位层次上的不足，但缺乏规范的考核标准，预科教育结业考试方式具有差异性。

4.7.2　山西省来华留学生预科教育的必要性

近年来，随着我国来华留学生人数激增，学历层次不断丰富。全面发展地方预科教育，不仅是预科教育自身发展的需要，也是国家发展的需要，更是地区教育发展的需要。因此，构建地方预科教育中心，拓展来华留学生预科教育的范围与层次，势在必行。

（1）预科教育是提高来华留学生教育质量的坚实基础。

预科教育和专业教育是构成来华留学教育的两大重要组成部分，前者为后者奠定语言技能、专业知识与跨文化适应上的基础，后者为前者提供培养目标、教学内容上调整方向的依据。因此，只有加强预科教育建设才能实现来华留学教育可持续发展，进而为提高中国高等教育的国际声誉贡献力量。现有预科教育的质量标准是否需要统一，自费生的预科教育如何开展，学科差异如何兼顾，此类涉及来华留学生预科教育长远发展的重要问题都亟须重新思考并解决。只有从人才培养的全过程对来华留学生预科教育进行系统研究，才能实现招生、培养、管理和考核的制度化、系统化和科学化，进而实现人才培养质量的真正提升。在教育对外开放的新阶段，构建全员覆盖、科学有效的预科教育模式，提高来华留学生人才培养的质量成为题中之义。

（2）地方来华留学生预科教育需要提质增效。

来华留学生人数的日益增多、来华留学规模的扩大使得在现有的中国政府奖学金留学生预科教育基地之外，地方来华留学生预科教育中心逐渐兴起。目前在建或者建成的地方来华留学生预科教育中心主要有山东省来华留学预科教育鲁东大学基地、上海市外国留学生预科学院、南京晓庄学院（江苏省留学生预科教育基地）、对外经贸大学预科教育基地（青岛）。这 4 家地方来华留学生预科教育中心各具特色，对其他省份建设预科教育中心具有重要的启发作用。来华留学生预科教育发展的重中之重是提质增效，地方政府需要做出适应性应对措施，进一步完善地方来华留学生预科教育中心的教育模式，提升留学生的教育质量。如何规范预科教育，优化预科教育模式，成为各地方预科教育主体亟须解决的问题。

（3）山西省在来华留学教育方面具有资源优势。

山西省作为中部省份，承接东西，连接南北，交通便利，与国内经济发达地区（除珠江三角洲以外）的空间距离都不远。就发展来华留学教育而言，山西省凭借这种地理位置的地缘优势，有利于吸纳和培养周边国家与地区的来华留学生。同时，山西省对外开展了大量的经贸和技术交流与合作，为融入"一带一路"开展国际合作奠定了良好的基础。除经贸往来频繁外，山西省还形成了较为稳固的人文交流传统，对外交流十分活跃。

改革开放以来，山西省良好的区域能源与经济优势创造了较为舒适的生活环境，也为开展国际人文交流提供了有利条件，这对于吸引来华留学生具有十分重要的作用。同时，山西省是中华民族的发祥地，地域文化资源丰富多彩，历史积淀深厚，文化旅游资源十分丰富。其中，"三晋文化"具有明显的山西特色，对于助力晋文化对外交流与传播具有重要意义。

近年来，教育已成为山西省发展的重点领域，高等教育的发展引起各高校的重视，为做好来华留学工作提供了必要保证。此外，山西省高等教育的国际化水平也在逐步提高，在国家"双一流"建设的大背景下，山西省来华留学教育发展具有广阔的舞台。

（4）来晋留学生教育内涵式发展的困境。

目前，来晋留学生教育面临以下发展困境：一是来晋留学生中"一带一路"沿线国家的学生比重较大，来华留学教育的生源结构有待优化；二是来晋留学生人数虽然逐渐增多，但与其他省份相比尚有差距。因此，山西省来华留学生预科教育有待进一步优化、完善。

4.7.3　山西省来华留学生预科教育的规划与布局

地方来华留学生预科教育中心应注重人才培养质量，采取多层次的教育方式，建设应用型、创新型、国际化的留学生预科教育体系。针对山西省的具体情况，拟构建成熟的、具有普适性的地方来华留学生预科教育模式，主要表现为：第一，地方来华留学生预科教育中心的建立主体为大学与省级政府，二者协同联动。第二，地方来华留学生预科教育中心的依托平台应以大学为主。第三，地方来华留学生预科教育中心的定位与职能应明确，其承担汉语言教学与专业汉语教学职能，辅以文化课、公共课等课程的讲授，通过一到两年的集中突击培养，切实提升留学生的汉语水平。同时，加强与地方兄弟院校的合作，协调汉语课程与专业课程的学时分配。第四，就人才培养而言，地方来华留学生预科教育中心的人才培养可以参照中国政府奖学金本科来华留学生预科教育的人才培养总体目标，结合地方特色专业，加强与兄弟院校的协力合作，致力于培养出汉语基础扎实、专业知识过硬的高水平留学生。第五，地方来华留学生预科教育中心的教育效果评估应该包括对人才培养质量的评估和对该中心的元评估两部分。同时，应建立全省统一的留学生预科教育评价标准，并得到省内高校的统一认定。图 4–5

为山西省来华留学生预科教育的规划图。

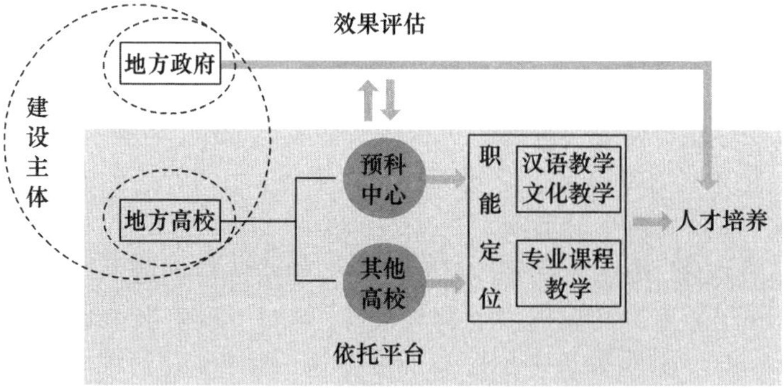

图4-5　山西省来华留学生预科教育的规划图

发展来华留学生教育是提升山西省的教育实力、文化内涵的重要途径。发展来华留学生预科教育对于山西省教育对外开放具有重要意义，不仅有利于塑造“留学山西”优质品牌形象，提高三晋大地的国内外声誉，还有利于促进山西省高等教育国际化水平的提升，助力山西省高校“双一流”建设，进而提高来晋留学生的培养质量，推动山西省打造内陆地区对外开放新高地的进程。下一步，山西省将加快构建地方预科教育中心，成熟一个发展一个，通过大力打造地方预科教育中心，打响“留学山西”品牌，大踏步迈出来晋留学发展新步伐。

4.8　“留学山西”品牌塑造策略研究①

打造留学品牌是中国教育对外开放稳步推进的战略选择。结合区位特征，实现准确定位，进而塑造特色鲜明的留学品牌，成为国内各地争夺留学生市场份额的迫切需求。②因此，如何把握教育对外开放，尤其是“一带一路”倡议不断深化发展带来的历史机遇，打造优质的三晋留学教育品牌，成为刻不容缓的重要议题。

4.8.1　山西省来华留学生教育的发展历史与现状特点

（1）山西省来华留学生教育的发展历史。

山西省的来华留学生教育起步于20世纪80年代初。1981年，山西大学首先开始海外招生。1985年，太原理工大学开始与国外大学（或研究机构）进行学

① 张金萍，陈少平，王丽婷，等．“留学山西”品牌形象测量与塑造策略研究[J]. 神州学人，2022（5）：38-43.

② 孙建明．打造“留学中国”品牌 完善来华留学服务工作[J]. 世界教育信息，2016，29（24）：43-45.

术交流。进入 20 世纪 90 年代后，山西省内各高校虽先后从加拿大、韩国和日本等国招收国际学生，但数量增长基数小且速度慢。[①] 这种态势一直持续到 2000 年，山西省历年招收国际学生的数量一直处于缓慢增长甚至有所减少的状态。[②] 2003—2008 年，全省共计接收 674 名外国留学生，年均 112 人左右，2006 年接收人数最少，仅有 55 人（图 4-6）。2008 年之后，山西大学和太原理工大学在海外兴建的两所孔子学院促进了来晋留学生规模的扩大。2013 年之后，在省部级各类奖学金的资助下，尤其是 2016 年山西省来晋留学政府奖学金的设立，极大地促进了山西省来华留学生规模的扩大。如图 4-7 所示，从 2014 年开始，来晋留学生数量呈现逐年增长的趋势。到 2019 年年底，全省 12 所高校共计接收 1 794 名国际学生，年均增长 322 人左右。

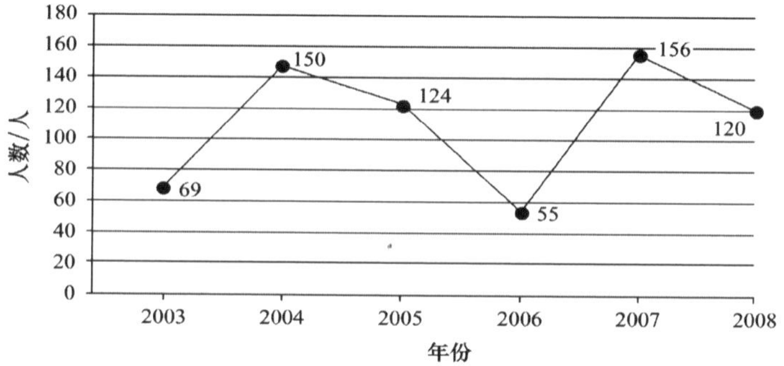

图4-6　2003—2008年来晋留学生年度增长变化示意图

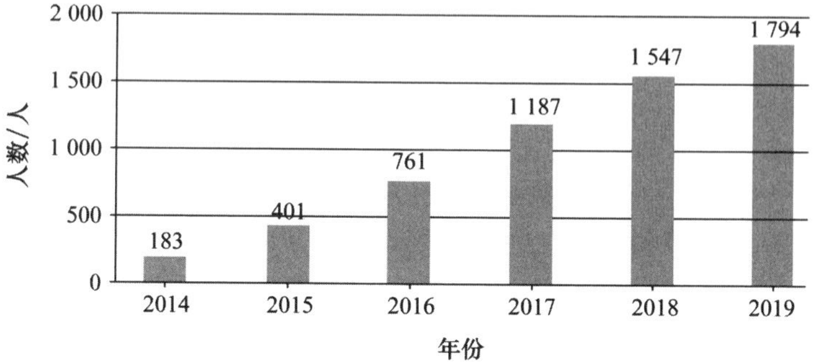

图4-7　2014—2019年来晋留学生年度增长变化示意图

① 药朝诚 . 山西省高等教育国际化模式研究 [J]. 山西财经大学学报（高等教育版），2004，7（3）：14-16.

② 苗俊俊 . 山西高等教育国际化问题研究 [D]. 太原：山西财经大学，2010.

（2）山西省来华留学生教育的发展现状。

学历生（尤其是本科层次）构成了来晋留学生的主体。截至2019年11月30日，在晋学习的1 794名留学生中，本科生939人（52.3%），硕士研究生342人（19.1%），博士研究生92人（5.1%），语言生和预科生421人（23.5%）。由此可见，本科生是来晋留学生的主体。

生源国以“一带一路”沿线国家和地区为主，欧美国家的学生很少。当前山西省的来华留学生共计来自全球81个国家和地区。如图4–8所示，巴基斯坦、阿富汗、土库曼斯坦、孟加拉国、越南和加纳是来晋留学生的主要生源国。从总体来看，来自“一带一路”沿线国家和地区的学生共有1 399人，约占留学生总数的78%，少有英美国家的学生来晋学习。

图4–8　2019年来晋留学生主要生源国分布统计图

校际分布不均，但专业分布体现了各校特色。数据显示，太原理工大学和山西大学两所院校的留学生数量超过了来晋留学生总数的半壁江山，山西医科大学、中北大学和山西中医药大学紧随其后。结合学位层次与专业分布来看，山西大学和山西师范大学的留学生教育主要集中在预科（包括语言生）和本科阶段，专业分布以中国语言文学、管理学和戏剧影视文学为主。太原理工大学的留学生教育在预科、本科和研究生 3 个层次上分布基本均衡，招生几乎覆盖所有专业，主要以化学工艺和材料加工工程等国家重点学科为依托，突出理工特色。山西医科大学和山西中医药大学的医学专业留学生教育全部集中于本科阶段。山西财经大学和山西农业大学的留学生整体数量不多，但主要集中在博士阶段，专业分布以金融和管理为主。

综上所述，山西省来华留学生教育起步并不算太晚。2016 年，教育部明确提出打造“留学中国”品牌，这不仅是来华留学教育事业在发展价值取向上的转变，更是对其未来发展路径做出的新规划。在当前国际招生市场竞争激烈、国内各地竞相争夺留学生市场份额的大环境下，如何从品牌战略的高度统筹谋划来华留学生教育资源的分配，进而形成具有鲜明特色的发展合力，成为山西省必须直面的挑战。

4.8.2 “留学山西”品牌形象调查

（1）研究对象与研究方法。

本书对在山西省高校就读或已毕业的留学生进行调研，以获取他们对山西省的地缘文化、高校提供的教育服务和自身职业规划的评价。调查问卷的设计主要依据罗子明提出的“品牌形象测量理论”[①]，从品牌认知、产品属性认知、品牌价值和品牌忠诚 4 个维度进行解析。为提高研究的可信度，采取了前期调研凝练调查问题、文献分析设计问卷大纲、专家论证调查逻辑、两轮 5~8 人的预调查等方法确保问卷的有效性，面向山西省 12 所高等教育机构发放，共回收有效问卷 275 份，其中在校生版 235 份、毕业生版 40 份。本次调查共有 275 名来自全球 39 个国家和地区的国际学生参与，其中男生 193 人（占 70.2%）、女生 82 人（占 29.8%），年龄分布跨度较大，从 18 岁到 36 岁不等。在学位层次上，以本科生为主（60.94%），其次为博士研究生（18.88%）和硕士研究生（14.59%），另有少数预科阶段、短期语言培训和交换项目的学生参与。

（2）“留学山西”的品牌认知度分析。

网络平台是国际学生获知“山西印象”的主要渠道。具体而言，通过国际网络平台获知的比重（33.05%）超过通过中国网络平台获知的比重（27.04%）。“到过留学生母国的中国人或去过山西省的留学生母国人”是他们了解山西省的第二大渠道，另外还有“教育展览”；传统的大众传播方式如电视、电影和报刊在宣传山西省方面发挥的作用十分有限。

在留学信息的获取渠道上，留学生母国教师、同学或亲戚朋友推荐（45.49%）和留学中介（35.62%）、高校官网（27.47%）是三大主要途径；只有 9.87% 的国际学生表示他们是通过“教育展览”获得的留学信息。

---

① 罗子明. 品牌形象的构成及其测量 [J]. 北京工商大学学报（社会科学版），2001（4）：19–22.

可见，从传播方式来看，国际学生了解山西省和获取留学信息的渠道具有一致性，均以网络平台和口耳相传为主，组织传播（如教育展览）和传统的大众传播方式（如电视、电影和报刊）发挥的作用十分有限。

经济因素是驱动国际学生来晋留学的主要动因。如图 4-9 所示，“申请大学提供的奖学金”“合适的生活成本和物价水平”“本土悠久的历史文化”“他人介绍”“对中国文化感兴趣”和“学习中文有利于求学或工作”依次为国际学生来晋留学的主要动机。根据丁安琪对来华留学动机所确定的分类标准①，排在前 3 位的依次为环境吸引动机、他人推荐动机、个人需求动机。

由此来看，“留学山西”品牌在国际学生心目中有着良好的认知基础，但受制于传播渠道以人际的口耳相传为主，“留学山西”的品牌信息不仅传播速度慢，而且影响范围小。

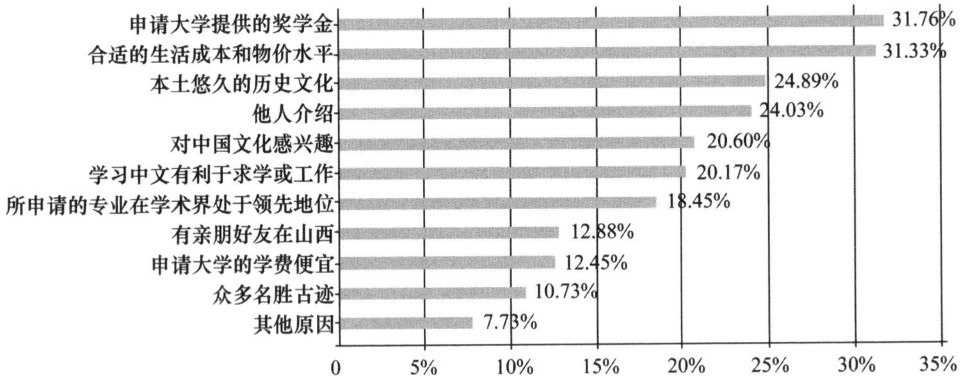

图4-9　选择来晋留学的动机统计示意图

（3）“留学山西”品牌的属性认知分析。

“快速发展”和“不断进取”是留学生对山西城市建设成效的评价，但太原的城市吸引力在国际学生看来并不高。他们认为，山西悠久的历史文化和富有特色的地域文化是值得肯定的，但城市的现代化特征及国际特色并不明显。“平遥古城”“老陈醋”“刀削面”“五台山”“煤炭”“晋商文化”在留学生心中是最能代表山西文化的符号。“热情友善”“勤劳敬业”和“诚实守信”是留学生对山西“居民形象”的肯定评价，只有 17.6% 的留学生认为山西人是“开放创新”的。

因调查样本主体为本科生，所以选择继续学业的国际学生比例超过打算就业的比例。在毕业去向的地域选择上，只有 24.46% 的国际学生打算“继续在山西高校学习”，12.88% 的学生打算“在山西就业”（图 4-10）。通过访谈得知，这是由于“留学山西”的学习经历在功能上多被留学生视为进一步申请学位或实

① 丁安琪．来华留学生汉语学习动机强度变化分析 [J]. 语言教学与研究，2014（5）：18-25.

现就业的中间“跳板”。

综上所述，山西独具特色的地域文化和勤劳敬业的居民形象令国际学生印象深刻，但受地缘关系制约和先前国际形象宣传不足等因素的影响，“留学山西”品牌的认知度并不高。

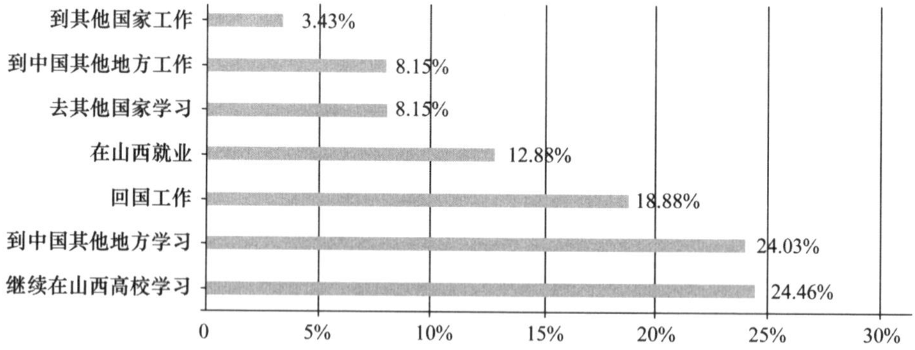

图4–10　来晋留学生毕业去向示意图

（4）“留学山西”品牌的价值度分析。

多数留学生对山西高校的硬件设施的评价较高，但校内建筑物的标志及英文指示语言不够明确、住宿条件与设施不够齐全，以及学校的学术氛围不够浓厚，也是客观存在的急需解决的问题。受文化差异影响，尽管留学生认可山西高校教师群体认真的教学态度，但对其外语水平和教学方法的评价相对偏低。在课程设置上，有近七成的学生认为所在院校的“专业课程设置合理”“课本内容有实用性”，但在“开设有面向留学生的就业指导课”的选项中，持否定态度的留学生比例大幅增加，这说明一些院校对留学生的就业指导并不充分。整体而言，留学生对所在高校提供的留学服务与人文关怀表示满意，但交际双方受语言水平和沟通技巧所限缺乏必要的跨文化理解。

综上所述，来晋留学生在整体上对自身留学经历的价值评价是满意的，但是受语言障碍、交际技能有限和刻板印象等影响，教师、留管人员与留学生之间仍存在“听而不懂、管而不服”的矛盾关系。

（5）“留学山西”品牌的忠诚度分析。

国际学生对来晋留学经历的满意度较高。如图 4–11 所示，超过 76% 的国际学生对来晋留学经历表示“满意”或“非常满意”。相反，只有 5.58% 的留学生对自己的留学经历表示“不满意”或“非常不满意”。可见，整体而言，国际学生对来晋留学经历的满意度评价很高。

国际学生对“留学山西”品牌的推荐比例较高。统计结果显示，有 81.07% 的国际学生表示会把山西作为留学目的地推荐给母国的同学或朋友，只有 18.03% 的国际学生选择不会推荐。这说明，到目前为止，“留学山西”的体验和经历能够满足绝大多数国际学生的求学需求。

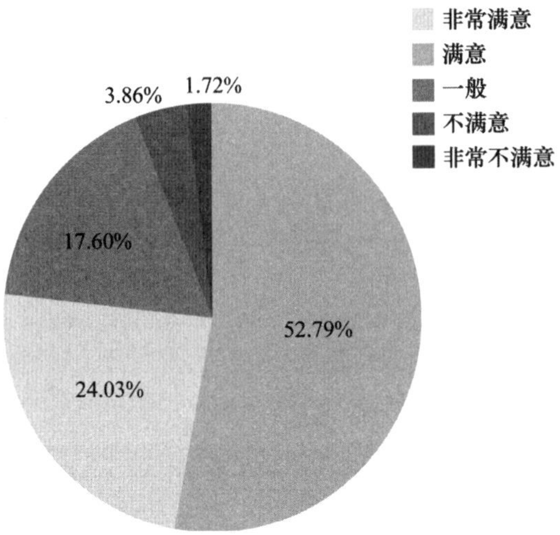

图4-11　对来晋留学经历的满意度评价示意图

4.8.3　“留学山西”品牌形象塑造的策略建议

尽管近年来山西省的来华留学教育在规模和层次上都取得了一定成绩，但是与国内发达省份仍有很大差距。为此，本书基于实践调研，尝试从定位、塑造、传播与维护 4 个方面，为不同的来华留学教育的利益相关者提出塑造“留学山西”品牌形象的策略建议。

（1）达成统一共识，确立“留学山西”品牌定位。

打造“留学山西”品牌应当成为山西省来华留学各利益相关者的共识。从深度而言，品牌形象塑造是一项长期而系统的工程，需要经过顶层设计、发展规划、策略行动的层层推进，客观上需要建立跨部门、跨机构的联动机制。从范畴来说，“留学山西”品牌是个宏观概念，最终还是要具体落实到每一所开展留学生教育的高校的品牌形象国际化建设上来。因此，只有在思想意识上达成共建“留学山西”品牌的共识，才能在行动中循序渐进、厚积薄发。

确定“留学山西”品牌定位的战略方针。第一，通过比较定位确定自身优势。山西高校应该主动对“一带一路”沿线国家和地区，尤其是巴基斯坦、孟加拉国、阿富汗等国留学生在市场上的主要招生竞争对手的营销定位进行调查，对其品牌营销的优、劣势进行比较分析，进而找出市场定位的空隙点。第二，借助情感优势拉近与目标生源国消费者的距离。以太原理工大学为例，学校在阿富汗和牙买加建有中国在当地唯一的孔子学院，来华留学教育工作拥有良好的民众基础。学校充分发挥孔子学院与合作大学的合作效益，利用恰当的情感定位唤起两国留学生心灵的共鸣，有效拉近与潜在留学生群体的距离。第三，聚焦目标消费者的留学需求。来晋留学生多来自亚非拉国家和地区，因而山西高校在进行留学服务贸易定位时应有所侧重，以消费者的需求现状作为品牌定位的依据，进而提供符合其利益需求的特色化留学服务产品。

（2）加强内涵建设，强力塑造“留学山西”品牌形象。

统筹山西省内高等教育内部资源，发挥高校的主力军作用。横向对比国内其他省份的来华留学教育事业，当前山西的留学生规模处于全国靠后的市场位次。要实现下一阶段山西留学生教育在规模、质量与效益上的可持续发展，除了省内来华留学教育各利益相关者应具有“化危机为转机”的魄力，更要通过整合省内优势教育资源实现合力出击。例如，建立“山西高校来华留学教育联盟”或“山西来华留学预科教育共同体”，实现省内高校留学生教育资源的共享，以此扩大全省来华留学生规模。在此基础上，研发山西来华留学预科教育的统一标准，推动优势专业或专业互补性较强的高校开展联合培养，提升全省来华留学预科教育质量。

提供优质留学服务，增强来晋留学价值体验。只有高等教育机构提供优质的在学体验，才能有效改善留学生对“留学山西”品牌的价值评价。这要求山西高校从招生环节开始就需要进行顶层设计，并将优质的品牌细节落实到育人管理的全过程。例如，结合本校学科专业背景，做强与“一带一路”建设密切相关的特色学科与专业，以优势和特色吸引高质量的留学生；鼓励教师建立多元化的教学模式，主动探索适合中外学生同堂授课、趋同管理的教学模式；正面回应留学生对实践教学和在华就业的真实需求，放眼长远实现来华留学教育的人才效益。

（3）丰富营销手段，扩大“留学山西”品牌的传播范围。

当前山西高校主要通过少数境外代理、留学中介介绍，以及留学生主动咨询等被动方式进行招生宣传。在传播渠道上主要依靠传统的人际传播，而传播内容多与经济因素而非学术、文化因素相关，这使得许多外国学生因为信息渠道不通畅而对山西高校及留学生活知之甚少，导致“留学山西”品牌的认知度大打折扣。为此，“留学山西”品牌推广应在传统宣传方式的基础上增加现代营销手段。首先，充分利用《神州学人》等有影响力的外宣媒体平台，整合呈现山西的地缘文化、高校信息、留学服务和未来规划，并提供在线咨询服务，使之成为提供山西省高校留学信息的专业推广平台。其次，充分利用网络平台，在海外社交媒体上开设“留学山西”账号，实时分享山西的最新信息并与网友进行互动。

（4）建立公关预警机制，维护“留学山西”品牌形象。

品牌的建立绝非朝夕之举便可完成，它受制于外部环境的突发变化。因此，在品牌管理过程中，建立完善的危机防范机制和应对体系，对品牌长期、稳定、可持续发展具有重要意义。[①] 虽然当前“留学山西”品牌正处于初期建设的探索阶段，但同样不应忽视品牌维护的重要性。只有建立有效的危机预警系统，制订品

① 李慧芳 . 浅谈品牌维护与危机管理 [J]. 中国市场，2014（9）：89-90，108.

牌危机管理的公关策略，才能做到防患于未然。为此，应建立山西省来华留学信息监测系统，疏通信息沟通渠道；组建品牌危机管理小组，制订各种危机预警方案，把不良影响降到最低，以在危机过后重塑和提升品牌形象。

在教育对外开放背景下，来华留学教育是增进山西同世界各国文化联系的重要桥梁。只有明确品牌建设的价值取向，建立完善的品牌传播与维护策略，才能使来晋留学教育事业在国际教育市场竞争中激流勇进，对接“一带一路”沿线国家和地区人民的就业与文化之求，满足山西高等教育国际化水平提高所需，探寻出一条适合三晋文化走向世界的发展道路。

4.9 来华留学教育质量保障的思考

近年来，随着来华留学生的规模不断扩大、结构逐渐优化、日常管理日益规范，我国已成为亚洲最大的来华留学目的国。如何由数量增长的外延式扩张向质量提高的内涵式发展转变，是承担来华留学教育的高校目前共同面临的重大课题。

2020 年，来华留学教育事业面临巨大的挑战：来华留学招生录取难度加大，学生数量减少，来华留学教育教学模式由线下转为线上，学生培养难度加大，来华留学教育的新理念、新课程体系及新的管理服务体系亟待探索。做好来华留学生的培养工作，探索出一套能够保证境外学生培养质量的教育质量保障体系，促进来华留学教育服务提档升级，既是改革来华留学教育服务体系、加快建设教育强国的题中之义，也是加强来华留学教育趋同化管理、涵养良性教育生态的必然要求，亦是深化来华留学教育内涵建设、凝聚广泛价值共识的重要保障。

4.9.1 来华留学教育质量保障的研究现状

“质量保障”一词源于 20 世纪五六十年代的西方企业界，于 20 世纪八十年代末九十年代初被引入高等教育领域并流行。[①] 关于质量保障的内涵，国内外研究界虽有不同的界定，但也有其共性，即通过系统化的管理程序以确保质量能够合格或得以改进。[②]

国内外现存来华留学教育质量保障的模式主要为内、外部质量保障体系相结合的模式。内部质量保障体系强调高校自身建立健全来华留学教育质量保障体系，明确与高校定位相一致的人才培养与学位授予标准。外部质量保障体系强调充分发挥政府、高等教育质量保障机构、专业资格认证机构、社会媒体等的评估监管作用：政府通过法律政策、财政支持等方式实现对高校培养质量的

① 曹美红 . 英国高等教育国际化中的质量保障体系研究 [D]. 天津：南开大学，2015.

② HARMAN G. Quality assurance mechanisms and their use as policy instruments: Major international approaches and the Australian experience since 1993[J]. European Journal of Education, 1998, 33（3）：331–348.

监督，高等教育质量保障机构、专业资格认证机构等分别通过院校审查、学科认证的方式评估院校内部质量保障体系的有效性、专业的发展程度等。由此可见，来华留学教育学生的内、外部质量保障体系虽侧重不同，但相得益彰、互为补充。

我国高等教育质量保障也主要是内部质量保障体系与外部质量保障体系相结合的模式。内部质量保障体系由高校内部的管理体系、专业设置、课程体系、培养模式、实践教学、师资队伍、教学站点及教学评价等要素构成，主要包括教学设计与输出、教学实施与过程、教学接受与学习、教学管理与改革、教学督导与监控5个维度。外部质量保障体系主要由教育主管部门、行业用人单位及社会教育评价机构组成，通过教育主管部门的行政管理与检查督导、行业用人单位的用人测评与意见反馈，以及社会教育评价结构的综合测评与排名排序，从而对高校教育质量及人才培养质量进行管理、督导与监控。

当前，我国高校多采取“政府－高校－社会机构”三位一体的管办评分离的来华留学教育质量保障体系，主要表现为：政府发布法律法规、规划纲要、行动计划、规范性文件等，建立并完善来华留学教育质量标准体系和来华留学教育质量准则，建立健全来华留学教育质量监督管理机制等，为来华留学教育高质量发展提供政策引导和保障。高校建立一套涵括来华留学生“入学前、在学时、毕业后”全过程的内部质量保障体系，并具体落实到来华留学生的招生录取、专业设置、精品课程建设、教育管理队伍建设、学生毕业就业、校友工作等招生推广、人才培养、毕业审核各个阶段，并注重加强对来华留学生的趋同化管理。社会层面主要是指中国教育国际交流协会，作为中国教育界开展民间对外教育合作与交流的全国性组织，健全认证机制，进一步做好来华留学教育质量评估和认证工作，以推动各高校来华留学教育进一步提质增效和可持续发展。简而言之，即政府主导制定相关政策标准，学校根据标准具体开展培养工作，中国教育国际交流协会等作为第三方社会组织独立开展来华留学教育质量合格认证工作。

国内各高校立足自身优势，创新教育实践新方法、新路径，切实保障人才培养质量，主要做法为：积极探索“线上＋线下”教学形式，紧抓教学安全；紧抓教学效率，推动教师线上教学技能的多层面培训；紧抓教学工具，联合促进线上教学平台特色化功能的建设；紧抓教学效果，完善线上教学监督与质量评估体系，以切实保障线上教学质量；积极探索做好招生管理、日常管理与服务工作的新路径。

4.9.2 来华留学教育质量保障的新模式

面对来华留学教育管理所面临的挑战，接下来我们尝试在目前高校已有的内、外部质量保障体系的基础上，结合高校所采取的具体教育质量保障措施，提出来华留学教育质量保障模式。

（1）构建多元立体的在线教学质量保障体系。

建立有效的在线教学质量保障体系是保障来华留学教育质量的关键。由于网络与现实条件限制，以及教学空间与环境变化的多重交叠，在线教学使得中外师生由“面对面”变为“屏对屏”，互动反馈减少，学习时间较难保障，教学质量受到影响。在这种情境下，如何保障在线教学质量，实现在线教学与线下教学等质同效成为亟待解决的问题。在线教学质量主要受教师的教学质量、学生的学习质量、课堂环境、课程内容方面因素的影响，因此，可着力有效提升以上 4 个影响在线教学质量的因素，以提升在线教学管理实效，保障在线教学的质量。

提升教师在线教学的能力与素养。高水平及训练有素的专业师资队伍是开展课程教学、课程建设、教材编写、教学改革的根本保证。在线教学深刻改变了教师“教”的方式，面向来华留学生的在线教学大趋势促使教师在了解学生学情与在线学习环境的基础上，利用互联网思维重塑教学内容，重构教学行为，重造教学结构，再造教学流程。因此，有组织、有计划地针对师资开展教学理念、教学能力与教学方法方面的培训不可或缺。学校可以定期开展教学培训，加强教育学、心理学相关理论的指导，指导教师熟练使用各类教学平台，主动探索优质在线课程资源，鼓励教师积极尝试进行线上课程教学改革；可以构建教师线上教学工作坊或教学分享会，开展线上教学主题活动，通过在线教学优秀案例展示、教学设计创新展示、教学方法改革小组讨论等，探讨分析在线教学过程中遇到的各种问题及解决方案，促进教师线上教学能力与素养的提升。

激发留学生在线学习的热情。学生是在线教学活动的主体，学生在线学习的能力、水平直接影响在线教学质量。由于屏幕阻隔与网络的不稳定性，在线教学中，教师对于教学的指导和监控作用被相对弱化，学生的参与度有所下降，这对留学生掌握信息化技能、在线学习的主动性及调适能力有了更高的要求。对此，应注重开展在线学习培训与讲座，培养留学生挖掘与使用数字化学习工具和数字化学习资源的能力，提高其数字化学习的体验感，进而增强对数字化学习的信心；应注重激发留学生自主在线学习的愿望，培养其“想学、会学、乐学”的在线学习热情。教师可以借助班级交流群、教学平台讨论区、随堂交流、作业反馈等方式引导学生积极参与课堂讨论，并给予其积极、肯定的正向激励，使其由被动学习改为主动学习。

改善留学生在线学习的课程环境。在线教学使得教学环境产生巨大变革，课堂从教室转移到网上，迫切需要在线学习平台、网络技术、网络学习资源的有力支持。对此，应分辨学习通、雨课堂、ClassIn、钉钉、腾讯会议、ZOOM 等各类在线教学资源与平台的特点与应用范围，关注在线教学资源与平台在留学生生源国的适用情况，合理选择授课互动教学平台；应注重外部引进、内部研发，积极向留学生推荐优质慕课等数字化资源，积极制作、录播教学视频，以切实满足留学生的个性化学习需求；对于居家在线学习有困难的留学生，尽力为其提供网络流量补贴，以及在线学习的电子教材与教学资源，保障其基本的学习条件。

重构留学生在线学习的课程体系。线上教学可以更为充分地利用丰富的网络信息与教学资源，结合线上教学的特点，尝试运用多媒体技术、虚拟现实技术创设问题情境、搭建知识应用情境和真实可感的学习情境，最大限度地实现教学资源情境化、学习情境资源化，改善学生在线学习的主观体验。①

建立多样化的在线教学评价模式。由于在线教学的“教”与“学”相对分离，传统的教学评价模式难以准确评价其教学质量，因而需要更新评价理念，构建适用于在线教学的评价方式。应注重教学过程每个时间点上的实时性评价、每个教学过程完成后的形成性评价、在线教学达成结果的综合性评价等评价方式的有机统一，将在线学习参与度、在线学习体验感、学习任务完成度、测评反馈成绩等均列入考评指标，以对学生的学习过程和学习效果进行全面、综合、系统的考查与评价。

完善线上教学监督与质量评估体系。除采取校院两级督导教师深入在线教学课堂“云巡视”、学生评教“云反馈”等方式外，还应充分依托数据资源，有效分析和利用诸如线上师生互动情况、线上作业完成与批改等多样化的信息，及时反馈教师的教学质量问题，督促教师及时改进教学策略、提升教学质量，并据此制订在线教学质量保障体系各环节的实施方案。

（2）搭建精准有效的在线教学管理服务体系。

身在生源国的留学生暂时无法返校时，留学生日常教学管理服务只能依托网络进行，传统的班级管理等方式无法适应这一现实迫切需要。面对新形势、新要求，如何建构来华留学生在线教学管理服务体系，成为高校谋求来华留学教育新发展的重要工作。

优化重组传统招生模式。招生工作作为来华留学教育的入口与基础，对于来华留学教育提质增效具有举足轻重的作用。传统的诸如精准发放纸质宣传材料、赴国外参与教育展、国际交流项目等招生宣传模式受到现实环境的影响时，高校应积极探索拓展招生渠道。高校在做好线上线下招生平台、设立尽可能丰富的国际学生奖学金、深化与招生机构合作、建立健全专业化的招生队伍外，还可以尝试通过联系相关教育机构积极开展线上国际教育展，借助微信公众号、微信群等新媒体平台实时推广各类招生信息，加强与国外高校、企业合作，培育优质生源基地，依托校友等方式优化完善招生宣传工作。

建立健全在线教学管理服务制度。来华留学生在线教学管理服务成为常态，应制订来华留学生线上、线下教学管理服务方案，及时制定出台《在线教学课堂管理办法》《在线教学管理考勤》《境外学生管理细则》等制度文件。

提供有温度、有效度的管理服务。管理服务需精准，高校应精准掌握信息，提供合理关切。根据实际工作的需要，可以按照留学生生源国的具体情况、实际生活状况、网络基础设施情况、学业完成进度等维度，借助教学管理平台与微信、QQ 等社交软件建立不同的网格，由专人负责，努力做到对每一名留学生日常教

① 张洪春．高职院校在线教学管理及教学质量保障机制研究 [J]. 湖北职业技术学院学报，2021，24（3）：26–32.

育管理的精准把握，因材施教，因需供服，提供有效的线上、线下教学辅导与学习帮扶。加强人文关怀，提供贴心服务，关注留学生的心理健康，提供及时的心理疏导，坚持服务育人，力争通过细心周到的服务保障，让留学生切身感受学校的真切关怀。

集中优势资源，织密国内外高校合作网。国内高校应该抱团取暖，优势互补，组建联盟，共同开发高质量线上、线下相结合的课程体系，建立资源共建共享平台，实现学分互认；积极开拓优质教育资源合作渠道，推动中外高校合作办学，特别是注重与“一带一路”沿线国家的重点高校合作办学，积极推动与合作高校的特色学科建设，创新人才培养机制，部分课程委托合作院校教授，打通和国外合作高校的学分互认，实现境外学生的境外培养。

来华留学教育应在危机中抓契机，在变局中创新局。高校应把握好来华留学生招生录取关、质量培养关、服务提升关，切实推进来华留学教育提质增效，助力做强“留学中国”品牌，进而献力于“一带一路”教育共同体行稳致远。

4.10 关于国际汉语教师线上教学能力培训的思考①

近 20 年来，全球汉语学习者人数不断增长，教学机构的数量与教师资源也在同步发生积极变化，国际汉语教育事业呈现出蓬勃发展的良好态势。2020 年，国际汉语教学遭遇了前所未有的困境。在线下课堂教学无法正常开展的背景下，线上教学以其强大的连接功能迅速替代了传统课堂教学方式，通过“云端教育”的延续实现了“停课不停学”的教育目标，为国际汉语教育拓展出一片广阔空间。

目前国内外教育界人士已形成广泛共识，依赖传统课堂的单一教学环境已无法完成多元化教育教学目标，线下 + 线上等教学模式虽然曾经是危机应对下的被迫尝试之举，但已不可避免地进化为教学新常态，成为多元化教学模式中的新兴领域。由此变革引发的创新性教学及实践，其后续影响及成果对未来社会乃至人类发展将产生深远影响。在此背景下，一系列崭新的课题，比如在线教学模式下的教师角色与定位、教师的在线教学与管理能力等，对传统教育思想提出了挑战，这些课题需要各方高度关注与重视，尽早开展相关研究，为后续工作打好理论基础。

4.10.1 线上教学能力是国际汉语教师专业能力的延伸

按照 2012 年发布的《国际汉语教师标准》，合格的国际汉语教师应满足以下 5 条标准：（1）符合职业需要的汉语交际能力；具备基本的汉语语言学知识、语言分析能力；了解第二语言学习的基本原理；熟悉第二语言教学的一般原则和

① 原梅，王丽婷．关于国际汉语教师“线上教学”能力培训的思考 [J]. 甘肃科技，2021，37（21）：77–79.

主要教学法。（2）掌握汉语语言要素和语言技能教学的主要内容、基本原则和教学方法，具备基本的语言对比能力；具有运用现代教育技术进行汉语教学的能力。（3）熟悉汉语教学标准与大纲，并能进行合理的教学设计；具备选用教材和利用教学资源的能力；能设计教学任务并组织课堂活动，实施有效的课堂管理；能通过课外活动发展学习者自主学习能力；能对学习者进行有效的测试与评估。（4）掌握中华文化和中国国情基本知识，具备文化阐释和传播的基本能力；具有跨文化意识和交际能力，能有效解决跨文化交际中遇到的问题。（5）具备作为国际汉语教师的职业道德与心理素质；能进行教育研究，具有教学反思能力；参与专业培训和学术交流，努力寻求专业发展机会。第二条中标准专门列出了运用现代教育技术进行汉语教学的能力，但在当时的时代背景及信息技术条件下并未涉及教育技术的种类、内容和方法等内容。时间推移，新形势推动线上教学飞速发展，线上教学中学生的个性化、教育的信息化、课堂的互动性等种种特征对国际汉语教师的教学能力又提出了新的要求，因此如何面对线上教学带来的新的挑战，是新形势下各学科教师培训中的一项重要课题。

在线教学起源于以互联网为载体的网络教学，互联网的出现打破了时空界限，构成了一个巨大的虚拟空间。就目前来说，在线教学的优势主要体现在：（1）多媒体技术构建的包含视频、声音、图画等的多维教学环境使学习变得高度灵活、直观便捷。通过网上教学平台，学生真正能够实现随时随地学习，学生自主学习的可能性被无限提高，传统的班级学习与集体学习概念向个体学习转化。（2）网上教学将不同地域的学生联结在一起，实现了时空共享。学生来源实现多元化，线上汉语教学真正实现了海内外学生实时相聚“云端”，共同学习、实践。（3）学习资源的丰富性得到了极大的体现，各类多媒体资源既可以激发学生的学习兴趣，也能够创造出汉语教学的在线情境，增强了语言学习的真实感、文化体验感。各类教学与学习资源可以实现异地同步分享，最大限度地减少了教学资源短缺造成的不均衡现象。（4）评估与反馈的即时性与科学性。传统教学中教师与学生可以实现教学的面对面，但评估与反馈往往在时间上会有滞后。线上教学引入各种大数据统计与分析手段，教师的课堂教学行为、学生的学习行为、考试测评成绩等的相关数据基本能够实现“无缝对接”，教学课程结束后教师即可以在线查询。这些线上评估手段可以帮助教师实现教学过程的在线回放，开展教学反思，了解、分析学情信息，实时掌握学生课堂学习的情况，从传统的人工经验式评价向智能行为式评价转变。当然，任何事物都有利也有弊。网络和多媒体技术支持下的线上教学对计算机等硬件设备、网络环境的要求较高，围绕教学和技术两大关键要素开展国际汉语教师线上教学能力培训是重点需要拓展的领域。

4.10.2 教师教学观念的转变是首要前提

对突如其来的新生事物，有些教师出现了种种不适，再叠加一些客观条件的限制，如网络硬件条件较差等，很多国际汉语教师对线上教学产生了畏难情绪。①要走出这个困境，开展在线教学教师培训，首先要减少传统思维习惯的影响和干扰。长期以来，教师一直秉承“师者，所以传道授业解惑也”的身份认同，坚守着三尺讲台、一间教室。但是当线下教学搬到线上，传统的教学模式遭遇极大的挑战，新技术条件构建起“以学生为中心”、交流互动、小组化、个性化的立体课堂，在线教学所具有的教学材料和教学资源的优势是传统教学无法相比的。教师需要建立和学生的“学习伙伴”关系，协助学生实现知识的获取、消化、吸收和运用，指导学生成长并进行自我评估，在反思的基础上完成有效学习。如果教师仍然沿用传统教学模式，仅仅依靠讲解的方法，简单地把现实课堂照搬到虚拟教室里是行不通的。因此，高校必须引入创新思维，使教师尽快重新定位，实现教学新形势下教师角色与功能的转变。教师应认识到，网络技术构建的线上学习空间使传统的教学方式发生了巨大的转变，教师需要完成教学思维的调整与转换，把教育模式和技术手段结合起来，把教育成果和教学内容结合起来，融合传统教学手段和现代教育技术，精心设计并提供各种资源，使学生产生自主学习的动力，真正成长为成熟的自我学习者。只有当教师真正明晰新形势下的教学变革，积极尝试进行教学思想的内在调整，逐步融合新理念下的教学观与技术观，有效的线上教学才会发生。

4.10.3 国际汉语教师线上教学能力的培训策略

在线教学助力课堂改革，应合理规划线上教学能力的培训任务，以提升教师线上教学的积极性，促进教学质量的有效提高。在培训中应以突出的核心问题为导向，聚焦现实，通过优化设计突出培训效果，满足国际汉语教师群体的各项需求。总体来说，线上教学能力培训应包括这些内容：从技术角度来说，国际汉语教师群体普遍存在提升利用互联网和现代教育技术进行教学的能力的需求，特别是线上教学急需的利用科技工具完成教学目标的基本能力，比如计算机辅助教学的基本操作方法、线上教学平台与教学工具的选择与维护等；从教学方面来说，通过培训应使国际汉语教师尝试利用有效的在线教学方法、教学技巧进行教学内容与活动的合理组合，帮助学生通过有效的自我学习，实现目的语的成功输出，提高汉语综合水平。同时，网络平台构成的虚拟教学空间与传统教学课堂差异较大，线上教学产生了一些新型问题，特别是在课堂管理与师生关系的重构方面，目前教师普遍关注的课堂突发事件、教师的情感调节能力、师生的互动效率等问题，会给教师教学带来较大影响，因此，也应在培训中占有一席之地并给予教师切实可行的指导。综合考量上述问题，建议采用以下培训策略：

首先，针对线上教学中的重点工具——教学平台的使用，应通过设置课程模

① 苟斐斐，刘振天．高校教师线上教学平台功能及环境支持认知评价的实证分析[J]. 教育发展研究，2020，40（11）：49-59.

块的方式提供个性化的培训，帮助国际汉语教师根据个人的技术水平进行了解并掌握：（1）平台使用基本技术，包括网上教学平台的操作运行、制作视频和音频、文件传输及使用平台工具等。（2）教学环节所匹配的各项平台功能，包括线上备课、课堂考勤管理、在线讲授与讨论、布置批改作业、在线测试、评分及通过电子数据分析学生的学习行为等。通过这些内容的培训基本上可以帮助教师熟悉计算机及互联网，建立起关于网络教学的基本概念并能够熟练操作，从而实现线上教学的顺利起步。

其次，课堂教学设计是教学过程的重点，要达到良好的教学效果必须付出更多时间和精力打磨课堂教学内容，特别是考虑到对外汉语教学的特殊性，学生来源、学习目标的多元化使得教学与课堂管理的难度有所提高，因此，这也是考验国际汉语教师教学能力的重点内容。针对不同类型的教师，应借鉴国内外教师培训模式，提供分层次的线上培训[①]，比如教学经验不足的新手教师，需要通过熟手教师一对一的指导与培训，更多地进行线上自我教学实践和教学观摩，逐步适应教学环节的安排，初步建立起个人教学模式。可喜的是，线上教学的多元化教学环境提供了更多实践机会，分享交流平台有利于新手教师快速成长。针对传统课堂教学经验较丰富但线上教学经验不足的教师，需要培训其对网络虚拟空间的认知与领悟，促使其下决心革新教学观念，将教学经验与新的教学平台融合，从而发挥个人教学特长，适应学生的多元需求，自觉优化线上教学内容，运用“汉语＋教育技术”模式打磨线上精品课程，实现线上课堂教学“脱胎换骨”式的转变。

再次，针对线上教学容易出现的课堂交互效果较差、学生兴趣不高、注意力分散等问题，还需对学生的学习心理和学习行为进行深入剖析，通过教学案例启发国际汉语教师自觉向“学生活动的设计者和组织者”这一角色积极转变，设计不同层次的汉语课堂教学活动，探索促进师生互动的有效的课堂教学策略。任务型教学法、探究式教学法等新型教学方法注重对学生自我学习能力的培养，鼓励学生培养独立思考、解决问题的能力，真正帮助学生实现“在使用中学习汉语，在学习中使用汉语”的学习目标，实现个人汉语能力的有效提高。

最后，针对国际汉语教育线上教学的现状和教师教学的迫切需要，有必要建立国际汉语教师资源共享与沟通交流的平台[②]，将线上教学资源搬上平台，使国内外的国际汉语教师跨越地域阻隔实现教学互助。所谓“众人拾柴火焰高”，集教师个人教学所长，分享具有指导意义的宏观的课程教学理论研究成果，或者微观的个人教学资源，如课程设计、教学活动与教学方法等具体的参考资料、案例及评估素材等，汇聚成一个教学资源库，同时将现代网络技术的便利优势充分

① 贵琳．浅谈提高高校教师在线教学能力途径——借鉴歌德学院在线教师培训项目 [J]. 中国多媒体与网络教学学报，2020（9）：16–17.

② 李雪．国际中文教师线上汉语教学的能力提升及对策——以“考拉知道”华裔儿童线上汉字教学为例 [D]. 长春：吉林外国语大学，2021.

利用起来，搭建在线咨询交流平台，请业内专家答疑解惑，与海内外同行在线沟通，为线上教学优化资源配置、提升教学质量、提高教师的教学能力探索更多参考或解决方案。

总之，线上教学引领了新形势下的教育教学改革，它为国际汉语教师带来的机遇和挑战是全方位的。面对如此紧迫的形势，国际汉语教师必须认清形势，从改变自我、重新做学生开始，补齐现代教育技术短板，积极参与线上教学课程建设，在培训中增强职业发展能力。同时，线上教学也呼唤教育界专家和学者的顶层设计，推动教师在线教学能力培训常态化，为教师线上教学能力的可持续发展制订更多高质量兼具可行性的实施计划，共同助力在线教育提质增效、良性发展。

第5章　“留”金岁月

——太原理工大学来华留学教育媒体报道集锦

5.1　“留”动中国，寻梦华夏

5.1.1　中国新闻网：志愿架起“汉语桥”的“90后”牙买加姑娘与加纳小伙

眼看手中的笔写不出字，牙买加姑娘莎奈尔·布鲁克斯（牙买加西印度大学莫纳分校孔子学院学生 Schanelle）一脸焦急地向旁人借笔，为的是在手心记录下还不太熟的歌词。这是发生在山西省太原市侨界新春联谊会上的一幕，莎奈尔和非洲老乡萨莫德（加纳孔子学院学生 Samuel）登台献艺，为当地华人华侨恭贺新春。

他们选择的是在中国颇受欢迎的对唱歌曲《小酒窝》，在他们有限的中国记忆里，他们认为这是首甜蜜的歌，可以在中国春节之际给大家带来甜蜜。临近演出，萨莫德仍在咬文嚼字地纠正着发音，莎奈尔也盯着手机，力求完美呈现。

21岁的牙买加姑娘莎奈尔提起故乡一脸骄傲。“我们那里有这个世界上跑得最快的男人。”她说“飞人”博尔特在牙买加家喻户晓，是牙买加的榜样。初来中国4个多月的莎奈尔取了个颇有深意的中文名——韧玫，取意“坚强的玫瑰”。

2015年9月，莎奈尔从牙买加来到中国，此前她已学习汉语一年。目前，她就读于太原理工大学的汉语言专业。刚入校她便感受到了中国学生的热情。“很多同学都对我特别照顾，教我汉语，帮助我学习中国文化，在生活上也很关心，来中国之前完全没想到。”

和莎奈尔一同进入太原理工大学学习汉语的萨莫德来自加纳，相比莎奈尔，他已有3年的汉语学习经历。他把“沙漠”作为自己的中文名，希望可以在艰苦的环境下锻炼坚强的意志。平日里，萨莫德时常抱着吉他，是校园里的“风云人物”。

谈及不远万里来中国求学的原因，二人不约而同地回答道：“我们在自己的国家，都深受中国文化的感染。”萨莫德说，在加纳有很多华人，在加纳大学学习汉语时，就在中国教师的影响下，对中国充满了好奇心。

来到太原市的第一站，萨莫德和莎奈尔便选择参观历史文化深厚的山西博物院。虽是走马观花的“打卡式”游览，但距今数千年的馆藏文物和目不暇接的陶瓷玉器，还是令他们对中国文化的博大精深感叹不已。

“我读过一首古诗，作者记不太清了，但对里面的句子印象很深。”接着，萨莫德背出了苏轼《题西林壁》里的那句“不识庐山真面目，只缘身在此山中”。萨莫德认为，中国古诗有种特殊的韵味，值得细细琢磨，这在非洲是体会不到的。

聊到未来，萨莫德和莎奈尔都选择回家传播汉语。“我打算毕业后回到牙买加继续做与汉语有关的工作，可能会当汉语教师，也可能选择做翻译。”莎奈尔说。萨莫德愿意在中国继续待一段时间，把中国文化了解得更透彻后，再回到加纳继续传播中国文化。

（作者：胡健，2016 年 1 月 31 日，有删改）

5.1.2 中国新闻网：中国投资促进中非贸易“90 后”非洲留学生学中文成风潮

中国和非洲的经济贸易往来日益密切，学中文、来中国留学、毕业后回国进入中资公司或从事对华贸易，成为越来越多“90 后”非洲青年的选择。

来自非洲贝宁的小伙子郝卡帕正在山西省太原理工大学读硕士研究生。受从事对华贸易的叔叔影响，两年半前，他来到中国留学。23 日，他在接受记者采访时说，毕业后，他会回国创业，从事对华贸易，将贝宁便宜的棉花、木料卖到中国。

自 2009 年起，中国连续 6 年成为非洲第一大贸易伙伴国。大批中国企业进入非洲市场，投资基础设施建设、服务业、制造业等领域，为非洲提供了大量就业岗位和商机，中非贸易随之快速增长。

公开资料显示，2014 年中非贸易额达到 2 200 亿美元，是 2000 年中非合作论坛启动时的 22 倍。随之来华的非洲留学生逐渐增多，据教育部网站消息，2014 年共有 377 054 名各类外国留学人员在中国大陆 31 个省、自治区、直辖市的高等学校、科研院所和其他教学机构中学习。其中，来自非洲的来华留学生有 41 677 名，同比增长 24.93%。

来中国之前，郝卡帕在老家贝宁见过很多中国人。“有生意人，也有建筑师，他们修了很多路、桥和房子。”郝卡帕的叔叔从事对华贸易多年，将中国便宜的家具卖到贝宁。受叔叔影响，2013 年 9 月，郝卡帕来到山西留学。2015 年，叔叔来中国广州进货时，郝卡帕已可担任翻译。

对于中非贸易前景，郝卡帕表示：“中国经济很好，我听说很多中国人做生意很诚实。毕业后，我会从事国际贸易，每年都来中国，把中国便宜的电子产品卖到非洲，把贝宁便宜的棉花和木料卖到中国。”

记者在采访中发现，很多来华留学的非洲留学生有从事对华贸易的亲人或朋友。和郝卡帕类似，25 岁的贝宁小伙龙山姆有一位曾多年从事对华贸易的父亲。他父亲将建筑材料从中国卖到贝宁。在贝宁，龙山姆有很多中国朋友，分别在商业、教育等领域工作，他说：“他们都是好人。”从太原理工大学获得软件工程专业的硕士学位后，龙山姆希望回到祖国从事信息行业。

会说汉语在非洲已成为年轻人求职时的一大优势。2015年9月，来自非洲加纳的22岁小伙萨莫德进入太原理工大学学习中文。在加纳，他见过很多中国商人。他说：“在世界上，中国是一个很重要的国家。中国人和中国商品遍布全世界。我们国家有很多中国公司，它们需要翻译，需要和我们当地人做生意。在我的国家，会说汉语是一个很大的优势。”

萨莫德还未决定未来的职业方向，但表示肯定和中国有关系，他说：“我可能会教中国学生学英语。”

（作者：李娜，2016年2月23日，有删改）

5.1.3 《人民日报》：太极功夫让我爱上中国文化

舞台上的陈明璇穿着白色的太极服，长发紧紧盘在脑后，看起来气场十足。一套太极功夫，在她举手投足间如行云流水，柔美中透着刚劲。

这位22岁的姑娘来自越南，目前是太原理工大学国际教育交流学院的一名留学生。6月3日，在第二届“留动中国——在华留学生阳光运动文化之旅”的赛场上，她和队友们以一套太极功夫获得了第二名的好成绩，其中她的一段“独舞”挥洒自如、柔中带刚，更是惊艳全场。

走下台来，身材娇小的陈明璇少了几分霸气，多了几分温柔。来到中国才一年多的时间，她的中文已经相当流利，可以自如地回答记者的提问。谈及练习太极的原因，陈明璇表示自己从小就痴迷中国功夫。“小时候我在越南看过电视里播放的中国电影，那时候就觉得中国功夫非常厉害，喜欢上了中国的武术，尤其是太极。”很多中国功夫明星都是陈明璇心中的偶像，而惩恶扬善的英雄气概便是她对中国功夫的最初印象。

出于兴趣，陈明璇从小学时就开始拜师学艺，越南的武术馆成为这个看上去很文气的小姑娘常去的地方。相比于硬碰硬的拳脚功夫，她更喜欢太极，动作柔和、舒缓却透着绵绵不绝的韧性，像极了陈明璇安静却不轻易认输的性格。

“爸妈会带我到一些学校去学习中国功夫，但最重要的还是自己平时的练习。那个时候我每天早晨很早就起床，先在家练习一个小时再去上学。”她说。

拥有梦想很容易，为梦想坚持努力并不简单，陈明璇做到了。因为勤奋练习，她的功夫水平稳步提高，几次在越南的太极比赛中获奖。不过，在她看来，太极带给她的远不止这些。“打太极不仅可以锻炼身体，有时候学习累了就会练上一会儿，有一种释放的感觉，压力会小很多。”她说。

因为太极，陈明璇对中国文化产生了浓厚的兴趣，几年前她开始自学汉语。“开始的时候觉得很难，不过我想学什么都要坚持，就像练太极一样。”她说。在越南读到大二时，陈明璇做了一个决定——到中国留学。太极为她开启了一扇窗，而她显然已被窗外的风景深深吸引。

到中国以后，陈明璇看到了自己在汉语上的不足，也感受到了压力。不过让她兴奋的是，学校特意为留学生开设了太极班，并聘请教师教学，她的太极功夫得以继续精进。

“现在学习压力很大，但我不管多忙，每周都会去上两三次太极课，平时有空了就自己练一练。”她说，“在班上，我接触太极的时间算是比较长的，有的同学来自美洲、欧洲，他们在来到中国之前对太极的了解并不多，不过大家都很感兴趣。”

通过教师的指点，陈明璇越发感受到太极文化的博大精深。“原来太极的每个动作都是有深意的，并不只是简单地比画比画。”她说，“老师还会给我们讲一些关于太极的历史和故事，非常有意思。”

这次，为了准备比赛，陈明璇和队友们特意安排了为期两周的集训。由于学业忙，集训只能安排在晚上进行，从动作编排、配乐，到完成合练、准备服装道具，他们每天既忙碌又充实。“我们是一个团队，大家为了共同的目标一起努力，感觉很温暖。”她说。图 5-1 为陈明璇在练习太极拳。

图5-1　陈明璇在练习太极拳（韩晓云　摄）

由于具备一定的功底，陈明璇的中文进步很快，现在她已经开始学习汉字的书写。她希望有一天能够顺利地读完一本中文书，接触到原汁原味的中国文化。“现在最想读的是金庸的武侠小说，听说里面写了很多关于张三丰的故事。”陈明璇说。未来，她还想学习书法，陶冶性情，更多地了解中国文化。不过无论做什么，她都会坚持练习太极，因为这项运动教会了她迎难而上，以最好的方式活出自己。

（2016 年 6 月 27 日 23 版）

5.1.4 新华国际：“赵老师，你能不能别走，我们会很想你！”

秋天的喀布尔，晴空万里，大地一片绚丽的色彩。

10 月 30 日，在阿富汗喀布尔大学孔子学院的汉语教室，正在上课的学生们没有了往日的活跃，偌大的教室安静到仿佛只能听到粉笔“嚓嚓”画过黑板的声音。

写着写着，似乎意识到气氛的沉默，教师回头看了看自己的学生。“赵老师，你能不能别走，我们会很想你！”那一刻，多少目光满含不舍，让人动容。一瞬间，这位教师又忙转过头，泪水却已湿润了眼睛。

5 年多的时间过去，孔子学院中方院长赵京武迎来了自己在喀布尔的最后一堂汉语课，下周他将结束外派任期，回到中国。

5 年以来，赵京武长期坚守在这个国家，亲历 4 位中国驻阿大使、3 位喀布尔大学校长，见证了孔子学院因战火一度关闭到恢复工作的每一件大事。

有人说，赵京武身上有一种情怀，有一种责任，有一种忠诚。他是一位普通教师，在异国他乡坚守无数个日日夜夜；他是一位中国文化使者，所绽放出的绚丽光芒就像喀布尔秋天的阳光一样灿烂。

（1）一种身份，一种责任。

2011 年 9 月，带着组织的托付，赵京武只身来到喀布尔。

“机场不仅停着客机，还有很多直升机，甚至战斗机。”回忆当初的印象，赵京武直言喀布尔的气氛让人有些不寒而栗，到处是荷枪实弹的军警、装甲车、防爆墙等，走出机场迎面看到横幅——“欢迎来到勇敢者之国度”。仿佛处处都提醒着这个第一次出国的年轻人，危险时刻存在。

当然，赵京武在喀布尔的“初次印象”还不止这些。没有妻子的陪伴、没有朋友的帮助，在一个完全陌生的环境，别说开展工作，找到一个安定的住所都很难。“我住过旅馆，住过华人餐厅，也住过中资企业的宿舍。”赵京武说在刚来的日子里搬了 4 次家。

“早上 6 点起床准备材料，7 点出门往学校赶，到学校 8 点了，喝口水，准备上课。16 点下课，腿都站不住了，回家的路上一路堵车，20 点才到家，只想睡觉。”赵京武在日记中这样描述自己的一天。在孤零零的房间里，伴随着直升机的轰鸣声、街边不时传来的爆炸声，他常常彻夜难眠。

不过，艰苦的环境并没有消磨赵京武的意志。他说当看到学生们对中国文化的热爱，他感到自己的到来是有价值的。“学生有热情，可师资力量有限，一个班的本科生有 30 至 40 人，实际上报名学汉语的学生远远超过这个数字。”学生们对中国文化的热爱让赵京武感到对外汉语教师既是一种身份，更是一种责任。

（2）临危受命，学院再次选择他。

2011 年年末，喀布尔恶化的安全形势迫使当地许多学校关停，包括孔子学院，赵京武和其他教师不得不陆续回到中国。

2013 年 1 月，国家汉办决定恢复孔子学院在喀布尔的工作。同时，国家汉办参考赵京武之前在阿富汗的表现和经验，任命他为孔子学院中方校长，主持工作。

临危受命，再次只身来到阿富汗，正值大雪纷飞的寒冬，面对空空荡荡的校园，赵京武需要在新学期开始前尽快恢复这里的工作，他面临的情况甚至比第一次来的时候还要复杂。

没有办公室，他去借；没有设备，他去要；没有教师，他去请；缺少教室，他把学生分为两批授课。他自己在行政工作之外，因学校缺少教师，还要承担教学任务。对此，他说："不能耽误，当时就是想尽办法，再苦再累也要恢复工作。"

"他总是很早赶来，处理完行政事务，接着就准备各种材料。一桌厚厚的材料旁边是半袋饼干，还有一杯顾不上喝的水，可能早凉了。冬天冷，屋子又没暖气，赵院长还得加班，很少看到哪一分钟他真正坐在那里休息。" 28 岁的喀布尔本地教师文普是 2008 年孔子学院的第一批毕业生，他至今还记得 2013 年的寒冬，赵京武是如何三番五次跑去他家把他"劝"回孔子学院当汉语教师的。他说自己所看到的不是这位中国同事的某一刻，而是他工作的常态。

带着强烈的责任心和使命感，赵京武和师生们经过一个寒假的努力，在一间借来的、不足 10 m^2 的办公室和一间不足 30 m^2 的教室陆续恢复了孔子学院的工作。

图 5-2 为时任喀布尔大学孔子学院中方院长的赵京武出席孔子学院活动。

图5-2　时任喀布尔大学孔子学院中方院长的赵京武出席孔子学院活动

2013 年 4 月，万物复苏的时节，喀布尔校园的花朵提前绽放。

在复课典礼的当天，当地各界非常重视。中国驻阿富汗大使、喀布尔大学校长等亲自到场祝贺。看着学生们有书可读，赵京武严肃的脸上渐渐有了笑容。

2013 年，举办首场"我的中国梦"中文演讲比赛、"阿富汗青年看中国"摄影比赛。

2014 年，举办讲座 6 场、文化交流活动 7 场，以及端午节、孔子学院成立 10

周年等节点的多场庆祝活动。

2015年，2 000多平方米的新教学楼正式启用，包含办公室、教室、会议室、文化中心等。

2016年，建立首个校园外的汉语教学点。

这些年，孔子学院完善了中文系，实现了汉语教师本土化；在学生培养方面，已累计招收321名本科生，同时，建立了完善的HSK考点，保障大多数毕业生毕业时能达到汉语高等水平。

此外，孔子学院已累计举办各类文化活动54场，还成功推荐了涵盖本科、硕士、博士在内的246人次获得各类奖学金，其中很多学生已走出阿富汗国门，前往北京大学、复旦大学、北京师范大学等更高的学府继续深造。

赵京武本人因为突出的贡献，多次受到中国驻阿富汗大使馆、喀布尔大学、太原理工大学、阿富汗高等教育部的表扬，并于2014年获得孔子学院总部“先进个人”称号。图5-3为赵京武和学生们在一起交流。

图5-3 赵京武和学生们在一起交流

（3）做中阿文化交流的桥梁。

“没有孔子学院，就没有我。”赵京武谈话间总是透露着珍惜和感激。但问题是，如果没有赵京武，是否有喀布尔大学孔子学院现在的发展?

喀布尔大学孔子学院自建立以来，赵京武是所有中方教师中坚守在当地时间最长的。学院里流传着一句话：“孔子学院的师生都上过赵院长的课，阿富汗说汉语的人都知道赵院长。”

中国驻阿富汗大使姚敬曾表示，孔子学院是他在当地去得最多的地方之一，孔子学院为中阿文化交流做出了独特的贡献，是中国的一张文化名片。图5-4为中国驻阿富汗大使姚敬（中）与赵京武在活动中交流。

图5-4　中国驻阿富汗大使姚敬（中）与赵京武在活动中交流

喀布尔大学副校长拉赫娜·波帕尔扎伊评价孔子学院是喀布尔大学建设得最好的学院之一，学校经常会安排外国嘉宾来这里参观和交流。在谈到赵京武的时候，她更是幽默地形容赵京武是“自己的阿富汗同事”。

在赵京武的办公室，一封木刻感谢信（图 5-5）特别显眼，上面工工整整刻着 2015 年 8 月 29 日毕业生们送给他的话：“……谢谢您提供并帮助我们到中国留学深造，在此表达我们最真诚的感谢，谢谢！‘师生友谊，情比天高。’我们永远铭记您的教诲和嘱托，学好汉语，为中阿两国间友谊添砖加瓦……”

这些话代表了学生的想法，或许也代表了赵京武这样千千万万在海外的中国教师的追求。

图5-5　学生送给赵京武的木刻感谢信

历史上，阿富汗是丝绸之路上的必经之地，中国自西汉以来就与阿富汗修好，一直是阿富汗的友好邻邦。赵京武说：“孔子学院的工作在于为两国的文化交往添砖加瓦，为两国友谊的明天培养更多人才。”

在一次毕业典礼上，面对后辈学子，赵京武语重心长地说：“我是一名老师，另一方面，我又是一名‘搬运工’。这些年，我和同事们把中国的书籍、知识、文化‘搬到’阿富汗，让我们感到幸福的是你们的认可，和你们在一起的日子是我们生命中最珍贵和难忘的时光，如果说理想与追求决定着人生的轨迹，我希望你们能够志存高远，但要有‘搬运工’的吃苦精神，不放弃，去坚持，踏踏实实做两国文化交流的桥梁。”

（4）向美丽的心灵看齐。

在孔子学院不断发展的背后，是赵京武和师生们鲜为人知的牺牲。

“第一次出国，孩子刚出生 7 天。”现在赵京武的孩子已经 5 岁。妻子每年盼到赵京武回国休假，都特意创造一些时间和空间，让父子独处。“孩子总是抱着我说，出差一个月就回来陪他。每次离开，孩子都伤心地躲在门后哭，不让我走。每次看着我坐汽车去机场，孩子就使劲儿追，一路追着汽车，一路喊‘爸爸’。”可是，赵京武知道一个月是回不来的，说着说着，忽然赵京武眼圈红润。

2014 年 8 月，赵京武的父亲突发肾结石，为了支持儿子工作，老人直到完成手术都没和儿子说一声。在电话那头，躺在医院里虚弱不堪的老人用尽力气，边输液边“撒谎”：“家里好着呢，你妈和我好着呢，你好好工作，别操心。”

“兴学之本，惟有师范。”赵京武所代表的一批教师，实际上已经成为中国人在其他国家的一种榜样式的存在。他们的敬业，他们的坚守，他们的忠诚，已远远超越了教师的职业范围，影响着一批又一批他们的学生和他们身边的朋友，而每多一个被他们影响的人，对于为中阿民间文化搭桥牵线就多了一分力量，多了一个希望。

图 5-6 为喀布尔大学校长法鲁基在 10 月 31 日的送行活动中为赵京武颁发奖状。

图5-6 喀布尔大学校长法鲁基在10月31日的送行活动中为赵京武颁发奖状

中国驻阿富汗大使馆的一处纪念碑，纪念着当年到访过该国的唐代著名高僧玄奘。玄奘是中阿友谊的见证者。赵京武说他应该向美丽的心灵看齐。

5 年，一个人最好的光阴。如果只是为了一个养家糊口的饭碗，赵京武完全可以留在老家看着孩子慢慢长大，陪在妻子和父母身边，安安稳稳过日子。但是赵京武是一位有着崇高理想和美丽心灵的教师，人们不会忘记他当初两次只身来到阿富汗四处搬家的时刻，时间一定会记住赵京武以及像他这样默默无闻、为文化事业奉献青春的海外中国教师。

（记者：代贺、卢树群、蒋超，2016 年 11 月 2 日，有删改）

5.1.5 中国新闻网：外国青年登鹳雀楼读唐诗 体味山西风土人情

来自叙利亚的卫乐手里拿着一张 A4 纸，上面印着《登鹳雀楼》的汉字和拼音，他在为不久后的集体朗诵做着准备，如图 5–7 所示。

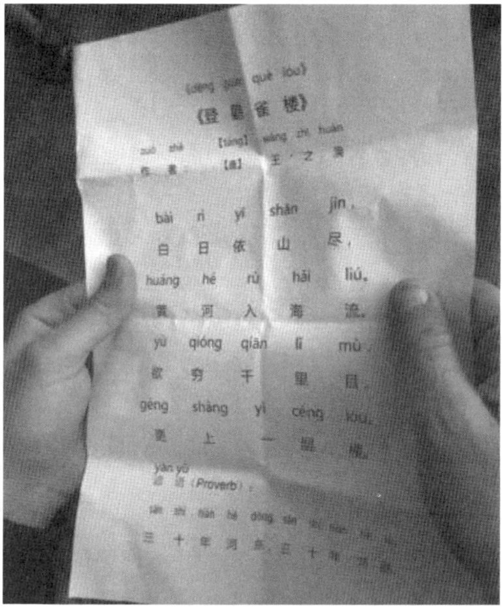

图5–7 外国青年卫乐手里的《登鹳雀楼》纸稿（胡健 摄）

“白日依山尽，黄河入海流。欲穷千里目，更上一层楼。”这首出自唐代诗人王之涣的古诗，是中国人家喻户晓的一首五言绝句。20 多个国家的近百名肤色各异的外国人，站在鹳雀楼最高处齐声朗读，这还是头一次。

“感知中国路·黄河三晋行”外国留学生山西文化体验活动正在山西运城举行，在本次活动正式启动的前一天，来自太原理工大学和山西大学的 87 名外国留学生登上中国四大名楼之一的鹳雀楼，他们一路上走走停停，兴奋地拿出手机拍照留念，并集体朗诵了这首《登鹳雀楼》，如图 5–8 所示。

图5-8　外国青年和王之涣铜像合影（胡健　摄）

相较于卫乐的一知半解，来自也门的奥万和达木川在来中国之前，就明白了这首诗的含义。“这首诗描写了诗人在登上鹳雀楼后看到的景象，是要告诉人们要不断攀登、勇于进取。”达木川说。

鹳雀楼始建于北周时期，历经隋、唐、五代、宋、金，元初毁于战乱，仅存故址。明朝时期因黄河水泛滥，鹳雀楼故址也荡然无存。如今，新鹳雀楼于2002年落成并开始接待游人。鹳雀楼与黄鹤楼、滕王阁、岳阳楼并称为中国四大名楼。

在11月22日晚开餐前，外国留学生还一起学习了包饺子（图5-9）。来自越南的陈文俊常被人认成中国人，但从他生涩的包饺子技术可以看出，这是他第一次尝试。“在我们国家会有包粽子的习俗，但包饺子还是头一次。”从擀皮到包馅儿，满手面粉的他们尽管生涩，但乐在其中。

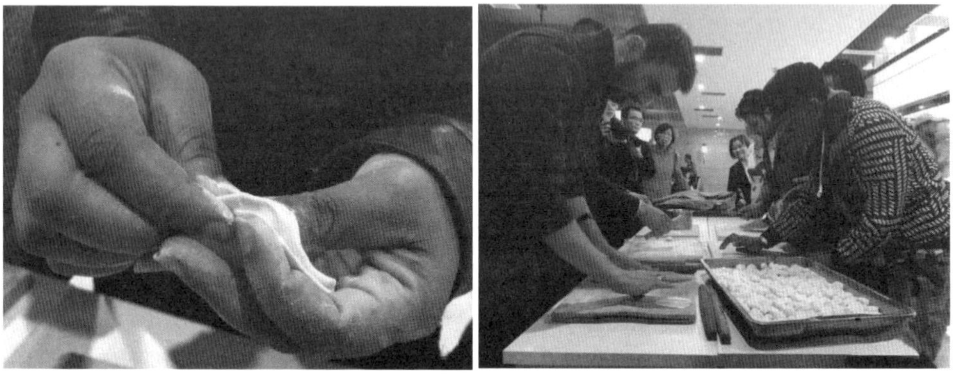

（a）　（b）

图5-9　外国青年学习包饺子（胡健　摄）

23 日上午，外国留学生一行又参观了印象风陵渡景区，体验了中国传统手工艺剪纸和书法。23 日下午，他们前往山西永济市，在普救寺聆听了《西厢记》里张生巧会崔莺莺的爱情故事。

来中国两年的罗密欧就读于太原理工大学计算机专业，他的母国几内亚是一个拥有 100 多万人口的国家。他说，在几内亚有不少中国人在那里做生意，他希望在中国可以学有所成，将来回到自己的国家，把更多中国的文化带回去。

有一个阿富汗青年借用中国成语“气宇轩昂”中的“轩宇”二字作为自己的中文名，希望自己变得“气概不凡”。他所学的土木工程专业是太原理工大学的一流学科，目前是该校研究生一年级的学生。“中国这些年发展迅速，移动支付、共享单车给我们的生活带来很多便利，这是在很多国家体会不到的。在这里能学到很多东西，了解中国的历史与文化。希望将来毕业之后，可以把自己所学的知识运用在阿富汗的建设中，同时把中国的学习经历告诉更多人。”轩宇说。

太原理工大学国际教育交流学院党总支书记张永忠表示，“感知中国”活动，是留学生教育领域的重要实践活动，是中国文化自信的充分体现，希望此次活动能为国家培养知华、友华的高素质留学生打下坚实基础。

“感知中国路·黄河三晋行”外国留学生山西文化体验活动有来自也门、利比亚、喀麦隆、卢旺达、几内亚、阿富汗、苏丹、老挝、越南等 20 多个国家的外国留学生参与，本次活动由中国国家留学基金委主办、太原理工大学承办、山西大学协办。

（记者：胡健，2018 年 11 月 23 日，有删改）

5.1.6 中国新闻网：在华留学生的“云中秋节”：期盼早日在校团圆

“祝大家中秋节快乐，月圆、人圆、事事圆满。”10 月 1 日，恰逢中国传统节日——中秋节，太原理工大学韩国籍留学生金旼奎在首尔通过视频的方式，向在校教师、留学生朋友发来隔空祝福。

对于在华留学生而言，今年的中秋节相比往年少了几分热闹，却多了几分牵挂。

“海上生明月，天涯共此时。”吃月饼、诵古诗、拉家常……在太原理工大学国际教育交流学院的多功能会议室内，来自韩国、阿富汗、土耳其、巴基斯坦、尼日利亚等 30 余个国家的留学生代表，通过线上和线下方式，与教师共同庆祝中秋节。

金旼奎是太原理工大学体育学院的一名学生。今年 1 月，寒假期间，金旼奎回到韩国，至今未能返校。校园、教室、教师、同学，都成为他心中的牵挂。

每年的农历八月十五，也是韩国的中秋节。“在韩国，中秋节这一天，全家人聚在一起做松年糕、玩翻板子游戏。”金旼奎在视频中说，期盼早日回到太原理工大学这个大家庭中。

随后，太原理工大学阿富汗籍毕业生刘江从喀布尔发来视频通话邀请，由此，开始了一场中秋节的隔空对话。

看到现场同样来自阿富汗的马云、哈桑和洪阿曼等人，刘江显得有些激动。“有几名留学生盯着屏幕，看得出来，这肯定是我的同胞。”刘江说。

“好久不见，特别想你，希望你好好的……”马云用一口流利的中文问候刘江（图 5-10）。听闻刘江目前在阿富汗喀布尔一所学校教授汉语，哈桑对他说：“你在阿富汗传递中国文化，我在中国传递阿富汗文化，我们有共同的爱好。”刘江回复道：“这是我们的责任。”

图5-10 马云用一口流利的中文问候刘江（高雨晴 摄）

这个中秋节是马云在中国度过的第四个中秋节。谈及感受，他说：“我已经一年多没回家了，和老师、同学在一起过中秋节，又开心又感动。”

图 5-11 为太原理工大学阿富汗籍留学生马云、哈桑为朗诵古诗准备。

图5-11 太原理工大学阿富汗籍留学生马云、哈桑为朗诵古诗准备（高雨晴 摄）

对于巴基斯坦留学生阿石来说，这是他在太原理工大学度过的第一个中秋节，这个节日让作为新生的他感受到了家一般的温暖。“老师和同学就如同家人一样。”阿石说。

当日，来自莫桑比克的留学生唐星星从太原理工大学的明向校区赶来，她演唱的中文歌曲《阿爸阿妈》赢得在场所有人的掌声（图 5–12）。她说，这首歌献给所有留学生远在家乡的父母。

图5–12　来自莫桑比克的留学生唐星星演唱中文歌曲《阿爸阿妈》（高雨晴　摄）

今年的 10 月 1 日，是中国的中秋节，也是国庆节。现场，留学生们同唱《生日快乐歌》，并用各自国家的语言说出“中国，生日快乐”。

（作者：高雨晴，2020 年 10 月 1 日，有删改）

5.1.7　中国新闻网：外国留学生的别样新春体验：话蹴鞠 赛足球

“蹴鞠跟足球差不多，很有意思。”来自阿富汗的留学生李方已踢足球 10 多年，这是他第一次感受中国蹴鞠文化。话蹴鞠、赛足球……2 月 6 日，一场外国留学生与教师之间的春节趣味足球赛在太原理工大学展开（图 5–13~ 图 5–15）。

为了丰富外国留学生的假期生活，让其更好地体验中国传统文化，太原理工大学国际教育交流学院组织开展体育、文化类系列活动，春节趣味足球赛就是其中之一。

当日，一段关于中国蹴鞠文化的视频吸引了不少热爱足球的留学生观看。这些留学生来自阿富汗、莫桑比克、尼日利亚、加纳等国家，比赛时纷纷下楼奔向操场。

图5-13 足球赛正式开始（韦亮 摄）

图5-14 留学生做热身运动（高雨晴 摄）

图5-15 师生合影留念（韦亮 摄）

“蹴鞠历史非常悠久，北宋时期是蹴鞠发展的鼎盛时期……”蓝天下，绿茵上，记者看到，太原理工大学教职工足球队教练赵超正在为留学生讲述蹴鞠历史。

蹴鞠即用脚踢球，是中国一项古老的体育运动。2004 年，国际足联正式宣布中国山东淄博为世界足球起源地。2006 年，蹴鞠作为非物质文化遗产经国务院批准列入第一批国家级非物质文化遗产名录。

听完教练讲述，阿富汗留学生李方同其他留学生一起体验颠蹴鞠，为比赛热身。李方告诉记者，初到太原理工大学留学时，他就加入了学校的留学生足球队。“平常我们都是和同学一起踢球，今天和老师们比赛，是一种很好的师生互动。”

太原理工大学国际教育交流学院副院长李文彬说，足球赛是留学生和教职工的娱乐活动之一。如今，师生足球赛已成为学校的传统，每周举办一次。

据统计，目前，太原理工大学在校外国留学生有 225 人。此前，该校还为留学生举办春节文化讲堂等活动。

（记者：高雨晴，2021 年 2 月 7 日，有删改）

5.1.8 中国日报网：Foreign students absorb Chinese language

More overseas students from the School of International Exchange at Taiyuan University of Technology in Shanxi province are redoubling their efforts to learn Chinese and to understand Chinese culture, the university said.

Overseas students from the school on Wednesday got together to celebrate the annual UN Chinese Language Day, presenting their Chinese calligraphy, Chinese songs and traditional Chinese opera（图 5–16）.

图5–16 学校留学生写毛笔字

In 2010, the United Nations selected Guyu （Rain of Millet） as the Chinese Language Day — the sixth of 24 solar terms in the traditional lunar calendar — to pay tribute to Cangjie, who claimed to be the inventor of Chinese characters.

“At first, I learned Chinese simply because I wanted to watch Chinese movies without watching subtitles,” said Hoang Thi Van, a 21-year-old overseas student from Vietnam. “Gradually, I found that Chinese culture is extensive and profound, which made me more interested.”

“Virtually all Vietnamese children grow up watching Chinese movies and TV drama, especially *Xiyouji* （*A Journey to the West*）, which we watched every summer vacation,” she said. “Then we learned Lu Xun’s essays in school. I felt Lu’s words were wonderful, so I longed to read the original Chinese versions.”

She had some basis of speaking, listening and reading Chinese before she came to China three years ago, but she found it a big challenge to write Chinese characters.

To better remember Chinese characters, she practiced calligraphy in her spare time as a hobby.

“I want to learn more about Chinese culture and the lives of Chinese people,” she said. “After returning to my country, I will choose a job related to Chinese, such as a Chinese translator, or become a Chinese language teacher.”

For the activity, Emegwakor Anthony Ugochukwu performed a piece of traditional Chinese opera in fluent Chinese.

The 26-year-old student from Nigeria came to China in 2019 and began to learn Chinese at Xiamen University in Fujian province.

In September 2020, he was admitted to the school as a postgraduate student.

“I hope to bring China’s advanced technology back to my hometown after my study in China, as well as introduce our culture to my Chinese friends,” he said. “Now, this goal is being achieved step by step through my efforts and the help of my teachers.”

（Sun Ruisheng and Zhou Huiying，2022 年 4 月 25 日）

5.1.9 新华社：在华阿富汗留学毕业生创业

来自阿富汗的天磊现在每天都穿着笔挺的西服，手提深蓝色公文包，穿梭于中国东部沿海地区的一些中小微电子企业之间。结束在中国的留学生涯还不到一年，他已经成立了自己的电商平台，成功转型为一名青年企业家。

在这个 26 岁的阿富汗小伙子眼中，中国既安全又充满活力，自己可以去任何想去的地方，中国是他创业的沃土。

去年此时，天磊即将结束在中国北部的太原理工大学最后一个学期的学业，回国还是留下，他必须做出选择。天磊果断选择留在中国进行创业。

“虽然想家，但中国更加安全。”他说。他的微信里有 1 000 多个外国朋友，许多人都有这样的想法。

天磊在太原理工大学攻读汉语专业，几年的学习让他熟知中国文化和中国人的社交方式。

事实证明，天磊的选择十分明智。毕业 3 个月后，他创办了一家外贸公司，开始不断奔波于浙江、山东、广东等省，把中国的电子产品出口到国外。

图 5-17 为天磊在厂房里查看即将发往海外的货物。

图5-17　天磊在厂房里查看即将发往海外的货物（解园　摄）

“中国制造的产品质量很好，有些甚至超过了国际标准，但遗憾的是很多外国消费者并不知道，这背后有很大的商业潜力。”他说。

他开始探索新的发展模式，与来自土耳其和乌克兰的两位朋友搭建了属于自己的电商平台。“中国是电商的沃土，可以高效地推广中国产品。”他说。

天磊的电商平台主要是将中国东部沿海地区的中小微电子企业的产品介绍给海外消费者。他们会为每一款上架产品推出测评视频，以便客户直观、详细地了解其功能和优势，帮助顾客更加精准地下单购买。

“这能帮助处于上升期的中小微企业打开国外市场。根据海外受众的喜好，我们还会帮助中国企业进行分众化营销。”天磊说。

去年 12 月以来，天磊的电商平台已经有 20 多家中国企业入驻，吸引了海外社交媒体超过 100 万粉丝的关注。今年 3 月，他的团队实现了盈利。

“留在中国是正确的。”天磊说。一家位于深圳的液晶显示器生产企业刚跟他签了合同（图 5-18），今年以来，企业的月销售额增幅达到 20%。

落实税收减免政策、帮助企业解决融资难题……去年 2 月以来，中国政府出台一系列措施，帮助企业“把失去的时间补回来”。

图5-18 天磊与液晶显示器生产企业签署合同（解园 摄）

“这些措施实实在在地帮助到了我的许多朋友。”天磊说。过去几个月，他看到工厂的订单源源不断，等待拉运的车辆在厂房外排起了长队。

去年年初曾劝说天磊回家的父母，如今已不再担心他的生活。这个即将年满27岁的小伙子已经适应了在中国经商的节奏，很享受在中国创业的体验，并经常跟家人分享。

“这段创业经历将是我一生最宝贵的财富。现在已经有了一个很好的开始，我会继续努力奋斗。”天磊说。

图5-19为天磊正在位于深圳的一家企业内聆听工作人员介绍情况。

图5-19 天磊正在位于深圳的一家企业内聆听工作人员介绍情况（解园 摄）

（记者：吕梦琦、马志异、解园，2021年5月26日，有删改）

5.1.10 中国新闻网：“云”聚“汉语桥”海外学生体验山西民居文化

“这 5 天不仅学习了汉语和山西民居建筑知识，还结交了来自世界各地的朋友，难忘而美好。”来自越南的宋氏庆玉 21 日晚在太原理工大学“汉语桥”线上团组交流项目闭营仪式上如此说，她期待将来能有机会到山西走走看看。

以“云游山西民居·品味晋筑晋美”为主题的“汉语桥”线上团组交流项目，由教育部中外语言交流合作中心主办、太原理工大学承办，于 1 月 17 日启动。

图 5-20 为海外学生参加“汉语桥”线上团组交流项目。

图5-20 海外学生参加“汉语桥”线上团组交流项目

“汉语桥”线上团组交流项目采取录播与直播相结合的方式，在全方位、多角度地向学生介绍汉语言知识的同时，以山西古建筑文化为窗口，展示中华优秀传统文化，吸引了来自哈萨克斯坦、越南、加纳等国家的海外学生参加。

图 5-21 为太原理工大学“汉语桥”线上团组交流项目教学现场。

图5-21 太原理工大学“汉语桥”线上团组交流项目教学现场

结营仪式上，学生积极分享学习感受、展示学习成果。同样来自越南的陈光雨说，此次活动期间他“云”游了皇城相府、王家大院等，对山西民居建筑有了更深的了解。“若有机会到山西，我一定会去参观这些景点。”

太原理工大学建筑学院教师徐强回顾了 5 天来与留学生朝夕相处的难忘经历。他希望今后能有机会进一步丰富合作形式、拓展合作领域，推动山西建筑文化“走出去”，让世界了解山西。

太原理工大学国际教育交流学院院长陈少平表示，欢迎学生将来有机会来到中国山西，亲身感受三晋大地秀美的山川草木与厚重的历史文化。

（记者：高雨晴、杨静，2022 年 1 月 22 日，有删改）

5.1.11 中国新闻网：太原理工大学："开学第一课"敲响国际学生思想教育的"回音壁"

近日，太原理工大学国际学生“开学第一课”现场，同学们纷纷走上讲台，结合自己的寒假见闻和科研进展，就 2022 年北京冬奥会等热点话题与大家交流思想、分享感悟，现场气氛热烈。

来自越南的团光忻（DOAN QUANG HAN），是该校经济管理学院的一名本科生，已经在中国度过了 3 个春节。他向大家展示了自己画的年画和来自中国朋友的礼物，并动情地说：“山西是我来到中国待过时间最长的地方。我在这里被培养、被鼓励、被关心、被帮助，我在这里感受爱、感受善意、感受温暖，山西是我的第二故乡。对我来说，这里是他乡，更是故乡。”他还感谢学校为国际学生提供了自习教室，他可以安心备考汉语水平考试。

刚刚闭幕的第 24 届冬季奥林匹克运动会（2022 年北京冬奥会）给土木工程学院硕士研究生——埃塞俄比亚学生石艾海（SHODDO ELIAS HAILE）和经济管理学院本科生——吉尔吉斯斯坦学生沃瓦（DRIAGIN VLADIMIR）留下了深刻印象。在他们看来，中国成功举办冬奥会，向世界诠释了“相互理解、友谊长久、团结一致、公平竞争”的奥林匹克精神。2022 年北京冬奥会让世界更加相知相融，让世界看到更加全面、立体、深刻、多元的中国。

电气与动力工程学院博士研究生、孟加拉国籍学生比娅（KADER MST SHARMIN）在太原理工大学度过了 5 个春秋。她回顾了在学校参加“中外交流晚会”“国际文化节”“留动中国”文化体验活动的美好瞬间，分享了自我调适的心路历程。

来自巴基斯坦的富裕（IQBAL MUHAMMAD YOUSAF），现在为机械与运载工程学院的一名博士研究生，也是现任校留学生会主席。作为最后一名分享者，他结合自身学习经历，建议同学们做好日计划、周计划、月计划，坚持目标导向，明确时间节点，提升学习效率，同时广交朋友、共同进步。

据相关负责人介绍，太原理工大学现有在籍国际学生 470 人，来自 55 个国家和地区，占全省国际学生总人数的近 40%。该校坚持“以学生为中心”的办学理念，深入实施包括国际化在内的五大战略工程，是全省首个通过教育部高等院校来华留学生教育质量认证的学校。

近年来，太原理工大学始终深入挖掘党建工作和来华留学教育工作之间的契合点、突破点，在“讲好中国故事、传播好中国声音”的同时，更加注重培育国际学生对中国道路、中国制度、中华优秀传统文化的认同。国际教育交流学院作为该校承担来华留学教育工作的专门机构，先后获评校级“五洲驿站”党建品牌、校级“五星级党支部”、中共山西省委教育工委“先进基层党组织”，2021 年秋季学期开设的“道德修养与法律基础”“史话中国”两门思政课，以及党史学习教育期间组织的武乡八路军革命根据地红色文化体验活动收获了国际学生的广泛好评。

（作者：刘超，2022 年 2 月 28 日，有删改）

5.1.12 中国新闻网：国际学生走进晋商故里 感知中国传统文化

“亲手体验太谷饼的制作，看到了全自动化生产线。现代技术与老配方结合，将百年工艺传承下来，很不可思议。”来自越南的团光忻说。

暑期之际，太原理工大学国际教育交流学院 28 名国际学生组成“感知中国”——乡村振兴三晋行主题实践活动团走进晋商故里山西太谷，感知中国传统文化的魅力，领略中国乡村新风貌。

位于山西省中部的太谷，历史文化悠久，经济商贸发达，是闻名遐迩的晋商故里。明清时期，太谷富商巨贾云集，成为中国北方金融、商业中心，有“旱码头”“小北京”“中国的华尔街”之称。

时代变迁，如今太谷化身“新农谷”，全面推进现代农业发展，拥有设施蔬菜、苗木花卉、干鲜果、规模养殖等主导产业，先后成为国家现代农业示范区、国家现代农业改革与建设试点县、全国农产品质量安全示范县。

太原理工大学国际教育交流学院副院长李文彬介绍，太谷既有现代农业，又有古建筑，还有丰富的非物质文化遗产，是中国农村新面貌的一个缩影。“希望带留学生多走一走、看一看，实地了解中国。”

制作太谷饼、走进蔬菜水果大棚、参观曹家大院……国际学生们亲身感受中国传统文化的魅力和现代化农业的发展，如图 5-22、图 5-23 所示。

国际学生在“山西农谷”高新技术产业孵化园山西巨鑫伟业农业科技开发有限公司的大棚内，认识草莓品种，品尝无刺玫瑰（图 5-24），感受中国农业发展；在鑫炳记食业有限公司，上手揉面、做饼，品尝中国传统美食，参观“非遗展厅”（图 5-25）；“打卡”曹家大院（图 5-26），感受中国北方古代传统民居建筑艺术。

来自莫桑比克的唐星星将太谷饼的形状做成和自己中文名字有关的海星状。她说：“前两天看到朋友吃太谷饼，现在亲自体验做太谷饼，感觉很好。”

图5-22　国际学生制作太谷饼（高雨晴　摄）

图5-23　越南学生黄氏云展示自己制作好的太谷饼（高雨晴　摄）

图5-24　国际学生在大棚内品尝可食用的无刺玫瑰（杨静　摄）

图5-25　参观“非遗展厅”（杨静　摄）

图5-26　“打卡”曹家大院（杨静　摄）

“闻起来好香，以前在中国已经吃过很多次，现在才知道叫太谷饼，刚做出来非常好吃，很酥。”来自越南的黄氏云品尝着自己亲手制作的太谷饼。她说，在越南可以见到一些白面饼、米饼等，但种类远没有中国的多。

黄氏云告诉记者，在中国的这几年，她体验过很多传统文化，包饺子、剪纸、写春联。中国的很多节日习俗和越南的差不多，但文化意义不一样，历史故事也不同。参观完曹家大院，黄氏云直言：“房子好大，晋商真了不起。”

“此次实践活动使国际学生对中国文化深入、沉浸式地了解。”李文彬说，下学期，学院将策划“三晋行”系列活动，带留学生了解山西陈醋、古建筑、古村落等，“希望与建筑学院结对，帮助留学生体验中国文化，了解山西。”

（作者：杨静，2022年7月3日，有删改）

5.1.13 中国新闻网：山西多项非遗汇聚百年旧址 海外留学生“触摸”千年文化

彩雕葫芦、金丝珐琅画、古法手斫古琴技艺、晋阳泥塑、传统面塑、杨氏花馍……23 日上午，一场汇聚各类非遗的主题展在拥有百余年历史的山西国民师范旧址革命活动纪念馆开展，如图 5-27 所示。

图5-27 太原理工大学的留学生现场感受山西非遗文化（胡健 摄）

来自非洲国家加纳的邓丽是太原理工大学的留学生，这是她第一次见到“可以吃的艺术品”。“这个花馍特别漂亮，没想到是用面粉做的，竟然还可以吃。”邓丽看着眼前两只孔雀形状的杨氏花馍（图 5-28）不禁感慨道。

图5-28 杨氏花馍（胡健 摄）

2019 年，太原理工大学面向海外留学生开设“三晋文化”课程，作为该课程的线下体验内容，该校组织留学生实地体验山西的非遗文化。据介绍，该校的“三晋文化”课程分为煤文化、面食文化、醋文化、汾酒文化、民俗文化、大院文化等 7 个主题，可帮助海外留学生全面系统地了解山西。

杨氏花馍传承人杨春梅介绍，利用水果、蔬菜特有的天然颜色，采用揉、搓、捏、擀等多道工序手工制作，通过花馍寄托对美好生活的向往，花馍兼具观赏性和实用性。

作为古代文人四艺——“琴棋书画”之首的古琴正在成为越来越多人青睐的乐器。古法手斫古琴技艺传承人张浩沿用唐代保留下来的斫琴技艺和工序，采用鹿角霜、黄明胶加大漆合琴，槽腹内刷漆刮灰，有助于声音能量的保留，增加琴声的韵味。

本次展览将静态展览、动态展示、活态展演、现场体验等形式有机结合，精选泥塑、面塑、花馍、彩雕、彩烙葫芦画、陶瓷书法、剪纸、古法手斫古琴、风筝制作、书画绣、金丝珐琅画、篆刻、老铁纸上烙画、晋派全形拓等 22 项特色技艺及其代表作集中展示。

图 5-29 为人物面塑技艺传承人杨刚制作的《八仙过海》。

图5-29　人物面塑技艺传承人杨刚制作的《八仙过海》（胡健　摄）

山西省太原市杏花岭区文化和旅游局党组书记宋建伟表示，目前，杏花岭区共有省级非遗项目 3 项、市级非遗项目 20 项、区级非遗项目 63 项。该区的非遗文旅小镇对小窑头村胡家大院及其周边 20 余处院落进行修缮改建，引进 24 项非遗项目。“希望非遗传承人锤炼技艺，不断拓展非遗传承利用的形式和途径，提高非遗项目的经济效益和社会效益。”宋建伟说。

图 5-30 为外国留学生了解山西非遗。

图5-30 外国留学生了解山西非遗（胡健 摄）

本次“多彩非遗映华夏匠心匠韵润民心——太原市杏花岭区非遗作品主题展”（5-31）由太原市文物局、杏花岭区委统战部、区文化和旅游局主办。

图5-31 “多彩非遗映华夏匠心匠韵润民心——太原市杏花岭区非遗作品主题展”（胡健 摄）

（记者：胡健，2022 年 9 月 23 日，有删改）

5.1.14 中国新闻网：国际学子“云端”品味“舌尖上的山西”

“中国的饮食文化非常丰富。课程可以让我学习到山西的面食、小吃、醋和酒等，进而了解到更多山西文化。”牙买加学生 Kirk 非常期待“汉语桥”线上团组交流项目的课程。

26 日，由教育部中外语言交流合作中心主办、太原理工大学国际教育交流学院承办的 2022 年“汉语桥”线上团组交流项目开营（图 5-32）。来自越南、老挝、牙买加、蒙古国、巴基斯坦等 8 个国家的 220 多名国际学生通过“中文联盟”平台参加了本次活动。

图5-32 2022年“汉语桥”线上团组交流项目开营

据介绍，太原理工大学国际教育交流学院承办的“汉语桥”线上团组交流项目旨在运用三晋美食与世界“对话”，带领海外学生了解山西传统饮食文化的基本情况、民风民俗及其蕴含的文化内涵，理解自然地理环境和人文社会环境对山西饮食文化的影响、作用，体悟山西饮食文化所呈现的中华人文精神的内涵。

同时，此次活动将语言要素与文化体验相结合、将宏观讲授与微观体验相融合、将时代性与地域性相交融、将诗歌艺术与民间俗语相联结，由浅入深展现山西饮食文化的“前世今生”，让国际学生在直观体验中提升中文和中华文化素养，在一蔬一饭中感受中国饮食文化的魅力。

开营仪式上，海外学生代表畅谈自己对中国美食的印象，尤其对山西面食赞不绝口，如图 5-33 所示。越南学生武梅庆芸非常喜欢中国饮食，她对此次课程很感兴趣。“这门课不仅可以让我了解到山西美食，还可以通过美食了解到中国文化。”

图5–33　开营仪式上海外学生代表对山西面食赞不绝口

太原理工大学国际教育交流学院院长陈少平希望通过宣介山西美食，让世界各地的学生领略“舌尖上的山西”，拓宽山西印象，感受山西美味，通过饮食文化感知生动的中国形象。他说：“欢迎世界各地的同学和朋友做客山西、品味美食、共同学习。”

图 5–34 为太原理工大学国际教育交流学院主讲教师介绍课程内容。

图5–34　太原理工大学国际教育交流学院主讲教师介绍课程内容

（记者：杨静，2022 年 11 月 26 日，有删改）

5.1.15　中国新闻网：“汉语桥”搭建世界朋友圈 国际学子“云端”感受中国饮食文化魅力

“教授课程的老师们非常专业，不仅介绍了山西美食，还传播了中国文化，让我更全面认识了山西、了解了中国。”来自赞比亚的秦韶峰在太原理工大学“汉语桥”线上团组交流项目的结营仪式上分享了自己对本次课程的感受。

由教育部中外语言交流合作中心支持、太原理工大学承办的“汉语桥”线上团组交流项目的“风味山西，晋膳晋美”活动10日落幕。为期10天的活动吸引了来自越南、老挝、牙买加、巴基斯坦等国家的220余名国际学生参加，共同感受中国饮食文化的魅力。

国际学生在结营仪式上分享学习心得和感受（图5-35）。通过此次活动，越南学生阮黄明越对山西历史悠久的非遗小吃印象深刻：“非遗特色小吃被保存下来并不断更新，体现了山西饮食文化的传承。”

图5-35　国际学生在结营仪式上分享学习心得和感受

阿富汗学生明杰平常通过看书、搜索资料、采访去过中国的朋友等方式了解中国，他表达了对山西美食的喜欢，并展示做面条（图5-36）。他说：“希望好好学习汉语，到中国学习。”

太原理工大学国际教育交流学院院长陈少平对每一位顺利结营的学员表示祝贺。“每一种美食背后都有一个美丽的文化故事，每一个文化故事中都蕴含着人们的希冀。本次活动就像一扇窗，给了学员们接触不同语言和文化的机会。”陈少平希望本次活动能成为国际学员探索世界的第一步。

（记者：杨静，2022年12月11日，有删改）

图5-36　阿富汗学生明杰展示做面条

5.2　“留”动山西，追梦“三晋”

5.2.1　《山西日报》：搭建友谊桥梁 弘扬中国文化 传播中国声音

——高等教育国际化快速发展中的太原理工大学

随着全球经济一体化进程的不断加快，高等教育国际化已经成为各国高校积极争取、努力开发的重要阵地。大批外国院校招收中国留学生攻读学位，大量来自世界各国的留学生来到中国学习中国文化、攻读中国学位，已成为当今世界高等教育的新发展趋势。太原理工大学作为山西省“211 工程”重点建设大学，近年来在高等教育国际化进程中，以合作办学、海外孔子学院、汉语教学推广、外国留学生招收与培养以及海外语言考试等工作为抓手，做了大量的有益探索，开创了一条符合山西省实际的高等教育国际化道路。

（1）合作办学，学生交流，教师互访——高等教育国际化的重要途径。

早在 2003 年，太原理工大学就开始了同澳大利亚墨尔本高等技术学院的专科层次的合作办学探讨，并于 2005 年正式招生，是我省最早的由教育行政部门批准的合作办学项目。

太原理工大学与英国赫特福德大学共同申办的中外合作办学项目，即机械制造及自动化本科项目，2010 年获得教育部批准，并于同年开始招生。该合作项目引进英国优质教育资源，由合作院校派教师来太原理工大学讲授一定数量的课程，目前已招收 4 届学生。首届毕业生已被英国帝国理工学院等知名院校录取攻读硕士学位或硕博连读。

除教育部正式批准的合作办学项目外，太原理工大学还同美国普渡大学、圣荷塞州立大学和英国斯特拉思克莱德大学等高校签署学生交流协议，以学分互认的形式，选派本校在读学生赴协议学校交流学习。这种合作形式灵活多样，适合学校各层次、各专业学生的不同需求。学生可以选择合适的时机和方式，实现自己适应国际化教学形势、赴海外求学、开阔视野的目的。太原理工大学在读学生参加交流学习项目，学校各部门提供热情周到的服务，未向任何学生收取任何费用。

此外，近 3 年来该校还先后有 150 人次的专业教师出国访问、参会、学习。

（2）注重文化体验，力推汉语走出去。

汉语国际教育专业的前身是对外汉语教学专业。早在 20 世纪 80 年代，太原理工大学就开始了对外汉语教学工作，开始招收留学生。经过 30 多年（截至 2014 年）的努力，目前已有 5 名教师获得教育部颁发的汉语作为外语教学能力高级证书，先后有 14 名教师通过选拔和培训，被国家汉办派往南非、缅甸、波兰、美国、阿富汗、牙买加等国的汉语教学机构任教。

近两年来，学校引进了 6 名知名高校相关专业的优秀博士毕业生充实到汉语国际教育的教学和管理队伍中，为汉语国际教育专业建设和留学生教育工作补充了新鲜血液，增添了新的活力。

全面加强留学生汉语、汉文化教育，让中国融入世界，让世界了解中国。近年来，学校的留学生人数和来源国国别有了明显的增加。为提高留学生的教学质量，规范教学管理，太原理工大学参照学校本科生培养计划，针对学历生制订了《太原理工大学留学生培养计划》及《太原理工大学留学生本科学历教育（汉语通识课程）培养方案》，在汉语言文化教学方面制定了具体要求及培养目标。留学生汉语进修共分为初、中、高级 3 个级别，每个级别设有两个学期的课程，主要包括综合、阅读、写作、听力、口语、中国文化和文化体验等。

教学中，授课教师遵循“以学习者为中心”的教学原则，根据实际情况采用积极有效、生动活泼的教学方法备课、授课。比如高级阅读课，在完成规定教学内容的前提下，教师把《围城》《射雕英雄传》等经典名著的部分篇章作为补充内容，在增加学生汉语词汇的同时，进一步加深学生对汉语和中国历史的认知。在文化课的课堂教学中，教师采取以学生为主做专题讲座的办法，激发学生的兴趣，同时也增强了中国文化元素在学生认知系统里的深度和广度。

语言和文化，你中有我、我中有你，密不可分，了解和熟悉中国文化能促进来华留学生汉语能力的提高。根据国家汉办的建议，太原理工大学把留学生的文化体验作为一项重要内容纳入教学计划，通过多种途径开展活动，内容主要包括外出参观和开设太极拳、中国书法、中国音乐、中国歌曲、中国电影、剪纸等课程。这种文化体验和文化课教学相结合的方式，受到了留学生的欢迎，也取得了良好的效果。目前，这样的文化体验和学习活动已成为教学常态。

为进一步促进留学生的招收、管理工作，培养汉语国际教育人才，国际教育交流学院设立的本科专业——汉语国际教育应运而生，并于 2013 年开始招生。目前，本专业已有 90 名在校生（截至 2014 年）。该专业由原对外汉语、中国语言文化和中国学整合而成，原对外汉语专业旨在储备对外汉语教学的师资力量，招生对象以中国学生为主，而中国语言文化和中国学专业的招生对象则是国外的汉语学习者。

学院汉语国际教育系的教研组分为汉、英两个团队，在日常教学中，授课教师不断改进教学内容、创新授课方式，采取多种方法全面、系统地提高学生的汉语综合能力和英语听说读写译能力。汉语任课教师都是新引进的博士毕业生，有较强的科研能力，工作的主动性、积极性也很强。英语教师具有长期在一线教授英语专业课的经验，在强化基本技能的同时，还花大力气进行教学改革，研究汉语国际教育专业英语课程的特殊性，探索中国文化对外传播与英语教学相结合的新方法。

学院首批汉语国际教育专业一年级新生在今年 6 月举行的全国大学英语四级考试中喜获佳绩。首批新生 38 人全部参加了考试，通过 35 人，通过率达 92%。在新生入学伊始，学院就提出了“汉语为主，双语（汉语、英语）并重”的基本办学理念，不断优化整合资源，完善培养方案和培养模式，力争使首届汉语国际教育专业本科生达到预期培养目标。

（3）47 国学子曾来太原理工大学求学。

太原理工大学的留学生工作由国际教育交流学院负责。学校留学生教育始于 20 世纪 80 年代初，截至目前共接收来自美国、英国、德国、澳大利亚、南非、韩国等 47 个国家的留学生来校学习。

2013 年，太原理工大学成为教育部委托的中国政府奖学金来华留学生接收培养单位，并于同年获得自主招收中国政府奖学金来华留学生的资格。目前，在读中国政府奖学金学历生 27 名。

以孔子学院为依托，喀布尔大学中文系从 2008 年 3 月开始招生，每年都有十几名该系的学生获得国家汉办提供的孔子学院奖学金。牙买加西印度大学莫纳分校孔子学院每年也选派学生享受孔子学院奖学金来华学习汉语。

除中国政府奖学金、孔子学院奖学金外，太原理工大学还为在校正式注册一年以上（包括一年）且未获得任何中国政府奖学金的外国博士研究生、硕士研究生、本科生和语言进修生特别设立太原理工大学奖学金和企业奖学金，鼓励更多的优秀留学生来校留学。

为配合和促进留学生的教学工作，全面加强留学生对中国文化的了解，学校采用多种多样的教学方法，组织各种文化活动，加深他们对中国文化的直观印象。举办“晋风晋韵”历史文化实地考察活动，组织留学生到榆次老城、乔家大院、山西博物院等地，使其能够近距离地接触和了解中国的历史、文化及风俗习惯。学校为留学生定期开展话剧、京剧、武术、书法活动，组织留学生参加各种体现中华文化传承的专题活动，利用元宵节、端午节、中秋节等能够体现和传播中华优秀传统文化的节日，为留学生组织丰富多彩的庆祝活动，让留学生通过动手操作、品尝食品等感受节日氛围，如重阳节登高、中秋节赏月、元旦庆新年、春节包饺子等，让他们在节日气氛中亲身体验中国的文化生活。

（2014 年 11 月 26 日第 D1 版）

5.2.2 《山西日报》：汉语教到国外去

依托山西省高校建设的 3 所孔子学院，教师们的工作范围覆盖当地学校和社区，一点一滴传播着汉语和中国文化。

（1）对中国的认知曾囿于“传说”。

“喜欢中国人和中国文化，很珍惜在中国的学习机会。”12 月 10 日，在太原理工大学，来自阿富汗喀布尔大学孔子学院的阿曼告诉记者。

喀布尔大学孔子学院 2008 年创办，是山西省承办的第一所孔子学院。目前依托我省高校建设的孔子学院，除了太原理工大学承办的喀布尔大学孔子学院，还有依托太原理工大学建设的牙买加西印度大学莫纳分校孔子学院，其于 2009 年 2 月，由正在牙买加访问的时任国家副主席习近平亲自授牌，这是孔子学院首次走进英语加勒比地区，同时还有依托山西大学建设的美国费佛尔大学孔子学院。记者刚刚获悉，山西大学新近确定与华南师范大学、法国留尼汪大学合办留尼汪大学孔子学院。

从 2004 年我国第一所海外孔子学院在韩国成立至今，全球已有 134 个国家约建立了 500 所孔子学院和 1 000 个中小学孔子课堂。

“刚去牙买加时，不少当地百姓对中国的认识还停留在 20 世纪六七十年代，甚至更早，有的甚至认为中国人的穿着像武侠片里的那样，都是传说中的中国人和中国面貌。”太原理工大学梁颖萍老师说。她曾在那里的孔子学院做了两年汉语教师。

（2）中文系成为最好外语系之一。

“中国面貌”随着中国经济的发展和孔子学院的开设发生了巨变。

赵京武是喀布尔大学孔子学院现任中方院长，从 2010 年当汉语教师、2013 年接任院长至今，他见证了汉语影响力在当地的大幅提升。“阿富汗汉语教学可以说是从无到有，从小到大。刚开始时没有本土汉语教师、固定教室、自己的办公室……汉语影响小，当地人对中国了解也比较少。”

如今他颇为骄傲：“现在不但有了本土汉语教师，有了独立教学楼——由中国商务部无偿援建的 2 000 多平方米的中国风格建筑，教学设施设备非常好。汉语影响力也迅速扩大，喀布尔大学校长、阿富汗高等教育部官员等多次提到，中文系成立仅 7 年时间，但已发展为该校最好的外语系之一。今年 9 月，汉语本科专业招生 180 多人，比较热门。”

太原理工大学国际教育交流学院院长谢刚告诉记者，喀布尔大学中文系由太原理工大学协助筹建，本科课程在该校全部为学分必修课。“中文系与孔子学院其实是两块牌子一套人马，喀布尔大学汉语专业本科教学工作多年来一直由孔子学院负责。目前我们已摸索出一套成熟的教学管理方案，初步建立起适合当地学生的专业培养计划和课程设置方案。”

在牙买加西印度大学莫纳分校孔子学院，汉语实现了从语言选修课到辅修专业的大突破。现任中方院长卢绍刚介绍，孔子学院成立之前，汉语在该校已开课 10 年，但只有两个年级，共 10 余人，现在已经有 100 多人，今年 9 月新注册学生达 90 名左右。

（3）工作范围覆盖学校与社区。

孔子学院依托当地大学建设，但汉语教学与推广却未局限于大学，中小学、社区等都在工作范围内。

大学里，汉语专业本科生可参加 HSK/HSKK（汉语水平口语考试），可申请奖学金来华学汉语，亦可自费留学。今年太原理工大学还首次获国家汉办批准，承接“南亚国家汉语师资班（阿富汗）项目”。“喀布尔大学孔子学院的最大特色就是注重本土汉语教师的培养，今年成功推荐 33 名师资班学生来校攻读汉语，还推荐了 2 名本土汉语教师赴华攻读硕士学位，并新招录 2 名，目前共有 8

名本土汉语教师。”赵京武表示，“汉语专业毕业生就业也很好，如当汉语教师、进政府机构、在中资企业就职等。”

“今年5月，我们组织了由教育官员及中学校长组成的访华团，他们回去后都选择在校内开设汉语课程，以便将来给学生创造更多的就业机会。”卢绍刚介绍。2015年他们在当地大学、中学、社区共开设9个汉语教学点，总注册人数近800人次。喀布尔大学孔子学院也在当地开设了汉语培训班和教学点等。

办好孔子学院，离不开丰富多彩的文化活动支撑。山西省教育厅相关负责人表示：“我省在海外设立的各孔子学院成立了HSK、BCT（商务汉语考试）、YCT（新中小学生汉语考试）中心，不断提高学生学习汉语的积极性。同时通过举办书法、舞蹈、茶艺等多项活动，积极传播中华优秀传统文化。”

“学校近年来每年春节都有演出团队出国巡演，反响很好。”山西大学外事处处长于国栋说，“在亚美尼亚孔子学院，有一位教师教武术，当地人很喜欢。费佛尔大学孔子学院现在也有教师在校内外教授太极等，很受欢迎。”

（4）教师待遇高于访问学者的待遇。

“孔子学院汉语教师、志愿者的待遇由国家汉办统一规定，普通教师每月工资在1 500~2 000美元。”谢刚告诉记者。于国栋介绍：“汉语教师除工资外，还享受租房、医疗、国际旅费等方面的补贴，待遇比国家派出的访问学者的待遇要高。”同时，山西大学和太原理工大学均为外派孔子学院的中方院长、汉语教师保留工资等待遇，太原理工大学还在副教授、教授职称评审时，将汉语教师在孔子学院的教学经历认定为出国经历。

山西省教育厅国际合作与交流处（汉语国际推广办公室）负责人介绍，为促进汉语和中国文化在国外的传播，加深相互了解，教育部与国家汉办根据与国外的教育交流协议以及国外用人机构的需求，向国外大学、中小学等教育单位派出汉语教学顾问、汉语教师及志愿者。山西省对外汉语教师和志愿者的报名初选工作由山西省教育厅国际合作与交流处（汉语国际推广办公室）负责，近几年已向国家汉办推荐百余名对外汉语教师和志愿者。

“在外工作也很辛苦，教师们付出了很多。卢绍刚的老母亲这几年过年都见不着他，牙买加……每年1月中旬新学期就开始了；赵京武的孩子生下来才几天，他就被派出去了。但外派院长和教师们的工作都很出色，历任3位院长和多位教师获得了‘孔子学院先进个人’荣誉称号，2013年阿富汗驻华大使还专门给时任孔子学院院长的赵安源发去感谢信，并邀请他参加新年招待会。”

“喀布尔大学是阿富汗最好的大学；西印度大学则是加勒比地区最大的综合性高等学府，久负盛名，培养出1位总统、1位总督、8位总理和2位诺贝尔奖得主。学校努力办好孔子学院，并以此带动学术交流、留学生招生等相关工作。”谢刚介绍说。目前太原理工大学与喀布尔大学协商开展了“2+2”合作项目，从国际汉语教育专业入手，辐射到水利、计算机、信息等专业；与西印度大学莫纳分校签署了学生互换项目协议，水利学院还与对方学校签署了合作备忘录，开展合作办学、教师交流等。

（作者：李林霞，2015 年 12 月 25 日，有删改）

5.2.3 山西新闻网：剪窗花写春联！看让留学生在太原如何就地过年

“我在中国度过 3 个春节了，会包饺子，喜欢吃面。”来自尼日利亚的留学生文心边展示她剪的窗花，边高兴地说道，如图 5-37 所示。2 月 1 日，太原理工大学国际教育交流学院举行“同庆新春、共品年味”国际学生春节文化体验活动，20 余名留学生在一起剪窗花、写春联，体验中国传统文化，如图 5-38、图 5-39 所示。

共话中国年，共剪一窗花，共书中国情，活动现场，留学生和教师一起剪窗花、写春联。“太原理工大学目前有 230 余名国际学生留在学校，学校在寒假给学生们组织了一系列活动，包括体育类、文化类活动。”太原理工大学国际教育交流学院副院长李文彬表示，通过活动丰富了学生们的假期生活，同时让他们了解了中国的传统文化，了解了春节习俗。

图5-37 “同庆新春、共品年味”国际学生春节文化体验活动

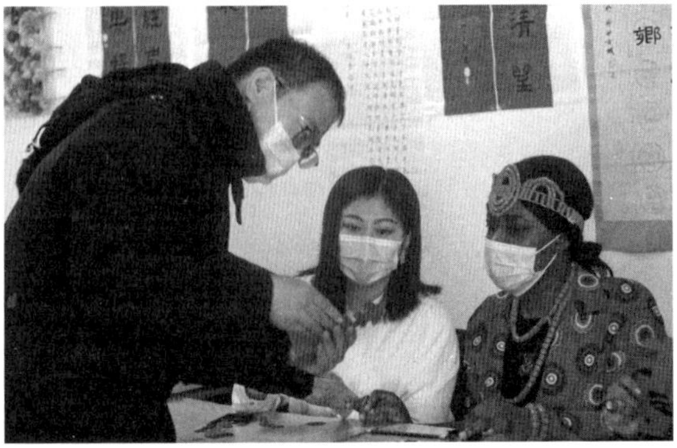

图5-38 教师指导留学生剪窗花

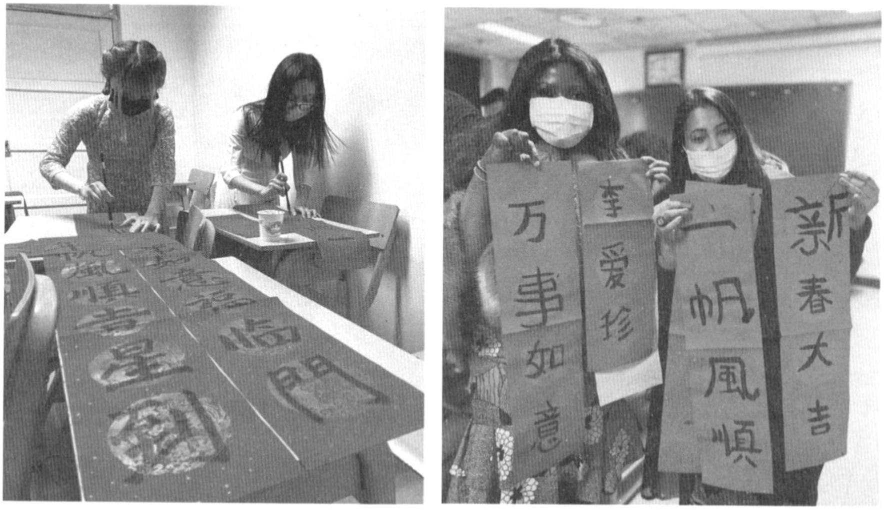

图5-39 体验中国传统文化——写春联

（记者：卫波，2021 年 2 月 2 日，有删改）

5.2.4 山西新闻联播：感受中国年俗年味！留晋国际学生这样就地过年……

为丰富国际学生的寒假生活，2 月 1 日下午，太原理工大学组织寒假留校的国际学生代表开展“同庆新春、共品年味”国际学生春节文化体验活动。20 多名留学生和国际教育交流学院领导、教师代表一起剪窗花、写福字、写春联，感受中国年味，共同迎接新春佳节，如图 5-40、图 5-41 所示。

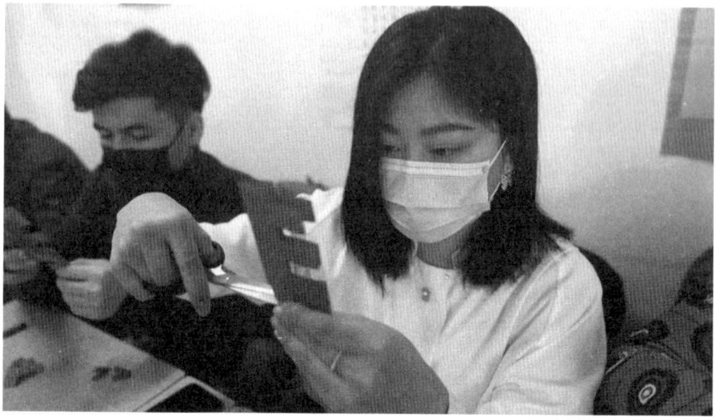

图5-40 师生共同剪窗花

图5–41　师生共同写春联

共剪窗花，同写春联……国际教育交流学院领导和教师代表为留校的国际学生营造出浓浓的中国年味。活动现场充满了欢声笑语，参加活动的国际学生代表纷纷向记者展示亲手剪出的窗花、写下的春联，表达自己对中国年俗的理解。

今年寒假有230多名国际学生留在学校过年，太原理工大学对此高度重视，国际教育交流学院联合后勤保障处、保卫处等部门，为假期留校学生提供吃、住及出行等方面的保障服务，让这些留学生感受新春的喜庆和家一般的温暖。

（记者：阴俊、耿宇清，2021年2月3日，有删改）

5.2.5　《山西日报》：追寻红色记忆·感知中国精神

——太原理工大学组织国际学生赴武乡体验红色文化

为引导国际学生深刻理解中国共产党是为中国人民谋幸福的政党，也是为促进人类进步事业而奋斗的政党，10月17日，太原理工大学组织来自“一带一路”沿线7个国家的近20名国际学生赴“八路军的故乡、子弟兵的摇篮”长治市武乡县开展“追寻红色记忆·感知中国精神”文化体验活动。

在八路军太行纪念馆，中外师生一一结对，近距离参观了华北《新华日报》印刷厂使用过的铸字机、晋冀鲁豫边区政府布告、反法西斯联盟旗帜等馆藏文物和国际共产主义战士白求恩在晋察冀边区救治伤员时所使用的临时场所的实景复刻等，系统了解了抗日根据地的创建、发展历程和平型关大捷、百团大战等经典战役的背景和意义，深刻体会了毛泽东在《论持久战》中提出的“兵民是胜利之本”的重要论断。

在八路军文化园，国际学生探访了由宣传教育区、英雄模范区、军旅生活区等组成的“八路村”，聆听了非物质文化遗产鼓书唱段——《朱总司令的一双布鞋》，现场观摩体验了民俗表演——“顶灯”，集体观看了讲述八路军游击队突袭缴获一批日军物资，保障反扫荡取得胜利的舞台实景剧——《反扫荡》。每到一处，国际学生都饶有兴趣地驻足观看，与当地民众友好交流，了解当地的生活习惯、风土人情。

图5-42、图5-43为中外学生听讲解员讲解和共同看展览，图5-44为国际学生合影留念。

图5-42　中外师生听讲解员讲解

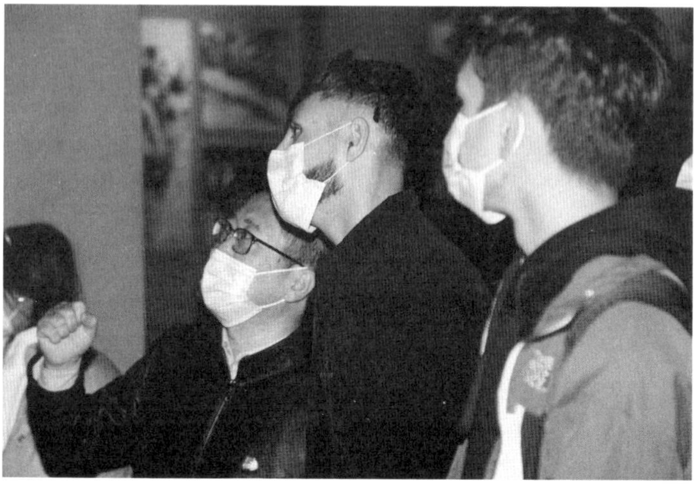

图5-43　中外师生共同看展览

图5–44　国际学生合影留念

返程途中，国际学生畅谈学习感受，大家纷纷表示此次活动十分具有教育意义。

（编辑：兰虹，2021 年 10 月 19 日，有删改）

5.2.6　太原新闻网：世界自闭症日 太原理工大学留学生用温暖融化孤独

4 月 2 日是第十二个“世界自闭症日”，上午 9 时 30 分，一场颇具活力的体操表演拉开了山西省康复研究中心自闭症日主题活动。趣味运动会、小小画作展、拔河比赛、冷餐会等丰富有趣的活动，让 120 名在中心接受康复的小朋友度过了快乐的一天。

活动当天，来自太原理工大学国际教育交流学院的 20 名留学生来到孩子们中间，与他们一起做游戏、参加拔河比赛、表演节目，陪伴孩子们度过了快乐的一天，如图 5–45、图 5–46 所示。来自尼日利亚的柳依依参加完“两人三足”互动游戏后开心地说：“孩子们太可爱了，我还会继续关注这些孩子。非常感谢有机会参加这个活动，我太开心了。”

太原理工大学崔博说：“通过参与活动，学生们更多地了解了中国，了解了我们国家对特殊儿童的关爱。未来他们将会是架起两国之间文化交流的使者，是传播友谊的纽带。”

图5–45　留学生与自闭症儿童做游戏

图5–46　中外师生参加拔河比赛

为呼吁社会关注自闭症儿童的成长，给予他们更多的理解和关爱，3 月 28 日，中心启动了特殊儿童画作网上微投票活动。孩子们的作品看似简单、笨拙，却显示出不同于常规的天真特质，向人们展示了他们纯真的内心世界。至 4 月 2 日 8 时，短短 5 天时间，有近万人为孩子们点赞，更有许多人留言为孩子们鼓劲儿。

活动不仅得到了中国科学院心理研究所、太原广播电视报社的大力支持，还吸引了爱心企业茜杜瑞拉蛋糕店的参与，他们为获奖小朋友送来了礼品和节日蛋糕。

活动合影留念如图 5–47 所示。

图5-47　活动合影留念

自闭症又称"孤独症"，是一种儿童发育障碍性疾病，主要表现为不愿和人交流，沉迷于自己的世界，生活自理能力差，学习有明显障碍，接触新鲜事物的欲望和能力较弱等，日常生活难以自理。近年来，自闭症儿童发病率呈急剧上升趋势。

山西省康复研究中心负责人温建生介绍，自闭症不仅是儿童心理疾病，更是一个关系到社会与家庭幸福指数的民生问题。我省连续多年将残疾儿童康复救助列入省政府为民办实事项目，残疾儿童康复事业得到了较大发展，未来需要社会各界的关注和关心。此次活动，目的就是让孩子们在快乐中学习，在运动中成长，提高生活能力，培养个人兴趣，增进彼此的交流；同时架起孩子们与外界沟通的桥梁，唤起全社会对自闭症群体的关心、关爱，给予这一特殊群体更多的理解与认同。

山西省康复研究中心是我省康复项目定点机构，每年承担国家康复救助项目、省政府为民办实事项目、残疾儿童抢救性康复项目等多个项目。

（2019 年 4 月 2 日，有删改）

5.2.7 《太原日报》：吸引国际学生留校深造 太原理工大学开展升学宣讲会

3 月 19 日消息，为帮助国际学生充分了解 2022 年度招生政策，吸引更多优秀国际学生留校深造，太原理工大学面向应、往届毕业生开展了升学宣讲会。

宣讲会上，太原理工大学招生考试办公室相关负责人列举了本校升学的优势、介绍了太原理工大学招收国际学生的特色专业与优势学科，并依据刚刚结束的 2022 年中国政府奖学金招生录取工作线上培训会议精神，结合太原理工大学国际学生招生工作实际，详细讲解了申请材料的准备及申请系统的填报、审核依据及录取条件、费用及奖学金设置情况等。

作为太原理工大学首个以第一作者身份在国际高水平期刊上发表学术论文的国际学生，经济管理学院管理科学与工程专业2022届硕士毕业生Justice Gyimah说，太原理工大学有非常先进的实验设备和科研团队，为课题研究的开展提供了极大帮助。他建议同学们珍惜在太原理工大学学习的机会，多思考、多交流。宣讲会后，相关教师针对学生提出的推荐信、论文要求、背景审查等相关具体问题进行了一一答复。

（记者：尹哲，2022年3月20日，有删改）

5.2.8 《太原日报》：国际友谊日共植“友好林”

7月30日上午，由太原市人民政府外事办公室与太原市创建国家森林城市领导小组办公室联合主办的“共植国际友谊树，共创绿色太原城”活动，在万柏林区万亩生态园成功举行。来自太原理工大学、山西大学的外籍教师和留学生参加活动，共同种下生机勃勃的“友谊之树”。

此次活动旨在扩大“锦绣太原城”的国际影响力，提高对外开放水平，讲好太原故事，凝聚绿色发展共识，也为太原能源低碳发展论坛的相关活动做好准备。共栽一棵树，同种一片绿，收获一份情。播撒生态文明种子，厚植国际友谊。

简短的仪式后，在园艺师傅的指导下，参加活动的中外师生相互配合，培土、浇水，一起携手种下了40棵象征中外友好的树苗，并挂上代表友谊的铭牌，如图5-48所示。

图5-48 中外师生一起植树

（记者：陈珊，2022年7月31日，有删改）

5.3 “留”动太理，圆梦校园

5.3.1 2018 年来华留学生校园风采展

（1）我校举办第二届“聚五洲梦，扬华夏情”国际文化节。

为促进中外文化交流，拓宽学生国际视野，推动我校“双一流”建设和国际化战略的实施，我校于 6 月 22 日上午在迎西校区清泽篮球场举办了第二届“聚五洲梦，扬华夏情”国际文化节开幕式（图 5-49）暨游园会活动，本届文化节由学生处、校团委、国际教育交流学院共同承办，饮食服务中心协办。

副校长梁卫国及学生处、校团委、统战部、后勤处、国际教育交流学院、机械工程学院、材料科学与工程学院、电气与动力工程学院、化学化工学院、矿业工程学院等的相关负责人出席开幕式现场。梁卫国在开幕词中对国际文化和“三晋文化”的结合做出了全新解读。

本届文化节游园会分为中国文化展区和国际文化展区。其中来自加纳、贝宁、蒙古国、土库曼斯坦、越南、孟加拉国、巴基斯坦、阿富汗、牙买加、吉尔吉斯斯坦、布隆迪、莫桑比克等 15 个国家的学生组成国际文化展区，向全校师生展示了属于自己国家独特的文化。中国文化展区由饮食服务中心工作人员和汉服社成员组成，向全校师生展示中国美食文化和汉服文化。

图5-49 第二届“聚五洲梦，扬华夏情”国际文化节开幕式

本届文化节实现了世界各国文化和我校师生的零距离接触，搭建了中外友谊桥梁，推动了文化交流深入，为我校“双一流”建设和国际化战略的实施起到了推动 作用。

文化节上师生合影和文化节闭幕式师生合影如图 5-50、图 5-51 所示。

图5-50 文化节上师生合影

图5-51 文化节闭幕式师生合影

（2）国际教育交流学院圆满完成第三届“留动中国——在华留学生阳光运动文化之旅”西北大区赛比赛。

6 月 25—28 日，第三届“留动中国——在华留学生阳光运动文化之旅”西北大区赛在西北工业大学长安校区顺利闭幕。该项比赛是由教育部主办、中国大学生体育协会承办，面向在华近 50 万名外国留学生的大型文化活动。由国际教育交流学院组织带队的太原理工大学留学生代表队圆满完成全部 3 项比赛，如图 5-52 所示。

图5-52　太原理工大学留学生代表队参加第三届“留动中国——在华留学生阳光运动文化之旅”西北大区赛比赛

本次比赛共有来自 5 个省份的 13 支留学生代表队参加，其中来自山西的 3 支代表队均有良好表现。本次是太原理工大学国际教育交流学院代表队第二次参加该项活动，取得了历史最好成绩。太原理工大学的体育艺术展示环节暨 5 名外国留学生表演的武术《行云流水》（图 5-53）的精彩片段被 CCTV 5 体育频道报道。留学生通过此次活动，加深了对中国文化的了解，也为学院和学校争得了荣誉。

图5-53　武术《行云流水》

（3）我校召开 2018 年国际学生招生工作会议。

7 月 5 日下午，我校在逸夫楼 601 会议室召开 2018 年国际学生招生工作会议（图 5-54）。副校长梁卫国及各学院、各职能处室负责人参加会议。

图5-54 2018年国际学生招生工作会议

国际教育交流学院负责人介绍了 2018 年国际学生的招生工作情况，对目前的工作进度及接下来的工作部署进行重点解说。各学院和职能处室负责人就目前国际学生的招生、管理情况发表意见。会议还着重介绍了本学年国际学生的评审工作安排等，旨在加强对我校国际学生的管理，使国际学生管理进一步规范化、系统化。

梁卫国指出，各学院应该加紧完成年前所制定的国际学生接收目标，同时强调各学院应该协调配合，院系间可进行灵活调整，确保顺利完成全校 2018 年招生目标。

（4）我校“学在中国”演讲比赛圆满落幕。

2018 年，为庆祝改革开放 40 周年，展示近年来我校留学生教育成果，并响应中国高等教育学会外国留学生教育管理分会有关倡议，国际教育交流学院于 9 月 13 日在国教楼六楼会议室举办了“学在中国”演讲比赛，图 5-55 为留学生参加“学在中国”演讲比赛。

本次比赛受到校、院领导高度重视，由院党总支副书记李文彬和留学生管理教师窦欢琴、赵玲劼担任评委；校团委任荣、校学生处杨雷作为特邀嘉宾出席。来自不同国家的 9 名学生用各自的方式讲述着“学在中国”的精彩故事，传达着对华、对校的独特感情。经过激烈角逐，来自阿富汗的李白等 6 名学生喜获一、二、三等奖和特别奖。最后，任荣、杨雷和副书记李文彬进行了精彩点评，并勉励学生们珍惜在华、在校学习时光，当好中国文化的传播者和中外友谊的见证人。

图5-55　留学生参加“学在中国”演讲比赛

（5）我校举行 2018 级国际学生开学典礼（图 5-56）。

（a）

（b）

图5-56　2018级国际学生开学典礼

11月16日下午，我校在博学馆二层报告厅举行了2018级国际学生开学典礼。校长黄庆学、副校长梁卫国、相关单位负责人、国际学生及部分汉语国际教育专业学生代表参加了此次典礼，典礼由副校长梁卫国主持。

黄庆学在讲话中对来我校就读的185名国际学生表示衷心祝贺和热烈欢迎。他简要介绍了山西省的文明传承和历史底蕴，以及我校的办学历史等基本情况，特别是学校近年来的发展和在各项工作中所取得的成就，如图5-57所示。他希望学生们能够学会包容，养成河海不择细流的宽广胸怀；要珍惜大学的美好时光，刻苦求知，学有所成，为了幸福的未来不懈奋斗；要在勤勉励学中拓宽国际视野，架设中外友谊的桥梁；要积极传播中国文化，做人类命运共同体的建设者和守护人。图5-58为副校长梁卫国发言。

图5-57 校长黄庆学讲话

图5-58 副校长梁卫国发言

教师代表、经济管理学院工商系主任、博士生导师张毅在发言中勉励学生们要珍惜在校学习的机会，充分利用学校高质量的教育资源，提高自身的专业素养，广泛学习中国文化，做中外友谊的使者。

来自英国的汉语国际教育专业新生代表 Calum 在发言中分享了自己选择来太原理工大学留学的心路历程，并表示在今后的学习生活中将努力奋斗、把握机会，积极探索中国文化，如图 5-59（a）所示。来自莫桑比克的汉语国际教育专业二年级学生代表马可用流利的汉语介绍了自己在校的学习生活经历，希望在今后的学习生活中与同学互相学习、互相帮助，共同收获成长的喜悦，如图 5-59（b）所示。

（a）英国籍留学生Calum发言　　（b）莫桑比克籍留学生马可发言

图5-59　国际学生代表发言

开学典礼在激昂的校歌声中圆满结束。

（作者：丁文婷，摄影：王晓琴、王安哲，2018 年 9 月 14 日，有删改）

（6）“感知中国路·黄河三晋行”活动启动仪式暨太原理工大学国际学生实践教学基地挂牌仪式（图 5-60）在印象风陵渡举行。

图5-60　“感知中国路·黄河三晋行”活动启动仪式暨太原理工大学国际学生实践教学基地挂牌仪式

11 月 22、23 日，由国家留学基金管理委员会主办、我校承办的“感知中国路·黄河三晋行”活动启动仪式暨太原理工大学国际学生实践教学基地挂牌仪式在运城市芮城县印象风陵渡举行。

本次活动旨在增强国际学生对中国经济、科技、教育、文化、社会、生态环境等方面的了解和认识，加强国际学生与中国人民的交流和互动，推动国际学生“知晋、友晋”进而“知华、友华”，“感动中国路·黄河三晋行”活动现场如图 5-61 所示。

图5-61 “感知中国路·黄河三晋行”活动现场

本次活动有来自也门、利比亚、喀麦隆、卢旺达、赤道几内亚、阿富汗、苏丹、老挝、越南等 30 多个国家的近百名国际学生参与。在本次活动中，除了登鹳雀楼、参观普救寺等感知中国传统文化的活动外，国际学生还参加了太原理工大学国际学生实践教学基地挂牌仪式（图 5-62），参观了当地企业。

图5-62 国际学生参加太原理工大学国际学生实践教学基地挂牌仪式

本次活动由我校国际教育交流学院具体组织实施，活动最后参与人员合影留念，如图 5–63 所示。

图5–63　“感知中国路 · 黄河三晋行”活动合影留念

“感知中国路·黄河三晋行”活动是国际学生的重要实践活动，是中华文化自信的充分体现，此次活动为山西省乃至国家培养知华、友华的高素质国际学生贡献了黄河流域三晋文化的特色体验方案。

我校目前有来自 53 个国家和地区的 508 名国际学生，其中绝大部分来自“一带一路”沿线国家。根据学校规划，在未来的两年内，我校在校的国际学生数量预计达到 1 000 人以上，这将为我校“双一流”建设打下坚实的基础。

（作者：窦欢琴，2018 年 11 月 24 日，有删改）

5.3.2　2019 年来华留学生校园风采展

（1）太原市公安局出入境管理支队支队长吕建国一行到我校调研并现场办公。

1 月 11 日上午，太原市公安局出入境管理支队支队长吕建国一行到我校就国际学生签证办理及居留管理工作进行调研并现场办公，如图 5–64 所示。太原市公安局出入境管理支队、万柏林分局、千峰派出所和太原理工大学国际合作处、国际教育交流学院的相关负责人参加调研会。

国际教育交流学院负责人介绍了我校在校国际学生管理方面的基本情况，其中包括校区（公寓）分布、外宿等的详细情况；国际合作处负责人介绍了我校外籍教师、外籍专家的聘用情况及管理制度；万柏林分局、千峰派出所负责人汇报了辖区境外人员的管理情况，介绍了以住宿登记为依托的警校共建工作机制，并提出了今后需要进一步加大管理力度、维护安全稳定的建议。

图5-64　太原市公安局出入境管理支队支队长吕建国发言

吕建国指出，外籍人员的安全稳定工作需要多方面齐抓共管，是一项系统工程。讨论中，警校双方就国际学生勤工助学的合法性及岗位设立等问题深入交换了意见，并就领事保护、“三非人员”甄别技巧等事务开展了深入交谈，如图5-65所示。

吕建国表示，随着“二青会”的临近，太原市将承担更多涉外工作，安全稳定方面将面临更大挑战，需要包括太原理工大学在内的各方的配合和努力。国际教育交流学院领导代表学院和学校对吕建国一行的到来以及对学校工作的支持和指导表示感谢。

图5-65　与会人员深入交谈

（作者：刘超，2019年1月11日，有删改）

（2）我校国际学生参加“第二届来华留学生过大年”活动。

1月27—29日，我校60余名国际学生参加了我省“第二届来华留学生过大年”活动。

此次活动以“感知中国行，欢乐过大年”为主题，跨越晋中平遥、临汾襄汾、运城闻喜三地。在千年古城平遥，师生参加了 2019 年“我们的节日·春节—平遥中国年”启动仪式并参与节目演出，如图 5–66 所示。在襄汾县，以我校国际学生为主力的“聚襄汾，过大年”国际学生迎春联欢晚会成功举办，国际学生还参观了当地燕村荷花民俗小镇，体验传统民俗文化。在素有晋南陶瓷之乡美誉的运城闻喜，国际学生走进华隆瓷业有限公司，在生产车间现场了解了陶瓷酒瓶的生产过程、上釉方法、瓶口的规范化处理等制作工艺。不少学生动手参与了陶器制作，亲身感受我国陶瓷的独特魅力。师生在运城闻喜合影，如图 5–67 所示。

图5–66　师生在平遥合影

图5–67　师生在运城闻喜合影

此次活动吸引了众多媒体的关注。参加此次活动的国际学生纷纷表示，中国文化博大精深，山西文化独具特色，参加这样的活动受益匪浅。类似的文化活动是他们切身感知文化的良好契机，有助于他们为促进中外文化融合奉献自己的一分力量。“第二届来华留学生过大年”活动合影，如图 5-68 所示。

图5-68 “第二届来华留学生过大年”活动合影

（作者：窦欢琴，2019 年 1 月 30 日，有删改）

（3）我校召开国际学生招生工作会议。

6 月 3 日上午，太原理工大学国际学生招生工作会议（图 5-69）在迎西校区逸夫楼 601 会议室召开。校党委常委、副校长梁卫国出席会议，各相关学院、职能部门负责人参加会议。

图5-69 太原理工大学国际学生招生工作会议

首先国际教育交流学院相关负责人等简要介绍了我省各高校国际学生招生、培养等方面在全国的排名以及与先进院校之间的差距；从招生人数的学院、学科（专业）分布和国别分布等方面详细汇报了今年我校国际学生招生工作的完成情况；同时从主题班会、优秀毕业生评选、奖学金评审等方面就近期我校国际学生管理工作做简要通报。

之后，经济管理学院、土木工程学院、机械与运载工程学院、建筑学院等学院的负责人就国际学生单独编班、双语师资队伍建设、中外名校教师互访机制的建立、国际学生实习等事宜深入交换意见，研究生院、教务部等部门负责人就各方关心的问题做了探讨。现场气氛热烈，与会各方各抒己见，共同描绘以国际化战略助推我校“双一流”建设和“1331 工程”建设的路线图。

在总结发言中，校党委常委、副校长梁卫国指出，国际学生教育是一项复杂的系统工程，招生工作是培养、管理工作的基础，如图 5-70 所示。他肯定了各相关单位为学校国际化做出的努力，并建议不同学院、学科要各尽其长，依托国际学生招生工作，促进学院、学科之间互学互鉴、合作交流，着力培育更多一流学科；在国际学生管理方面，要坚持“质量先行、规模与质量并重”的原则，优化培养方案，提升培养效能，确保“质量不打折”。

图5-70　校党委常委、副校长梁卫国讲话

作为我省唯一的“双一流”建设高校和“1331 工程”建设高校，太原理工大学责无旁贷地承担着加快吸引优质国际智力资源、全面提高我省高等教育国际化水平的责任和使命。学校将进一步落细落实办学治校主体责任，全面加快“双一流”建设步伐，以优异成绩迎接即将到来的“中期大考”。

（作者：刘超，2019 年 6 月 3 日，有删改）

（4）“牙买加文化走进理工校园”。

今年是我校与牙买加共建的孔子学院成立 10 周年。6 月 11 日，牙买加西印度大学莫纳分校孔子学院理事、现代语言学系 Paulette A Ramsay 教授为我校师生带来了一次有关牙买加文化的讲座。她运用音频等多媒体手段从地理、历史、体育、音乐、舞蹈、旅游等方面全方位地介绍了牙买加，使听众对世界级流行音乐天王、雷鬼乐鼻祖鲍勃·马利和短跑名将博尔特有了进一步的了解，同时对牙买加的文化特色也加深了印象。这次讲座生动诙谐、互动频繁，听众积极参与，效果良好，如图 5–71 所示。师生共同表演牙买加舞蹈，如图 5–72 所示。

图5–71　师生认真听讲座

图5–72　师生共同表演牙买加舞蹈

作为合作院校，我校今年分别从体育学院和国际教育交流学院选派了两名汉语教师志愿者，其将于今年下半年赴牙买加西印度大学莫纳分校孔子学院从事汉语教学工作。

国际合作处处长李瑞丰、国际教育交流学院副院长侯涛、孔子学院办公室主任冯雷和师生一起聆听了讲座。

“牙买加文化走进理工校园”活动最后参与人员合影留念，如图5-73所示。

图5-73 “牙买加文化走进理工校园”活动合影

（作者：冯雷，2019年6月12日，有删改）

（5）美国西佛罗里达大学研学交流团顺利完成来我校访学任务。

6月3—14日，应我校邀请，美国西佛罗里达大学两组研学交流团共21人分别完成为即将入学的2019级硕士研究生和直博培养研究生开展教学及研学的交流任务。

6月3日，学校为研学交流团举办了开营仪式，国际教育交流学院党总支书记赵国俊欢迎其来到太原理工大学交流，他介绍了悠久的山西历史、文化及太原理工大学国际化办学的发展历程，并预祝大家在太原理工大学一切顺利，学有所获。西佛罗里达大学研学交流团领队教师介绍了国际交流的目的和参加此次交流的成员，并表示将会为两校的国际交流做出努力和自身的贡献。

6月4日上午研学交流团成员正式开课，课程于6月13日结束。本次课程学习涉及研究生200余名。课程主要围绕高级英语口语和雅思英语培训两个模块开展教学。课程采用线下学习和线上学习相结合的形式，确定了详尽的教学计划和课程安排，配备了专门的教学辅助团队，保障了课程的顺利进行。通过与外教在真实语言环境下的学习和交流，研究生的英语口头表达和书面交流能力得以大幅度提高。

与此同时，6 月 4—10 日，研学交流团也开始了为期 10 天的研学活动，由国际教育交流学院负责接待，如图 5-74 所示。研学交流团成员们首先了解了山西历史文化，学习了汉语的基本用语及教学用语，并赴太原市育英中学、太原理工大学子弟小学、太原理工大学北区幼儿园等中小学校进行交流访问，交流双方都表示收获良多。交流期间正值端午节，研学交流团成员不仅了解了我国的传统文化，还亲身体验了制作粽子、编织五彩绳等。研学交流团还在明向校区面向全校师生举办了题为“美国学校教育体制”的汇报会。结束研学任务后，国际教育交流学院给全体研学成员颁发了结业证书（图 5-75），并欢迎更多的师生来校交流。

图5-74　美国西佛罗里达大学研学交流团研学活动

图5-75　为美国西佛罗里达大学研学交流团颁发结业证书

美国西佛罗里达大学在2014年与我校签署了交流合作协议。外教短期课程和名校研学项目是我校推进五大战略工程的重要举措，也是推进国际化战略的措施。下一步，我校将继续扎实部署一系列短期交流课程落地，力争为学校实现国际化和“双一流”建设做出更大贡献。

美国西佛罗里达大学研学交流团参观校园并合影，如图5-76、图5-77所示。美国西佛里达大学与中国师生合影，如图5-78所示。

图5-76　美国西佛罗里达大学研学交流团参观校园

图5-77　美国西佛罗里达大学研学交流团合影

图5-78 美国西佛罗里达大学研学交流团与中国师生合影

（作者：崔博，2019年6月17日，有删改）

（6）国际教育交流学院随团出访韩国做招生宣传。

6月23—27日，山西省教育厅组织太原理工大学、山西大学、山西师范大学、山西医科大学、山西财经大学5所高校赴韩国交流访问。国际教育交流学院副院长陈少平主持工作，代表我校随团出访（图5-79）。

图5-79 国际教育交流学院随团出访韩国

陈少平赴京畿大学（Kyonggi University）、朝鲜大学（Chosun University）、辅仁高中（Boin High School）、务安中学（Muan Secondary School）等学校，通过布展、发放宣传册、宣讲等形式，为我校做招生宣传，并与在场的韩国师生亲切互动。其间，陈少平还赴全罗南道务安郡参加了“山西日”活动。

国际教育交流学院作为学校推进国际化战略的窗口和名片，广泛参与、积极推进校院两级的国际交流与合作。本次随团出访体现了国际教育交流学院积极响应学校的国际化战略五大子工程之一——“留学理工大”工程，助推学校招生、培养、管理全面国际化。

图 5-80 为国际教育交流学院副院长陈少平与韩国相关学校代表亲切交谈。

图5-80　国际教育交流学院副院长陈少平与韩国相关学校代表亲切交谈

（作者：刘超，2019 年 7 月 1 日，有删改）

（7）国际教育交流学院代表团赴江苏两所高校调研学习。

8 月 6—9 日，国际教育交流学院党总支书记赵国俊一行 4 人前往江苏大学、南京大学两所高校调研学习，如图 5-81、图 5-82 所示。

图5-81　国际教育交流学院代表团与江苏两所高校相关人员座谈

图5-82 国际教育交流学院代表团实地考察江苏两所高校

在江苏大学，赵国俊一行参观走访、实地考察了留学生公寓的设施配备及运行模式，并与海外教育学院负责人深入交流。座谈会上，江苏大学海外教育学院直属党支部书记谢志芳欢迎兄弟院校来访，院长高静简要介绍了江苏大学来华留学教育的发展历史、现状以及学校近年来提质增效的各项举措和主要经验。在南京大学，赵国俊一行实地考察了集教学、住宿、后勤、外事、行政办公等多功能为一体的海外教育学院大楼，并详细收集了南京大学来华留学教育管理方面的相关制度、文件等方面的信息。

本次赴江苏调研是在“不忘初心、牢记使命”主题教育背景下“守初心、担使命、找差距、抓落实”，落实学校相关规定，对标“双一流”建设的目标任务和2019年学校工作要点的具体作为，为我校留学生教育管理工作的提质增效打开了思路，提供了有益借鉴。

（作者：刘超，2019年8月12日，有删改）

（8）英国文化教育协会张艺蕾一行莅临我校雅思考点调研座谈。

9月11日上午，英国文化教育协会张艺蕾、王思达一行莅临我校，就该协会与我校合作开展的雅思考试工作进行调研和座谈。我校副校长吕永康与雅思考点负责人、国际教育交流学院党政负责人等出席座谈会，部分考务人员也参加了会议。

会上，我校雅思考点负责人简要介绍了近年来我校雅思考试的情况；张艺蕾回顾了雅思考点在太原理工大学设立12年来双方的合作渊源，并感谢太原理工大学领导协调各方资源、大力支持考试工作，使太原理工大学考点成为全国优秀考点之一。她指出，作为山西省首个雅思考点和唯一的UKVI雅思考点，太原理工大学见证了雅思考试在华北地区的蓬勃发展。她表示，英国文化教育协会希望以雅思考试为起点，与太原理工大学进一步深化合作，共享优质的测评与教育资源，更好地服务社会。之后，双方还共同展望了机考改革背景下的雅思考点转型升级。

吕永康表示，作为全省唯一一所“双一流”建设高校和“1331 工程”的排头兵，太原理工大学将始终肩负建设高水平国际化创新型大学的重任，以雅思考试改革为契机，持续推进学校与海外高水平教学、科研、考试机构等合作的广度和深度，为学校国际化战略的深入实施和“双一流”建设提供不竭动力，为全省经济社会发展和“构建内陆地区对外开放新高地”做出更大的贡献。

（作者：刘超，2019 年 9 月 11 日，有删改）

（9）我校召开国际化工作推进研讨会（图 5-83）。

图5-83　国际化工作推进研讨会

根据校党委安排，作为“不忘初心、牢记使命”主题教育的一项重要内容，10 月 15 日下午，副校长梁卫国在迎西校区办公主楼 316 会议室主持召开学校国际化工作推进研讨会，分析讨论推进国际化进程中面临的形势任务、问题短板。人事处、财务部、教务部、研究生院、科研院、后勤保障处、国际合作处、发展规划处等职能部门，以及机械与运载工程学院、材料科学与工程学院、矿业工程学院、国际教育交流学院、安全与应急管理工程学院等教学单位，煤科学与技术重点实验室、新型传感器与智能控制重点实验室、新材料界面与工程重点实验室、原位改性采矿重点实验室等科研机构的负责人参加了会议。

会上，职能部门负责人分别从国际化战略工程的顶层设计、国际化人才培养与课程设置、国际学生教学与管理、师资队伍和学生国际化、国际化后勤保障等方面，围绕助推学校“双一流”建设，分析了国际化过程中面临的困难，提出了应对措施和下一步的工作思路。教学单位与科研机构负责人围绕国际化工作的现状、不足进行了交流，并结合学科与专业特点，就国际化推进政策、学生国际化、师资队伍国际化等提出了建议。

梁卫国听取发言后，围绕学校实施国际化战略工程面临的新形势、新机遇和新挑战，阐述了学校国际化发展的相关问题，如图 5-84 所示。他在强调推进学校国际化对于建设高水平国际化创新型大学的重要意义后指出，各单位要强化国际化办学理念，把国际化工作纳入各类人才培养方案，高度融合到学科建设、师资队伍、人才培养、科学研究、管理服务等方面；要抓住国际化发展的历史机遇，立足当下，瞄准国际前沿，高起点、全方位、多层次、宽领域地统筹谋划国际化发展战略，不断加大国际化办学力度，完善工作机制，加强平台建设，全面提升学校的整体办学水平、核心竞争力和国际知名度，加速推进学校“双一流”建设。

图5-84　梁卫国在会上讲话

（文字：张智韵，摄影：任萱，2019 年 1 月 11 日，有删改）

（10）学校召开国际学生管理教育专题座谈会（图 5-85）。

图5-85　国际学生管理教育专题座谈会

10 月 17 日，学校在国际教育交流学院召开国际学生管理教育专题座谈会，就国际化进程中的国际学生管理工作进行深入研讨交流。校党委副书记刘润祥出席座谈会。学工部、校团委负责人和国际教育交流学院班子成员、国际学生班主任代表等参加了会议。

会上，国际教育交流学院负责人首先介绍了我校来华留学教育工作开展情况，并围绕国际学生规模与结构、招生与管理、辅导员（班主任）配备等进行了汇报。

刘润祥充分肯定了国际教育交流学院在学校大力实施国际化战略工程的进程中所做的大量工作和不懈努力，并勉励大家以开展“不忘初心、牢记使命”主题教育为契机，负重赶超，迎难而上，勇担使命，主动作为，撸起袖子加油干，为国际化战略工程的深入实施、为建设高水平国际化创新型大学做出新的更大贡献。与会的国际学生班主任代表就国际学生管理、校园文化活动、校友联络等做了发言。

（作者：刘超，2019 年 10 月 17 日，有删改）

（11）山西教育对外开放大讲堂之来华留学工作专题讲座（图 5–86）在我校举办。

图5–86　山西教育对外开放大讲堂之来华留学工作专题讲座

在全校上下深入开展“不忘初心、牢记使命”主题教育、奋力推进“双一流”建设之际，10 月 25 日，由山西省教育厅主办、我校承办的山西教育对外开放大讲堂之来华留学工作专题讲座在迎西校区逸夫楼 701 会议室开讲。山西省教育厅国际合作与交流处处长韩瑞勇和我校党委常委、副校长树学峰出席开幕式并致辞，如图 5–87、图 5–88 所示。

开幕式上，树学峰基于我校来华留学工作的发展历程指出，作为“双一流”建设高校，太原理工大学始终肩负着加强国际教育交流与合作、以来华留学工作为抓手奋力推进我省高等教育国际化的重大使命；以承办本次山西教育对外开放大讲堂为契机，太原理工大学将进一步规范管理、提质增效、加强内涵建设，与其他兄弟院校一道奋力书写我省来华留学工作和高等教育对外开放的新篇章。韩瑞勇以“一带一路”背景下中国高等教育的国际化为切入点，聚焦我省来华留学生规模、培养质量及其在全国来华留学工作中的地位，梳理了我省来华留学工作取得的成绩并提出了新形势下我省来华留学工作的努力方向，要求全体与会人员通过本次山西教育对外开放大讲堂“找差距、找落实”，进一步提升外事理论水平和专业能力，协力推进我省来华留学事业的发展。

图5–87 山西省教育厅国际合作与交流处处长韩瑞勇致辞

图5–88 校党委常委、副校长树学峰致辞

在为期一天的讲座中，来自中国教育国际交流协会、留学中国预科教育联盟、北京交通大学、北京外国语大学等机构（高校）的来华留学领域的专家分别就高校来华留学质量认证、来华留学教育的舆情公关策略、国际学生的心理适应与干预、国际学生的招生管理等议题展开讨论，使与会的省内各高校代表受益匪浅。

山西教育对外开放大讲堂的成功举办是国际化战略工程为学校“双一流”建设持续发力的又一成果。作为我省“1331 工程”建设的排头兵，太原理工大学将持续在来华留学、高等教育对外开放领域为全省各高校搭建学习交流的平台，以互学互鉴提升教育发展对我省经济社会发展的贡献度，不断助推我省建设内陆地区对外开放新高地。

本次山西教育对外开放大讲堂吸引了来自全省 20 余所高校的近 100 名代表和我校各相关职能部门、各学院国际学生管理、外事等工作人员参加，由我校国际教育交流学院负责具体组织协调。

（文字：刘超，摄影：胡正康、王筱琛、张旭彤，2019 年 10 月 25 日，有删改）

（12）我校举行 2019 级国际学生开学典礼（图 5-89）。

图5-89　2019级国际学生开学典礼

“万里渡重洋，仲秋聚清泽。寻得美校园，书海梦远航。” 10 月 28 日下午，我校在博学馆二层报告厅举行了 2019 级国际学生开学典礼。校党委常委、副校长梁卫国与相关职能部门、学院负责人出席典礼，全体 2019 级国际学生及部分老生代表参加了此次典礼。

典礼上，国际教育交流学院负责人介绍了我校 2019 年国际学生录取与报到情况，希望新生在校学习期间，领悟博大精深的中华文化，感受三晋文明的历史底蕴，同时也将本国优秀的文化传播到中国，共同培育世界文化的“百花园”。

教师代表、博士生导师强彦教授在发言中勉励大家要珍惜在校学习的机会，充分利用学校高质量的教育资源，提高自身的专业素养。

来自机械与运载工程学院的老生代表巴基斯坦籍学生富裕用中英文双语介绍了自己在我校的学习生活经历，并希望在今后的学习生活中与新同学一道，互相学习、互相帮助，共同收获成长的喜悦。来自体育学院的新生代表韩国籍学生金旼奎在发言中分享了自己选择来我校留学的心路历程，并表示在今后的学习生活中将努力奋斗，把握机会，积极了解中国文化。

典礼最后，校党委常委、副校长梁卫国在致辞中对来我校就读的265名国际学生表示衷心祝贺和热烈欢迎，如图5-90所示。他简要介绍了我校的办学历史及近年来的发展，以及在各项工作中所取得的成就，并希望大家以胸怀天下的世界眼光了解中国文化，学会做人、勇敢追梦、广交朋友，秉持“求实、创新”校训，以更大的勇气和更积极的心态去追求挑战、丰富人生，在太原理工大学这片沃土上盛开青春之花，在新的征程中华丽蜕变。

图5-90 校党委常委、副校长梁卫国在典礼上致辞

开学典礼在激昂的校歌声中圆满结束，如图5-91所示。

图5-91 中外师生齐唱校歌

（作者：刘超，2019年10月28日，有删改）

（13）太原市公安局出入境管理支队支队长吕建国一行到国际教育交流学院调研（图 5-92）。

图5-92　太原市公安局出入境管理支队支队长吕建国一行到国际教育交流学院调研

10 月 31 日上午，太原市公安局出入境管理支队支队长吕建国一行莅临我校调研。太原市公安局出入境管理支队、万柏林分局、千峰派出所、太原理工大学国际合作处、国际教育交流学院相关负责人参加座谈会。

会上，与会各方就“以人民为中心的发展思想”和近期持续开展的“放管服改革”背景下校警联合共建国际学生服务站等相关议题深入交换了意见，探讨了服务站的职能、职责、选址等，并就校警联合面向国际学生开展法治安全教育、毕业生创新创业服务等做了初步探讨。

吕建国指出，以“不忘初心、牢记使命”主题教育为契机，各级公安部门将通力合作、整合资源，持续推进在外籍人员集中的区域设置服务站，为外籍人员提供更高效、便捷的服务。国际合作处、国际教育交流学院负责人等代表学校（学院）对吕建国一行的到来和对学校工作的支持、指导表示感谢。

（作者：刘超，2019 年 10 月 31 日，有删改）

（14）国际教育交流学院代表我校参加留学中国预科教育联盟 2018—2019 学年学术委员会年度工作会议。

12 月 8 日，留学中国预科教育联盟 2018—2019 学年学术委员会年度工作会议（图 5-93）暨 2019 年年会在浙江工商大学举行，会议以“再出发——留学中国预科教育联盟工作总结及未来发展规划”为主题。来自 30 所联盟院校的 66 名代表参加了会议，我校国际教育交流学院院长陈少平一行赴杭州参会。

图5-93　留学中国预科教育联盟2018—2019学年学术委员会年度工作会议

会议期间，留学中国预科教育联盟负责人等介绍了联盟的发展历程；分享了“政府定制、校企合作”订单式人才培养模式的初衷、进展、成果与规划；发表了题为“新时期下留学中国预科教育联盟合作发展机制”的主旨演讲。之后，我校代表与江苏大学海外教育学院负责人、安徽工业大学国际教育学院负责人就联盟未来的发展规划及合作机制进行了热烈的讨论。

图 5-94 为学校参加此次会议的国际教育交流学院代表。

图5-94　学校参加此次会议的国际教育交流学院代表

以此次参会为契机，国际教育交流学院将继续探索通过提升国际学生预科教育培养质量带动提升国际化战略对我校“双一流”建设贡献度的可行路径，助推我校高水平国际化创新型大学建设，以优异成绩迎接即将到来的“中期大考”。

（作者：刘超，2019 年 12 月 10 日，有删改）

（15）我校召开 2020 年国际学生招生工作推进会。

12 月 27 日上午，太原理工大学 2020 年国际学生招生工作推进会（图 5-95）在迎西校区逸夫楼 601 会议室召开。校党委常委、副校长梁卫国出席会议，各相关学院、职能部门负责人参加会议。

图5-95　2020年国际学生招生工作推进会

会上，国际教育交流学院负责人等回顾了我校 2019 年国际学生招生工作，从工作思路、招生计划、培养经费、招生策略等方面介绍了我校 2020 年国际学生招生工作安排，解读了《太原理工大学来华留学生学位授予办法》，介绍了我校全英文本科项目建设、来华留学质量保障体系建设的情况。

与会人员就国际学生公寓管理服务、来华留学研究生论文抽检背景下学生培养质量的提升、全英文本科项目建设等议题深入交换了意见。

总结发言中，梁卫国介绍了全国来华留学招生工作的形势，并鼓励各学院（实验室、研究中心）依托优势学科，充分发挥特色，招收培养不同层次的国际学生，将我校打造成为华北地区来华留学示范院校，如图 5-96 所示。

图5-96　校党委常委、副校长梁卫国做总结发言

通过本次会议，全校各相关单位进一步协调资源、凝聚共识，切实推进“规范管理、提质增效、内涵发展”理念下我校来华留学生招收、培养、管理工作的持续发展，为我校实施国际化战略和“双一流”建设发力。

（作者：刘超，2019 年 12 月 27 日，有删改）

5.3.3 2020 年来华留学生校园风采展

（1）我校实践队入选 2019 年全国大学生“一带一路”暑期社会实践专项行动优秀团队。

2 月 25 日，中国大学生“一带一路”协同发展行动中心公示了“丝路新世界·青春中国梦”2019 年全国大学生“一带一路”暑期社会实践专项行动成果遴选名单。我校国际教育交流学院“丝路青年观中国”实践队成功入选优秀团队。

“丝路青年观中国”实践队由 6 名中外学生共同组成。2019 年暑期，实践队队员前往阿富汗、泰国、越南探访了阿富汗喀布尔大学孔子学院玛利法特教学点（5–97）、泰国曼谷 HDF 孤儿院、越南如意吉祥中文俱乐部等地，开展了访谈、问卷调查、支教助学、中国文化（茶艺、书法和武术等国粹）展示等活动。实践队围绕“丝路新世界·青春中国梦”主题，秉承“探中国形象，展中华风采”的主旨，从文字记录到多媒体传播，从网络阵地到实地支教采访，从社会实践活动到弘扬中国文化，以实为录，践知践真。

图5–97 “丝路青年观中国”实践队探访阿富汗喀布尔大学孔子学院玛利法特教学点

我校中外学生在此次社会实践中受教育、长才干、做贡献，不断提升自身的综合素质，弘扬中华优秀传统文化，在投身“一带一路”倡议的生动实践中成长成才。图 5–98 为“丝路青年观中国”实践队队员与学生合影。

图5-98　“丝路青年观中国”实践队队员与学生合影

（2）我校召开2020年来华留学工作专题会议（图5-99）。

图5-99　2020年来华留学工作专题会议

7月7日上午，我校在迎西校区逸夫楼601会议室召开2020年来华留学工作专题会议。中国工程院院士、校长黄庆学出席会议并讲话（图5-100）。副校长梁卫国主持会议，党政职能部门、各学院、重点科研机构负责人参加了会议。

图5-100　中国工程院院士、校长黄庆学讲话

国际教育交流学院负责人围绕来华留学教育的战略意义和我校国际化发展目标，汇报了“十三五”期间我校来华留学工作取得的成绩，总结了2020年度来华留学生招生工作，并对我校“十四五”期间来华留学工作的定位及发展规划提出了建议；教务部、研究生院负责人从教学与管理、专业质量认证、学位论文水平等方面，对来华留学生培养工作提出了意见建议，鼓励相关学院积极探索符合我校实际的教学管理和人才培养模式。

黄庆学充分肯定了相关职能部门和培养单位在来华留学工作中所做的努力，特别对相关学院负责人在来华留学工作中勇于担当、先行先试的工作作风给予了高度评价。他强调，面对百年未有之大变局的挑战和考验，面对中华民族伟大复兴的伟大使命，面对百舸争流的“双一流”建设形势，我们必须以高度的历史使命感、责任感和紧迫感，持续实施国际化战略工程，以对外开放促进办学质量和水平的不断提升，为我省高等教育高质量转型发展提供人才和智力支持。他指出，“十四五”末我校在校国际学生人数要达到2 000人以上，面对这一新的更高目标，全校上下必须进一步高度重视来华留学工作，不断提升国际学生招生质量和培养水平，特别是“双一流”建设主建学科学院，更要充分利用好国际合作平台，坚持送出去、招进来，努力实现国际化资源的双向流动，打造国际化工作的新亮点。

关于国际学生招生培养工作，黄庆学要求进一步加大招生宣传力度，多措并举优化生源结构。研究生院、教务部、学工部等部门要通力合作，做好留学生培养标准制定工作。要全面落实《太原理工大学招收和培养国际学生管理办法》，拓宽招生渠道，优化招生流程，进一步优化生源结构，提升国际教育质量。国际教育交流学院作为来华留学生招生和管理的牵头单位，要主动借鉴国内一流院校的经验做法，着眼于国际学生数量的稳步提升，提前做好相关规划。同时，坚持引进来和走出去并重，推动我校学生赴世界一流大学交流学习；以联合培养、交换生项目、合作科研、国际会议、短期访学交流、实习实践、夏（冬）令营等平台丰富学生的海外访学经历，拓宽学生的国际视野；不断提升我校教师的国际化水平，完善教师出国访学研修考评制度，鼓励和支持教师在高水平国际学术、行业组织任职，担任国际期刊编委，参加国际学术会议，引进优秀外教示范教学，形成新工科背景下国际化教学理念，努力培养国际教学名师。相关部门（单位）也要在国际科研合作项目、太原理工－伍伦贡学院的配套建设、孔子学院建设、“高等学校学科创新引智计划”基地建设等方面及早动手，早做规划，努力形成全方位、多层次、宽领域对外开放格局。

在环境和条件保障方面，黄庆学指出，要坚持以学生为中心的办学理念，加快国际学生公寓的建设进程，进一步改善硬件设施和办学条件，让来华留学生充分感受到学校的关心、关爱。他还特别强调英文网站建设的重要性，指出网站是对外交流的重要窗口，宣传部、党办、校办及各学院要高度重视和持续加强网站建设，尽快完善和丰富校院两级英文网站，实现相关文件、制度、主要标志等的中英文双语化，为 2022 年高等学校来华留学质量认证专家进校考察奠定坚实的基础，营造学校浓郁的国际化氛围。人事部门等要提升国际化考核指标在学校各类考核中的比重，完善培养经费、工作量计算等方面的制度保障，充分调动各单位积极参与国际化工作的热情和积极性。

黄庆学强调，国际化战略工程是我校五大战略工程之一，是我校“双一流”建设的重中之重。“十四五”即将到来，我们要按照山西省委提出的“四为四高两同步”的总体思路和要求，立足高起点，坚持高标准，确保高质量编制国际化战略规划，进一步澄清家底、理清思路、明确目标、强化举措，勇于担当，攻坚克难，主动作为，通过实施国际化战略工程，为把我校早日建成高水平一流大学努力奋斗，为服务山西转型综改、创新驱动贡献智慧和力量。

（文字：刘超，摄影：王晓琴，2020 年 7 月 7 日，有删改）

（3）国际教育交流学院组织国际学生开展交流沙龙活动。

11 月 4 日上午，国际教育交流学院组织巴基斯坦、尼日利亚、加纳、越南等 6 个国家和地区的国际学生 20 余人赴山西煤炭进出口集团公司国际贸易分公司（简称“山煤国贸”），开展“山西品牌丝路行”国际青年交流沙龙活动，如图 5-101 所示。

图5-101　山煤国贸和太原理工大学国际教育交流学院交流沙龙

活动中，山煤国贸总经理赵强就公司发展历程、“国贸风”精神做了详细介绍，并讲解了公司细分市场、发展思路等的情况。通过出口产品体验、问卷调查、开放式交流等形式，校企双方做了深入交流。来自尼日利亚的张神智曾在阿里巴巴集团创新创业大赛中崭露头角，他从线上电商的角度对山西煤炭产业转型发展提出了自己的观点；来自阿富汗的洪阿曼希望毕业之后能投身于促进两国友谊与经贸合作的事业。图 5-102 为国际学生深入了解山煤国贸。

图5-102　国际学生深入了解山煤国贸

图 5-103 为国际教育交流学院书记赵国俊做总结发言，赵国俊向山煤国贸为国际学生提供的交流机会表示感谢，并鼓励国际学生积极学习公司的管理模式、团队精神和价值理念。今后，国际教育交流学院将继续开拓校企合作平台，建设国际学生实习、实践基地，将活动作为中外交流的桥梁和纽带，为国际学生更深入地感知山西文化和山西转型综改持续发力。

图5-103　国际教育交流学院书记赵国俊做总结发言

（作者：刘超，2020 年 11 月 5 日，有删改）

5.3.4　2021 年来华留学生校园风采展

（1）国际教育交流学院组织留学生参加 2020 “汉语桥” 全球外国人汉语大会——中文影视作品云配音比赛。

近日，由教育部中外语言交流合作中心、中央广播电视总台联合主办，由“汉语桥”俱乐部、中文联盟承办的 2020 “汉语桥”全球外国人汉语大会——中文影视作品云配音比赛落下帷幕。经过评选，太原理工大学荣获“优秀组织奖”（图 5-104），李文彬等 7 位教师荣获“优秀指导教师”称号，王大志（来自巴基斯坦）等 6 名国际学生获得优秀奖。

图5-104　太原理工大学荣获“优秀组织奖”

国际教育交流学院高度重视此次比赛，精心组织，广泛动员，鼓励引导国际学生积极参与，旨在通过演绎中文经典影视作品，感受语言文字和声音的魅力。本次大赛中，我校共有来自 6 个国家的 6 名国际学生提交了 10 余份配音作品，涵盖《无问西东》《琅琊榜》《你好，疯子！》《伪装者》《美人为馅》等中文经典影视作品。

“汉语桥”全球外国人汉语大会是国家汉办为激发外国学生学习汉语的热情和兴趣，增进世界对中国语言与文化的理解而举办的中文比赛。据悉，本次大赛共有来自约 80 个国家、近 200 所院校的 500 多名选手提交了近 700 部作品。

国际教育交流学院将以此赛事为契机，积极搭建中外文化交流的平台，培育国际学生知华、友华的情愫，为开创我校国际教育工作新局面贡献力量。

（作者：王京，2021 年 1 月 22 日，有删改）

（2）我校中外留校师生过大年登上央视《新闻联播》。

2 月 12 日，农历大年初一，当晚央视的《新闻联播》播发了我校中外留校师生过大年的情景。新闻播出后，广大留校学生倍感振奋，纷纷以各种方式表达欣喜激动之情。大家表示，浓浓的年味、深情的关爱，感觉就像在家里一样，这个最独特的春节，也一定会成为自己人生道路上难忘的记忆。中外留校师生共同包饺子（图 5-105）、共同写“福”字（图 5-106），国际学生还体验了剪“福”字（图 5-107）。

图5-105　中外留校师生共同包饺子

图5-106　中外留校师生共同写“福”字

图5-107　国际学生体验剪“福”字

从后勤保障处饮食服务中心精心制作的菜单上看到，除夕至正月初二期间，学校为留校师生提供的免费餐饮中，除了专门定制的年夜饭外，学校还准备了具有地域特色的可口饭菜（图 5–108），并且安排了看春晚、猜灯谜（图 5–109）、抽奖得红包等活动，让留校师生度过了一个欢乐、祥和的新春佳节。

图5–108　国际学生在食堂品尝具有地域特色的美食

图5–109　中外留校师生猜灯谜

（3）《央视新闻》的《牛气“食”足 寻味年夜饭》栏目直播我校中外留校师生过大年。

2 月 11 日，农历大年三十，一大早，我校迎西校区学生公寓 9 号楼处处洋溢着喜庆的节日氛围，留校过年的中外师生欢聚一堂、共话年味。当天上午，《央视新闻》的《牛气“食”足 寻味年夜饭》栏目对此次活动进行了全程直播，赢得了国内外社会各界的广泛关注。图 5–110 为记者采访学校国际学生。

图5–110　记者采访学校国际学生

活动现场，中外留校师生一起写“福”字（图 5–111）、剪窗花（图 5–112）、包饺子（图 5–113），每个人脸上都洋溢着喜悦的笑容。后勤保障处负责人通过《央视新闻》的“正直播”频道向广大网友介绍了学校花式“宠爱”留校师生的一系列举措，学校将以套餐形式为全体留校师生提供年夜饭，从年三十到正月初二为师生提供免费的餐饮等。校书法协会的指导教师现场为留校师生讲授书法知识，辅导大家写“福”字、写春联，活动现场不时传出阵阵欢声笑语。图 5–114 为中外留校师生共同剪纸。

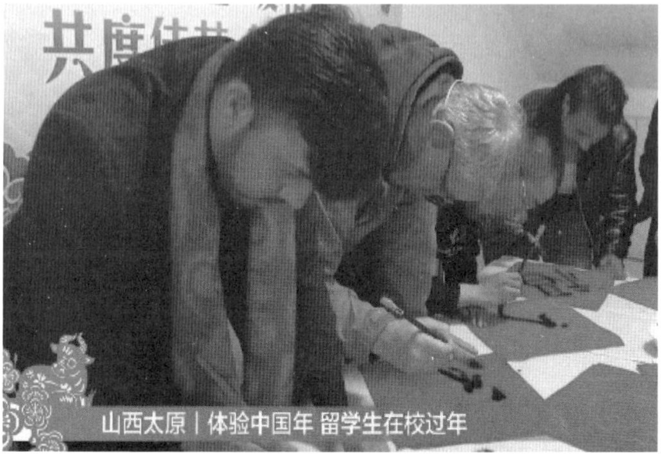

图5–111　中外留校师生一起写“福”字

图5–112　中外留校师生一起剪窗花

图5–113　中外留校师生一起包饺子

图5–114　中外留校师生共同剪纸

活动中，来自莫桑比克的国际学生代表唐星星饱含深情地演唱了中国歌曲《我爱你，中国》，表达了对中国、对学校的热爱之情；家住黑龙江的博士生张佰富通过《央视新闻》的直播镜头，表达了对家人的新春祝福和对祖国、对学校的美好祝愿。身着节日盛装的中外学生，还兴致勃勃地捧起亲手书写的“福”字、春联和亲手剪成的美丽窗花，以及亲手包的饺子合影留念。

据了解，春节期间学校还将针对留校师生开展“我爱我家、平安过节”春节大扫除、“过新年、贴春联”、“团圆美满贺新春”、“辞旧迎新、共享春晚”等活动。

（4）太原市公安局出入境管理支队支队长时晨霞一行莅校调研。

5 月 14 日上午，学校召开太原市公安局出入境管理支队支队长时晨霞一行莅校调研座谈会（图 5–115），校党委常委、副校长吕永康出席座谈会（图 5–116），双方相关部门负责人等也参加了座谈会。

图5–115　太原市公安局出入境管理支队支队长时晨霞一行莅校调研座谈会

图5–116　校党委常委、副校长吕永康出席座谈会

吕永康非常感谢出入境管理支队多年来为学校外事领域提供的周到服务。

他表示，随着学校国际学生规模的扩大和对外籍教师、专家学者等的需求的增加，学校外事工作面临着一系列新机遇、新挑战；双方有着良好的合作渊源和互动基础，学校将全力以赴支持、配合出入境管理支队做好各项工作。

我校国际合作处、国际教育交流学院负责人分别简要汇报了学校国际学生管理、国际交流与合作的相关情况，出入境管理支队相关部门负责人针对外籍人才服务事项清单做了政策宣讲。

时晨霞对太原理工大学在外事方面所做的工作给予了肯定，并希望双方进一步加强沟通交流，共同提升信息共享的精细化程度和时效性；以党史学习教育为契机，出入境管理支队亦将深入基层加强政策宣讲，提升"放管服"水平，做好"送服务上门"等工作。

会上，双方还围绕具体问题进行了深入交流。

座谈会后，出入境管理支队深入迎西校区国际学生公寓实地考察，并与国际学生亲切交流，如图 5–117、图 5–118。

图5–117　出入境管理支队深入迎西校区国际学生公寓实地考察

图5–118　出入境管理支队在学生宿舍与国际学生亲切交谈

（作者：刘超，2021 年 5 月 15 日，有删改）

（5）山西省人民对外友好协会会长李悦娥莅校出席庆祝中国－巴基斯坦建交70周年座谈会（图5-119）。

图5-119　庆祝中国-巴基斯坦建交70周年座谈会

5月21日上午，我校在明向校区行政楼A座一号会议室召开庆祝中国－巴基斯坦建交70周年座谈会。山西省人民对外友好协会会长李悦娥和校党委常委、副校长吕永康出席座谈会（图5-120），双方相关部门负责人及我校教师代表、学生代表参加座谈会，座谈会由我校国际教育交流学院负责人主持。

图5-120　校党委常委、副校长吕永康出席座谈会

座谈会上，吕永康介绍了我校巴基斯坦籍学生的基本情况以及与巴基斯坦青年的友好互动情况，回顾了中巴两国立足于相互理解、尊重、信任、支持、合作的外交历程和“全天候友谊”，寄语中巴两国青年要更加踊跃地参与到友好

交流活动中，不断增进两国人民的了解和友谊，不断壮大传承中巴友好的新兴力量。

与会人员集体重温了国家主席习近平 2020 年 5 月 17 日给北京科技大学全体巴基斯坦留学生的回信，表示将牢记习近平主席“携手为促进民心相通、推动构建人类命运共同体贡献力量”的嘱托。两国师生齐唱《中巴友谊之歌》，赞颂中巴人民世代友好，引发全场共鸣。

中巴两国师生代表发言，他们结合自己的学习、工作经历，从微观着眼，以亲身经历讲述了对中巴友谊的感触，如图 5-121、图 5-122 所示。

图5-121　巴基斯坦留学生代表富裕发言

图5-122　中国学生代表王嵘发言

李悦娥在讲话中对太原理工大学为推进中巴两国友谊和在高等教育领域深刻践行国家“一带一路”倡议所做出的努力给予了高度认可，如图 5-123 所示。

她结合自己早年的留学经历和从事高校外事等工作的经历，深入浅出地梳理了中巴两国 70 年情同手足的铁杆关系的发展历程。她指出，青年是一个国家和民族的希望，中巴两国青年都肩负着推动本国经济社会发展、促进双边关系进一步拓展和深化的重要使命，希望两国青年学生毕业后继续致力于推进中巴友好事业，将“比山高、比海深、比蜜甜”的中巴友谊永续传承下去。

图5-123 山西省人民对外友好协会会长李悦娥讲话

中国和巴基斯坦两国学生代表互赠礼物（图 5-124），全体与会人员共同执笔点画（图 5-125）象征着和平友好的梅花，将现场气氛推向高潮。

图5-124 中国和巴基斯坦两国学生代表互赠礼物

（a）山西省人民对外友好协会会长李悦娥点画　　（b）校党委常委、副校长吕永康点画

图5–125　全体与会人员共同执笔点画

座谈会前，李悦娥与太原理工大学党委副书记刘润祥、副校长吕永康进行了会面。

（文字：刘超，摄影：秦聪，2021年5月21日，有删改）

（6）我校留学生会主席团聘任仪式暨社团、实践基地成立仪式（图5–126）顺利举行。

图5–126　留学生会主席团聘任仪式暨社团、实践基地成立仪式

6月8日下午，我校留学生会主席团聘任仪式暨社团、实践基地成立仪式在迎西校区国交楼G601多功能厅举行。校团委副书记贾支正、国际教育交流学院副院长李文彬出席活动，国际教育交流学院、艺术学院、体育学院教师代表，以及社团指导教师代表、实践基地教师代表、国际学生代表等也参加了

活动。

活动中，贾支正为留学生会主席团成员颁发聘书（图 5-127），李文彬为国际学生社团指导教师颁发聘书，二人共同为国际学生第二课堂实践基地授牌（图 5-128），首批实践基地将设在轻纺工程学院、艺术学院。

图5-127 贾支正为留学生会主席团成员颁发聘书

图5-128 国际学生第二课堂实践基地授牌

留学生会主席团主席富裕代表主席团做表态发言（图 5-129），表示将带领留学生会主席团全体成员团结协作，增强向心力和凝聚力，树立服务意识，努力在教师和学生之间架起桥梁，并开展多元校园文化活动，丰富校园生活。

图5-129　留学生会主席团主席富裕发言

国际教育交流学院教师代表介绍了国际学生第二课堂的实施计划，梳理了我校国际学生社团活动在资源整合、运行模式、成果认定等方面的三大亮点。

随后，社团指导教师代表发言（图 5-130），表示希望通过丰富多彩的第二课堂活动让国际学生更全面、深入地了解中华文化和“三晋文化”，培育国际学生涵养知华、友华的情愫。

图5-130　社团指导教师代表发言

李文彬在总结发言中表示，国际教育交流学院将以第二课堂为载体，继续引导国际学生在“展示中国形象、传播中国文化、阐释中国道路、描绘中国精神、传递中国价值”上下功夫，为中外学生互学互鉴、实现跨文化交际与融合探索有效路径，培养一批高素质、复合型、国际化人才。

（作者：刘超，2021 年 6 月 8 日，有删改）

（7）我校举办 2021 年国际学生毕业典礼。

6 月 28 日下午，太原理工大学 2021 年国际学生毕业典礼在迎西校区国交楼 G601 多功能厅隆重举行。校党委常委、副校长吕永康出席典礼，相关二级单位负责人、教师代表、全体在校国际学生毕业生参加典礼。

典礼在中外师生共唱的《中华人民共和国国歌》声中启幕，如图 5–131 所示。

图5–131　中外师生共唱《中华人民共和国国歌》

典礼上聘任经济管理学院企业管理专业 2018 级硕士研究生娜娜（AKTER FARHANA，来自孟加拉国）等 3 人为 2021 届国际学生校友大使（图 5–132），并对水利科学与工程学院水利工程专业 2018 级硕士研究生汉秉理（RUGIRA PATRICK，来自卢旺达）等 7 名优秀毕业生进行了表彰，如图 5–133 所示。

图5–132　2021届国际学生校友大使

图5–133　表彰优秀毕业生

“南亚国家汉语师资班”2017级本科生许强力（SANGAR WAHIDULLAH，来自阿富汗）、文法学院国际教育系主任李炜分别发言，他们回忆大学美好时光，畅谈师生情谊，如图5–134、图5–135所示。全体国际学生向教职工代表行“感恩礼”（图5–136），向日夜忙碌在教育管理服务一线的工作人员表达感激之情。

图5–134　2017级本科生许强力发言

图5-135　文法学院国际教育系主任李炜发言

图5-136　全体国际学生向教职工代表行“感恩礼”

吕永康代表学校向 78 名毕业生表示热烈祝贺，并从“接纳变化、交流互鉴、乐善好施” 3 个方面对毕业生提出希望，勉励他们秉承“求实、创新”的校训，在“你中有我、我中有你”的人类命运共同体建设中为全人类的进步与发展贡献力量，如图 5-137 所示。他还建议国际学生多到山西走走看看，更加深入地了解“华夏古文明、山西好风光”，把在中国的真实见闻和感受介绍给更多的人，回国后在建设自己家乡的同时积极向世界讲述中国故事，成为中外交往的桥梁和纽带。

图5–137　校党委常委、副校长吕永康讲话

来自莫桑比克、孟加拉国、巴基斯坦等国的毕业生进行了中国武术等表演，中外师生共歌共舞，将现场气氛推向高潮，如图 5–138、图 5–139 所示。

中国共产党即将迎来百年华诞，全体师生共同观看了由中国日报社制作的英文宣传片《这道题选 C 就对了》（图 5–140），重温中国共产党从年轻走向成熟、带领中国人民走向世界舞台中央的百年光辉历程。

图5–138　莫桑比克籍学生马可表演中国武术

图5–139　中外师生共歌共舞

图5–140　全体师生共同观看《这道题选C就对了》

伴着激昂的校歌，太原理工大学2021年国际学生毕业典礼圆满落幕。

（作者：刘超，2021年6月28日，有删改）

（8）“中外互融，天下一家”——山西省娴院慈善基金会娴院演讲在我校举行。

秋风铺金道，秋水渡浓情。9月25日，国际教育交流学院联合山西省娴院慈善基金会在国教楼G601举办演讲活动。本次演讲活动以“以热爱看世界，决不会枯燥无味”为主题，国际教育交流学院和山西省娴院慈善基金会相关领导出席活动，我校 3 名国际学生参加活动。

莫桑比克学生唐星星绘声绘色地讲述了自己学习汉语遇到的困惑、趣事，分享了自己热爱上中文歌曲的心路历程，如图 5–141 所示。中文歌曲带给她的不仅是知识，更是快乐、勇气。她现场演唱了《唱支山歌给党听》和《我的祖国》，分享了自己来华的感悟，将现场的气氛推向了高潮。

图5–141　莫桑比克学生唐星星发言

“国之交在于民相亲；民相亲在于心相通；心相通在于语相通。”尼日利亚学生楚安国分享了学习汉语和中国传统文化的缘起，如图 5–142 所示。同时，他分享了自己由中国故事“倾听者”到“讲述者”的一系列转变，令全场听众纷纷陷入沉思。

图5–142　尼日利亚学生楚安国发言

埃塞俄比亚学生石艾海讲述了“世界公民”的定义和内涵，如图 5–143 所示。

在他眼里，中国和埃塞俄比亚人民有不同肤色，但一样善良，一样友爱。他呼吁大家努力学习，了解世界，接受差异，共建美丽、安全、可爱的世界。

图5-143　埃塞俄比亚学生石艾海发言

活动参与人员对国际学生的演讲、语言表达能力和精神面貌给予了高度评价。后期，国际教育交流学院会将与山西省娴院慈善基金会的合作方案落实、落细，为国际学生培养搭建层次丰富、主题多样的平台，从而提升我校国际学生跨文化交际的能力。

（作者：王京，2021 年 9 月 27 日，有删改）

（9）我校举行 2021 年国际学生开学典礼。

秋高气爽艳阳天，五洲四海聚清泽。9 月 28 日下午，我校在迎西校区国交楼 G601 多功能厅举行 2021 年国际学生开学典礼（图 5-144）。校党委常委、副校长肖连团出席典礼，相关职能部门及教学科研机构负责人、教职工代表、2021 级国际学生代表参加典礼。

典礼在雄壮的《中华人民共和国国歌》中启幕。

肖连团发表讲话，代表学校对全体 2021 级国际学生表示衷心祝贺，如图 5-145 所示。他深情回顾了一代代“太理人”秉承“求实、创新”校训，推进学校各项事业发展的初心与传承，以及学校 119 年筚路蓝缕、披荆斩棘的发展历程，寄语新生用和平、发展、合作、共赢的“金钥匙”破解与各国师生在交流沟通过程中遇到的困难和问题，为“民相亲、心相通”积极作为，以更大的勇气和更积极的心态去迎接挑战，沉淀历练，实现人生价值，在太原理工大学这片沃土上盛开青春之花。他还勉励身处母国无法返校的国际学生磨砺坚韧的品格，克服困难，坚持线上学习，保质保量按时完成学习、科研任务。

图5-144　2021年国际学生开学典礼

图5-145　校党委常委、副校长肖连团发表讲话

国际教育交流学院院长陈少平介绍了我校来华留学教育的基本情况，并勉励新同学勤学善思，为世界多元文化的交流融合做出贡献。研究生院院长姚晓红介绍了学校近年来在科技创新领域取得的新成绩和新突破，希望国际学生用好线上课程资源，尽快适应线上学习新常态。本科生院副院长宋燕希望国际学生积极培养跨文化交流能力，做“中国故事”的国际宣传员，架起文明互鉴的连心桥。经济管理学院院长栗继祖代表全体教师向与会新生表示欢迎。2021 级国际学生开学典礼各院长、副院长致辞如图 5-146 所示。

（a）国际教育交流学院院长陈少平致辞

（b）研究生院院长姚晓红致辞

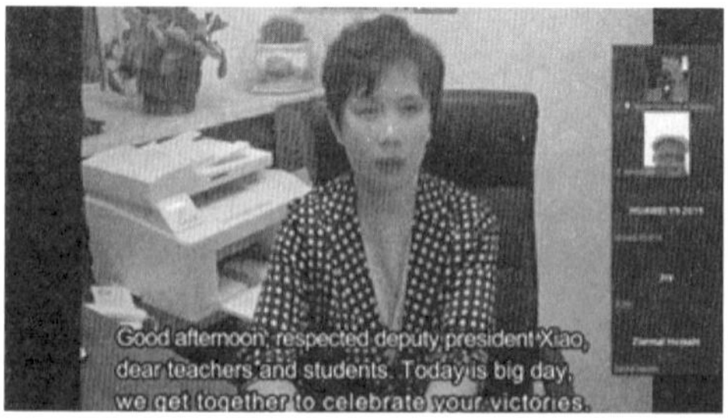

（c）本科生院副院长宋燕致辞

（d）经济管理学院院长栗继祖致辞

图5-146　2021级国际学生开学典礼各院长、副院长致辞

来自机械与运载工程学院的2020级博士研究生富裕作为老生代表回顾了自己在太原理工大学求学的历程，并提出要沉下心、克服困难，努力学好汉语和专业知识；来自土木工程学院的2021级博士研究生阿瑞斯作为新生代表发言，他表示来华留学的机会很珍贵，他将尽快融入中国，在发奋学习的同时用心体悟中国制度的优势。学生代表发言如图5-147所示。

（a）老生代表富裕发言

（b）新生代表阿瑞斯发言

图5-147　学生代表发言

2021 年国际学生开学典礼现场如图 5-148 所示，典礼在太原理工大学校歌《圣火在百年前点燃》中落幕。

图5-148　2021年国际学生开学典礼现场

随后，2021 级国际学生的开学第一课——“中国现当代文学中的民族精神”在线上、线下同步开讲。

（作者：刘超，2021 年 9 月 28 日，有删改）

（10）国际教育交流学院党总支考察学习。

10 月 17 日，国际教育交流学院党总支组织部分党员、入党积极分子、国际学生赴“八路军的故乡、子弟兵的摇篮”长治市武乡县，开展“传承红色基因·赓续革命血脉”主题党日活动暨“追寻红色记忆　感知中国精神”实践活动，如图 5-149 所示。

图5-149　“追寻红色记忆　感知中国精神”实践活动

在八路军太行纪念馆，中外师生近距离参观了华北《新华日报》印刷厂使用过的铸字机、晋冀鲁豫边区政府布告、反法西斯联盟旗帜等馆藏文物和国际共产主义战士白求恩在晋察冀边区救治伤员时所使用的临时场所的实景复刻等，如图5–150所示。

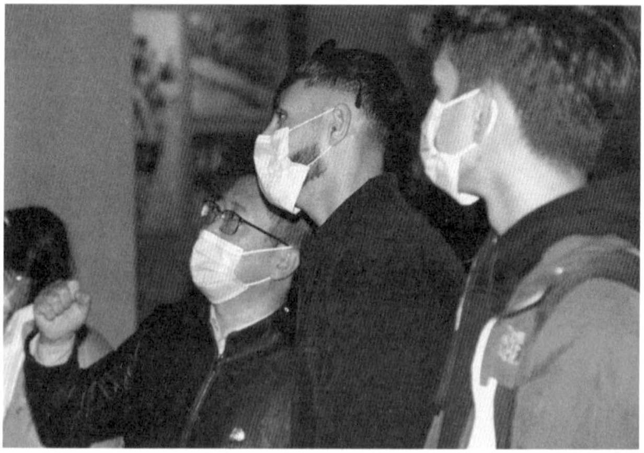

图5–150　中外师生参观八路军太行纪念馆

参观结束后，全体党员面向党旗重温入党誓词（图5–151），赵国俊为全体干部职工讲授专题党课，解读太行精神的形成、理论特质、时代价值，以及八路军与太行精神的关系等。干部职工纷纷表示，在八路军将士当年浴血奋战的土地上重温那段历史，更加珍惜今天来之不易的幸福生活，同时感受到自己肩负的使命光荣、责任重大。

图5–151　全体党员面向党旗重温入党誓词

在八路军文化园，中外师生探访了由宣传教育区、英雄模范区、军旅生活区等组成的“八路村”，如图 5-152 所示，现场观摩体验了民俗表演“顶灯”（图 5-153），集体观看了舞台实景剧《反扫荡》。活动最后，全体党员合影（图 5-154）。

图5-152　中外师生探访八路军文化园

图5-153　国际学生体验民俗表演“顶灯”

图5-154　全体党员合影

返程途中，国际学生畅谈学习感受，纷纷表示此次活动十分具有教育意义。

机械与运载工程学院的博士研究生富裕说：“来到中国近5年，这是我第一次参加红色文化体验活动。通过学习，我体会到了今天中国的和平、稳定和繁荣来之不易，八路军百折不挠、艰苦奋斗的精神令人钦佩！”

电气与动力工程学院硕士研究生杰丹说：“孟加拉国人民和中国人民在追求民族独立、人民解放方面有着相同的历史记忆，本次学习让我深受触动。不忘历史，我们才能更加珍惜今天的幸福生活来之不易，才能更加坚定地巩固、升华两国的友谊。”

（11）我校获批2021年“汉语桥”线上团组交流项目。

近日，我校获批教育部中外语言交流合作中心2021年“汉语桥”线上团组交流项目，项目主题为“云游山西民居·品味晋筑晋美”，由国际教育交流学院负责组织实施，将于2022年1月17—21日对海外学生进行为期5天的线上课程教学和云端文化体验。

本项目面向高中及以上学历、具有一定英语基础、汉语水平达到HSK三级及以上的国际学生，以基础汉语学习和山西民居建筑文化体验为主要内容，旨在提升国际学生对中华文化的认知与鉴赏能力，助力“留学山西”品牌塑造。在为期5天的课程中，学生将从民居建筑的历史、类型、地域分类、特点、流派传承5个方面了解三晋民居建筑群的特征。

自2021年7月以来，在省校两级相关单位的大力支持下，国际教育交流学院积极组建项目团队，团队成员由国际合作处（孔子学院办公室）、建筑学院、文法学院的专家学者、教师等组成。团队多次召开专题会议，反复研讨，最终确定了项目选题、课程形式、内容策划、视频拍摄、后期制作、调研反馈等项目实施过程中的具体环节，打造了“汉语+云端”语言文化体验模式，层层落实，精益求精。

目前，2021年“汉语桥”线上团组交流项目招生工作已正式启动，计划招生120人，学生可通过访问“汉语桥团组在线体验平台”体验该项目。

（作者：刘超，2021年11月25日，有删改）

（12）我校获2021“汉教英雄会”（华北区）国际中文教学技能交流活动“最具活力团队奖”（图5-155）。

12月6日，由教育部中外语言交流合作中心举办的2021“汉教英雄会”（华北区）国际中文教学技能交流活动圆满结束，我校国际中文教学团队荣获“最具活力团队奖”。

本次活动在线上举行，包括开幕式、团队线上展示、分组示范课交流、专家点评、圆桌会议、颁奖典礼等环节。我校国际中文教学团队代表、国际教育交流学院副院长侯涛作为参赛院校代表在开幕式上发言，如图5-156所示。

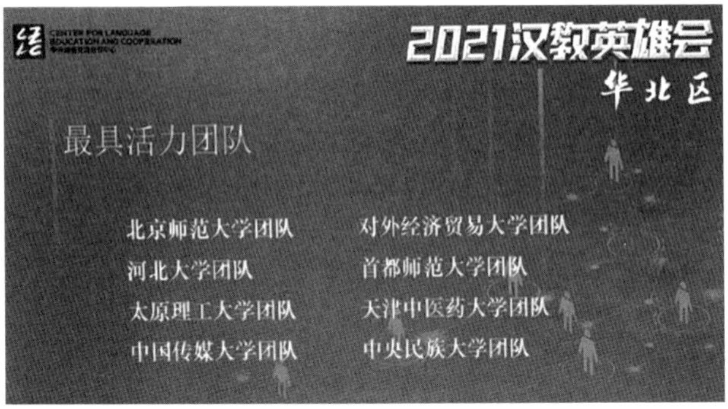

图5-155　我校获2021“汉教英雄会”（华北区）国际中文教学技能交流活动“最具活力团队奖”

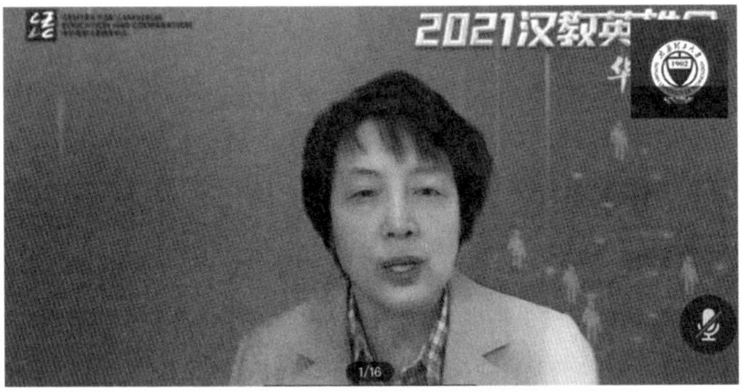

图5-156　国际中文教学团队代表、国际教育交流学院副院长侯涛发言

在交流环节，我校参赛团队以教学视频《语法点教学实例展示》为基础，系统地介绍了“汉语读写”课程采用的教学理念、教学方法等，与会专家对我校代表的讲、说课进行点评并提出建议。专家认为，我校参赛团队的教学过程体现了“教师”“教材”“教法”的合一，符合我校留学生的实际情况，同时，参赛团队在讲课过程中融入中国文化和思政等元素的这一创新做法值得肯定。

赛后，侯涛对教育部中外语言交流合作中心与会议承办方由衷地表达了感谢，并表示太原理工大学国际中文教学团队一定会继续努力，提升线上、线下教学水平，把在这次活动中学到的新理念、新技能、新实践带回学校，落实到日常教学工作中，为汉语国际教育专业建设和发展做出积极贡献。

本次比赛在华北、东北、华东、西南、西北、中南 6 个片区开展，华北区共有来自 4 个省（直辖市）的 29 所院校参赛，山西省派出我校和山西医科大学两支高校队伍参加。北京外国语大学党委副书记苏大鹏、外语教学与研究出版社常务副社长刘捷等出席活动；北京大学对外汉语学院院长、博士生导师赵杨和英国伦敦大学亚非学院中文首席导师宣力等专家学者担任评委。

（作者：侯涛，2021 年 12 月 10 日，有删改）

（13）我校国际学生多语种志愿团队助力2021“留学山西”海外教育展。

12月15日，由山西省教育厅主办、我校承办的2021“留学山西”海外教育展在山西大酒店开幕。我校来自13个国家和地区的21名国际学生志愿者为本次展会提供了阿拉伯语、波斯语、韩语、孟加拉语等14种语言的交替传译（图5-157）。

图5-157　学校国际学生助力2021“留学山西”海外教育展

为了高水平完成本次展会的翻译工作，国际教育交流学院指派专人带队，国际学生志愿者在时间紧、任务重的情况下，通力协作，认真准备，以其专业能力为山西省教育对外开放贡献力量，如图5-158所示。校党委常委、副校长肖连团看望国际学生志愿者并合影留念，对国际学生志愿者所做的工作和努力给予了高度的肯定和赞扬。

图5-158　国际学生志愿者助力完成展会的翻译工作

国际教育交流学院始终将“讲好中国故事、传播好中国声音”作为使命，注重引导国际学生涵养知华、友华的情愫。本次翻译实践活动为我校国际学生了解山西、感知中国提供了重要平台。国际教育交流学院将进一步深化国际学生志愿服务的内涵建设，主动服务地区社会发展，提升志愿服务的水平和质量，助力我校国际化建设提质增效、内涵发展。

据悉，山西省内 11 所高校和海外 4 所高校参加了本次 2021 “留学山西”海外教育展，各校就国际学生招生工作进行了宣传、讲解。

（作者：王京，2021 年 12 月 19 日，有删改）

5.3.5 2022 年来华留学生校园风采展

（1）我校 2022 年“汉语桥”线上团组交流项目圆满结束。

1 月 21 日下午，由教育部中外语言交流合作中心主办、我校承办的主题为“云游山西民居 ·品味晋筑晋美”的 2022 年“汉语桥”线上团组交流项目完美收官并举办结营仪式，如图 5–159 所示。来自巴基斯坦、越南、加纳等 8 个国家的 127 名国际学生齐聚云端，共同回顾精彩瞬间。

图5–159　2022年“汉语桥”线上团组交流项目结营仪式

结营仪式上，学生们积极分享学习感受，展示学习成果，表达了对本次活动的留恋。来自越南的宋氏庆玉说，在为期 5 天的课程中，不仅学习了汉语和山西民居建筑的知识，还结交了来自世界各地的朋友，期待将来能有机会到山西走走看看。建筑学院徐强等教师回顾了 5 天来与国际学生朝夕相处的难忘经历，表示希望今后能有机会进一步丰富合作形式、拓展合作领域，推动山西建筑文化“走出去”，让世界了解山西。之后，学生们还献上了精心编排的舞蹈 *Dhakar Pola* 和歌曲《阿爸阿妈》，现场气氛十分热烈。

国际教育交流学院院长陈少平发言说，5 天的学习时光虽然短暂，却是一次充满欢乐、温馨与收获的文化体验之旅，如图 5–160 所示。她欢迎学生们将来有机会来到山西，亲身感受三晋大地秀美的山川草木与厚重的历史文化。她还感谢了教师们的辛勤付出与全力配合，特别是建筑学院相关教师认真筹备录播课程与直播课程，结合国际学生的学习特点与建筑学知识要点，用自身深厚的知识积淀和丰富的教学经验，为国际学生呈现了精彩纷呈的文化体验课。借太原理工大学 2022 年国际学生招生工作正式启动之机，陈少平邀请来自世界各地的优秀学子来太原理工大学继续学习深造，期待在太原理工大学与大家再次相聚。结营仪式最后，全体师生共唱校歌、合影，如图 5–161、5–162 所示。

图5–160 国际教育交流学院院长陈少平发言

图5–161 全体师生共唱校歌

图5–162　全体师生合影

本次 2022 年“汉语桥”线上团组交流项目采取录播与直播相结合的方式，在全方位、多角度地向学生介绍汉语言知识的同时，以山西古建筑文化为窗口，展示了中华优秀传统文化。从选题、申报、立项到备课、录课，在教育部中外语言交流合作中心的全力支持下，全校 3 个教学单位、20 余名专任教师统一行动，密切配合，课程效果良好。

以承办“汉语桥”线上团组交流项目为契机，国际教育交流学院将持续整合优势资源，推进课程思政建设和中国语言文化课程建设，提升“留学太理”品牌的凝聚力，为学校实施国际化战略工程贡献力量。

（作者：刘超，2022 年 1 月 23 日，有删改）

（2）“新春送祝福，太理暖心年”，校领导春节前夕看望慰问留校国际学生。

春节将至，1 月 30 日上午，校党委常委、副校长肖连团带领党委学生工作部（学生处）、本科生院、研究生院、国际合作处、经济管理学院、国际教育交流学院、公寓服务中心等相关部门（单位）的负责人一行到迎西校区留学生公寓看望慰问留校国际学生，为他们送去新春祝福和新年大礼包，并合影留念，如图 5–163 所示。

图5–163　校领导一行与留校国际学生合影

图 5-164 为校党委常委、副校长肖连团讲话。

图5-164 校党委常委、副校长肖连团讲话

肖连团代表学校向无法回家的国际学生送去亲切的关怀和诚挚的节日问候。一年之计在于春，新年新气象。肖连团与大家围坐在一起亲切交谈（图 5-165），了解大家的在校学习生活状况和寒假安排，为他们介绍中国传统节日春节的习俗，希望大家珍惜在校学习的时光，努力学习并积极传播中国文化，搭建中外友谊桥梁，在中国度过一个平安、幸福的春节。

图5-165 校党委常委、副校长肖连团与国际学生亲切交谈

来自巴基斯坦、尼日利亚、哈萨克斯坦、孟加拉国、乌兹别克斯坦、莫桑比克、阿富汗等 10 余个国家的学生分别用中文做自我介绍，向大家拜年。他们纷

纷表示，虽然不能回家，但是学校的关怀和校领导的牵挂让大家感到十分温暖。来自莫桑比克的唐星星（图 5–166）和来自尼日利亚的楚安国、孟碧玉为大家表演了精心准备的中文歌曲和戏曲，表达了新年的祝福。

图5–166　莫桑比克学生唐星星演唱中文歌曲

交谈结束后，中外师生一起写“福”字（图 5–167）、贴春联（图 5–168），共同体验中国新春佳节的喜庆氛围。

图5–167　中外师生一起写“福”字

图5-168 中外师生一起贴春联

（文字：丁文婷、高安琪，摄影：王晓琴，2022年1月30日，有删改）

（3）国际教育交流学院开讲开学第一课，敲响国际学生思想教育的“回音壁”。

2月24日下午，国际教育交流学院在迎西校区国交楼G601多功能厅开讲开学第一课（图5-169）。国际学生走上讲台，结合自己的寒假见闻和科研进展，就2022年北京冬奥会等热点话题与大家分享感悟。国际教育交流学院院长陈少平、副院长李文彬出席活动。

图5-169 国际学生开学第一课

来自越南的经济管理学院的本科生团光忻已经在中国度过了 3 个春节。他向大家展示了自己画的年画和收到的中国朋友的礼物，并动情地说：“山西是我来到中国待过时间最长的地方。我在这里被培养、被鼓励、被关心、被帮助，我在这里感受爱、感受善意、感受温暖，山西是我的第二故乡。对我来说，这里是他乡，更是故乡。”他还感谢学校为国际学生提供了自习教室，他可以安心备考汉语水平考试，如图 5–170 所示。

图5–170　越南学生团光忻发言

电气与动力工程学院硕士研究生杰丹是一名孟加拉国共产党党员。他发言说，中国共产党人做到了“心系百姓、情牵百姓”，把人民的事当成自己的事，如图 5–171 所示。

图5–171　孟加拉国学生杰丹发言

2022 年北京冬奥会给来自埃塞俄比亚的土木工程学院的硕士研究生石艾海（图 5–172）和来自吉尔吉斯斯坦的经济管理学院的本科生沃瓦留下了深刻印象。在他们看来，中国成功举办 2022 年北京冬奥会，向世界诠释了“相互理解、友谊长久、团结一致、公平竞争”的奥林匹克精神。2022 年北京冬奥会让世界人民更加相知相融，让世界人民看到了更加全面、立体、深刻、多元的中国。

图5–172 埃塞俄比亚学生石艾海发言

来自孟加拉国的电气与动力工程学院的博士研究生比娅在我校度过了 5 个春秋。她回顾了参加“中外交流晚会” “国际文化节”和“留动中国”文化体验活动的美好瞬间，分享了自我调适的心路历程，如图 5–173 所示。

图5–173 孟加拉国学生比娅发言

来自巴基斯坦的机械与运载工程学院的博士研究生富裕是现任校留学生会主席。作为最后一名分享者，他结合自身学习经历，建议同学们做好日计划、周计划、月计划，坚持目标导向，明确时间节点，提升学习效率，同时广交朋友，共同进步，如图 5-174 所示。

图5-174　巴基斯坦学生富裕发言

国际学生分享结束后，陈少平解读了《太原理工大学来华留学生学位授予实施办法》中学术论文发表的相关要求，并结合自己的研究专长详细讲解了文献综述、开题报告等的撰写规范，如图 5-175 所示。李文彬以“从北京冬奥成功看中国之治”为题为国际学生讲授思政第一课，如图 5-176 所示。

图5-175　国际教育交流学院院长陈少平发言

图5-176　国际教育交流学院副院长李文彬为国际学生讲授思政第一课

国际教育交流学院始终坚持党建工作与来华留学工作相融相促的理念，不断探索面向国际学生的“三全育人”工作路径，在“讲好中国故事、传播好中国声音”的同时更加注重培育国际学生对中国道路、中国制度、中华优秀传统文化的认同。2021 年秋季学期开设的“道德修养与法律基础”“史话中国”两门思政课程和党史学习教育期间组织的武乡八路军革命根据地红色文化体验活动收获了国际学生的广泛好评，并被新华社、《山西日报》等主流媒体报道。

（作者：刘超，2022 年 2 月 25 日，有删改）

（4）国际教育交流学院召开校友分会成立大会（图 5-177）。

图5-177　国际教育交流学院召开校友分会成立大会

2月25日下午，国际教育交流学院校友分会成立大会在迎西校区国交楼G601多功能厅举行。校党委常委、副校长吴斗庆，校友办主任、校友总会秘书长杜鲲，校庆办副主任徐鑫，校友办副主任康喜兴出席大会，来自海内外的120余名校友代表在线上、线下参加大会。大会由国际教育交流学院副院长李文彬主持。

大会审议通过了《国际教育交流学院校友分会章程（草案）》和《国际教育交流学院校友分会机构及建议人选名单》。杜鲲代表校友总会宣读了《关于同意成立国际教育交流学院校友分会的批复》。与会领导为校友分会组成人员颁发聘书（图5-178），校学术委员会副主任、煤基能源高效利用国家重点实验室主任李文英被聘为名誉会长（图5-179），学生处处长赵国俊、国际合作处处长张永忠、国际教育交流学院党总支原书记赵安源被聘为顾问，国际教育交流学院院长陈少平当选第一任会长（图5-180）。

图5-178　与会领导为校友分会组成人员颁发聘书

图5-179　校党委常委、副校长吴斗庆为名誉会长李文英颁发聘书

图5-180 校党委常委、副校长吴斗庆为第一任会长陈少平颁发聘书

牙买加西印度大学莫纳分校孔子学院中方院长冯雷等代表发言，祝贺国际教育交流学院校友分会成立，表示将继续广泛传播中国文化，加强学校对外宣传力度，通过孔子学院这一平台吸引更多优秀国际学生赴太原理工大学学习深造，如图5-181所示。陈少平回顾了国际教育交流学院18年的发展历程，感谢社会各界为学校发展所做出的贡献，并表示国际教育交流学院校友分会将作为校友之间互相联系、互相成就的平台和纽带，充分做好校友服务工作。

图5-181 牙买加西印度大学莫纳分校孔子学院中方院长冯雷发言

吴斗庆发表讲话，充分肯定了国际教育交流学院在校友工作方面所做的努力，如图5-182所示。他指出，太原理工大学作为中国成立最早的3所大学之一，已经走过了两个甲子。学校自创办以来高度重视国际交流与合作，国际化是刻在学校历史沿革中的血脉基因。学校至今已培养了700余名国际学生，遍布世界各地。他希望国际学生毕业后，为讲好母校故事、传播中国文化、促进所在国家（地区）与中国的交流合作、构建人类命运共同体做出更大贡献。校友总会将为校友

分会理事会开展工作提供帮助，加大对校友所在国家（地区）的宣传力度，吸引更多优秀国际学生来我校学习深造，邀请更多海外专家学者开展科研合作。他希望广大校友饮水思源、心系母校，关注和支持母校发展，为持续提升学校国际化办学水平和影响力献计献策，并欢迎世界各地的校友通过线上、线下多种方式参加校庆系列活动，常回“家”看看。吴斗庆要求，国际教育交流学院要充分梳理近年来在国际学生招收、培养、管理等各方面的经验，集思广益，科学谋划，以更卓越的成绩向校庆献礼。

图5-182　校党委常委、副校长吴斗庆发表讲话

（文字：刘超，摄影：何峰林，2022 年 2 月 28 日，有删改）

（5）我校参加来华留学生高等教育质量认证线上培训会（图 5-183）。

图5-183　来华留学生高等教育质量认证线上培训会

3 月 10 日上午，由中国教育国际交流协会（简称“协会”）举办的 2022 年度上半年来华留学生高等教育质量认证（简称“认证”）院校线上培训在北京举办，协会副秘书长安延、教育服务认证部主任翟金鸣、认证项目主管王凡出席会议。我校国际教育交流学院组织全体教职工参加培训，如图 5-184 所示。

图5-184 国际教育交流学院参加来华留学生高等教育质量认证线上培训会

培训会上，安延首先向参加培训的 24 所高校表示了欢迎。他介绍了认证的规则和标准，并希望本次培训能够让高校更加深刻地理解指标体系，有效对标对表，开展自评和建设，实现认证效益最大化，完善高校来华留学教育的治理效能，更有底气地开启来华留学新篇章。

王凡介绍了认证的规则与程序、认证结果的应用，从数据填报、自评报告撰写、支撑材料要求等方面梳理了自评自改环节的工作要点，讲解了现场审查的工作目的和工作要求。她希望各高校能够通过自评自改总结不足，凝练特色，明确来华留学工作的发展思路，实现来华留学教育可持续发展。翟金鸣补充说明了初次认证与再认证的差别和现场审查的意义，并就如何平衡“趋同化”和“特殊性”进行了指导。

认证专家代表、北京理工大学汪滢逐项对认证指标体系进行解释说明，并讲解了指标体系的自洽性和撰写自评报告的注意事项；被认证高校代表、西北师范大学田河分享了参与认证的经验与感悟。培训结束后，与会专家就各高校提问做了答复。

国际教育交流学院作为我校来华留学工作归口管理部门，始终高度重视认证工作，现已累计开展 3 次专项会议。校党委常委、副校长肖连团强调，质量认证的冲锋号已经吹响，国际教育交流学院全体职工要以时不我待的紧迫感倒排工期，以“功成必定有我”的责任感投入工作，有针对性地撰写认证报告、梳理支撑材料，补短扬长，为即将召开的全校动员大会打好基础。

（作者：刘超，2022 年 3 月 11 日，有删改）

（6）国际教育交流学院召开来华留学生升学宣讲会（图 5–185）。

为帮助国际学生充分了解我校 2022 年度招生政策，吸引更多优秀国际学生留校深造，3 月 11 日下午，国际教育交流学院面向应、往届毕业生开展升学宣讲会。

图5–185　来华留学生升学宣讲会

宣讲会上，招生考试办公室主任王毅回顾了我校来华留学工作的发展历程，列举了我校升学的优势、介绍了我校招收国际学生的特色专业与优势学科，并依据刚刚结束的 2022 年中国政府奖学金生招生录取工作线上培训会议精神，结合我校国际学生招生工作实际，详细讲解了申请材料的准备、申请系统的填报、审核依据、录取条件、费用及奖学金设置情况等，期待今年夏天在太原理工大学与大家再次相遇，如图 5–186 所示。

图5–186　招生考试办公室主任王毅讲话

随后，来自加纳的经济管理学院管理科学与工程专业的 2022 届硕士毕业生郑义与大家做交流分享，如图 5–187 所示。作为我校首个以第一作者身份在国际高水平期刊 *Energy* 上发表学术论文的国际学生，他说，太原理工大学有非常先进的实验设备和科研团队，为课题研究的开展提供了极大帮助。他还建议同学们珍惜在太原理工大学的学习机会，多思考、多交流。

图5–187　加纳学生郑义发言

宣讲会后，王毅针对学生提出的关于推荐信、资金证明、论文要求、背景审查等具体问题一一进行了答复。

国际教育交流学院高度重视国际学生招生工作。本次宣讲会是紧跟国家政策、狠抓生源质量、服务师生、“开门办教育”的一次有益尝试。2022 年度国际学生招生工作正在火热进行中，国际教育交流学院将与各教学科研机构共同组织资料审查、线上面试等环节，在对申请者进行外事方面审查的同时更加注重学术水平考查，把好来华留学的“入口关”。

（作者：刘超，2022 年 3 月 11 日，有删改）

（7）我校国际学生拍摄的短视频被国家留学基金管理委员会采纳。

近日，来自利比亚的机械与运载工程学院机械工程专业的 2017 级博士研究生魏力创作的短视频《学在太原理工大学》被国家留学基金管理委员会举办的“感知中国——我的留学生活”短视频展示活动采纳，国家留学基金管理委员会向我校发来感谢函（图 5–188）。

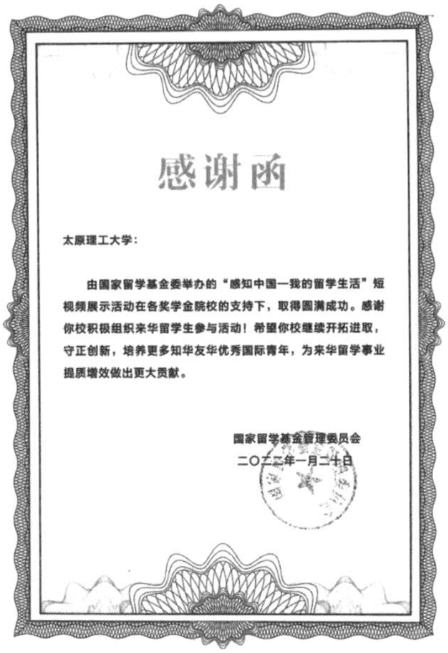

感谢函

太原理工大学：

由国家留学基金委举办的“感知中国—我的留学生活”短视频展示活动在各奖学金院校的支持下，取得圆满成功。感谢你校积极组织来华留学生参与活动！希望你校继续开拓进取，守正创新，培养更多知华友华优秀国际青年，为来华留学事业提质增效做出更大贡献。

国家留学基金管理委员会
二〇二二年一月二十日

图5-188　国家留学基金管理委员会发来感谢函

在时长3分40秒的视频中，魏力分享了在我校的学习、生活情况，以及与教师、同学朝夕相处的美好瞬间。他热爱旅行，喜欢到各地走走看看，更加深入地了解真实的中国；他痴迷中国传统文化，学习之余常跟同学一起打乒乓球、下象棋；他学习认真刻苦，曾于2019年代表我校参加第二届“学在中国”来华留学博士生论坛。图5-189、图5-190为魏力与中外学生亲切交谈、踢足球。

图5-189　魏力与中外学生亲切交谈

图5-190　魏力与中外学生踢足球

近年来，我校来华留学事业保持良好发展态势，育人成效显著。国际教育交流学院将继续紧扣“以学生为中心”的办学理念和“规范管理、提质增效、内涵发展”的来华留学工作理念，与各教学科研机构共同高质量完成来华留学生招收、培养、管理、服务工作，不断探索党建工作与来华留学工作互融互促，谋划“三全育人”综合改革向国际学生管理领域延伸拓展，提升来华留学生对中国制度、中国道路、中华优秀传统文化的认同，在“讲好中国故事、传播好中国声音”和提升国际传播能力方面持续发力，为即将到来的120周年校庆营造开放、包容、和谐、友好的气氛。

（作者：刘超，2022年3月24日，有删改）

（8）我校国际学生共度“国际中文日”。

谷雨时节，清泽花开。在“国际中文日”来临之际，国际教育交流学院组织国际学生以书法、歌曲等多种形式共度节日，如图5-191所示。

图5-191　国际学生练习书法

“联合国中文日”定在谷雨节气，以纪念“中华文字始祖”仓颉造字的贡献。今年的“国际中文日”是4月20日，由教育部中外语言交流合作中心、中文联盟共同举办，主题为“中文：共筑美好未来”。

（作者：刘超，2022年4月19日，有删改）

（9）我校召开来华留学生高等教育质量认证工作推进会（图5–192）。

图5–192　来华留学生高等教育质量认证工作推进会

5月20日上午，我校在明向校区行政楼A座312会议室召开来华留学生高等教育质量认证工作推进会。校党委常委、副校长肖连团教授出席会议，相关职能部门、教学科研机构负责人参加会议，会议由国际合作处负责人主持。

会上，国际合作处负责人介绍了认证的背景及上一轮试点认证的基本情况，国际教育交流学院相关负责人汇报了我校2022年度来华留学生招生、培养工作的进展，并结合认证指标体系进行工作任务分解。与会人员结合各自负责的指标，对自评报告（讨论稿）提出修改意见，并现场协调、沟通解决在支撑材料准备、自评报告撰写、数据收集等方面遇到的困难。

肖连团做总结讲话，他要求全校各单位要统一思想，高度重视认证工作，明确分工、责任到人，按照规定时间节点扎实有序推进认证工作；要以认证为契机，找差距、补短板，系统梳理、全面总结我校来华留学工作，“以认证促建设”；要将认证成果拓展、传承下去，形成常态化工作机制，服务于学校“双一流”建设和可持续发展，如图5–193所示。

肖连团指出，各学院要充分整合资源，创新招生宣传方式和渠道，严把“入口关”；相关部门要加强国际学生招收培养全过程的标准化和信息化建设，打通数据瓶颈，提升培养质量；一流学科所在学院要积极联络海外高校，探索设立国际联合实验室，尝试破解境外学生无法来华返校进行科研、实验的现实难题。

图5-193 校党委常委、副校长肖连团做总结讲话

与会各部门、各学院一致表示将在今后工作中通力配合、紧密合作，保质保量完成认证筹备工作，为推进学校国际化工作高质量发展交出一份满意答卷。

（作者：刘超，2022 年 5 月 22 日，有删改）

（10）山西省公安厅出入境管理局局长任红伟一行莅校调研。

6 月 16 日上午，山西省公安厅出入境管理局局长任红伟一行莅校调研，如图 5-194 所示。校党委常委、副校长肖连团出席座谈会，晋中市公安局出入境管理局、高校分局和我校相关部门负责同志、外籍教师、国际学生代表等参加座谈会。

图5-194 山西省公安厅出入境管理局局长任红伟 一行莅校调研

肖连团感谢省公安厅、市公安局多年来对学校的大力支持和周到、高效的服务。他介绍了学校开展国际合作与交流的情况，以及外籍师生的管理服务工作，并指出，随着我校国际学生规模的扩大和对外国专家、教师等的需求增加，学校外事工作迎来了史无前例的发展新机遇，同时也面临着各种新问题、新挑战。长

期以来，学校与公安部门合作基础好、互动频繁，希望在未来的工作中进一步得到公安部门的大力支持，学校也将继续全力以赴配合公安部门做好各项工作，助力实现综合性研究型高水平一流大学建设目标和学校“双一流”建设提档升级，如图 5-195 所示。

图5-195　校党委常委、副校长肖连团讲话

任红伟在讲话中指出，在山西省高校工作、学习的外籍人员数量较多，太原理工大学作为我省的“排头兵”，管理规范、制度完善、服务优良，如图 5-196 所示。本次调研是“送服务上门”，通过实地了解高校涉外警务工作情况、听取高校对涉外警务工作的意见建议，进一步完善警校常态化工作机制，通力协作，为外籍人员提供更高质量的服务。

图5-196　山西省公安厅出入境管理局局长任红伟讲话

晋中市公安局相关负责同志表示，将广泛收集意见，持续提升“放管服”水

平，将上级指示精神落实到位，及时解决学校的现实困难和具体需求。

我校国际合作处、国际教育交流学院负责人分别汇报了外籍教师及国际学生管理、外事手续办理等相关情况；外籍教师代表、国际学生代表等结合自己在校工作、学习、生活经历，向与会领导表达了感谢；与会人员就加强数据互联互通、精准掌握政策、提升工作效能等方面的工作进行了深入交流。

（11）我校举办首届国际学生发展论坛暨2022年国际学生毕业典礼（图5–197）。

图5–197 首届国际学生发展论坛暨2022年国际学生毕业典礼

合作共赢筑美好世界，五洲四海度似水芳华。6月23日上午，我校在迎西校区国交楼G601多功能厅举办首届国际学生发展论坛暨2022年国际学生毕业典礼。校党委常委、副校长肖连团出席活动并讲话（图5–198），相关部门、单位负责人和教师代表、境内国际学生代表等在现场参加活动，境外国际学生代表在线上参加活动。论坛、典礼分别由国际教育交流学院副院长李文彬、院长陈少平主持。

图5–198 校党委常委、副校长肖连团讲话

肖连团在论坛开幕词中指出，国际学生不仅是中国故事的倾听者，也是中国故事的讲述者和中国声音的传播者。他希望广大国际学生通过论坛找到自身成长与学校发展的契合点，并鼓励各教学科研单位积极举办国际学生发展论坛，聚焦人才培养，为学校师生营造高水准的国际化学术氛围。

经济管理学院姚西龙以“坚持高标准·一起向未来”为题，与大家分享了自己在培养国际学生、从事学术研究等方面的经验与感悟，如图5–199所示；来自美国的外国语学院2019级硕士研究生苏一文、来自加纳的经济管理学院2019级硕士研究生郑义、来自莫桑比克的文法学院2018级本科生唐星星分别从“跨文化交际”“超越极限·悦纳自己”“丰富多彩的校园文化生活”等不同方面与大家分享了各自在太原理工大学学习、生活的美好际遇，如图5–200~图5–202所示。现场师生针对分享内容展开热烈讨论。

图5–199　经济管理学院姚西龙讲话

图5–200　美国学生苏一文发言

图5-201　加纳学生郑义发言

图5-202　莫桑比克学生唐星星发言

随后，毕业典礼在雄壮的《中华人民共和国国歌》中拉开帷幕。学生处处长、国际教育交流学院党总支书记赵国俊宣读《关于表彰2022届优秀国际毕业生的决定》，国际合作处处长张永忠宣读《太原理工大学国际教育交流学院校友分会关于聘任校友理事的决定》，肖连团等与会领导为相关国际学生颁发证书、聘书，如图5-203、图5-204所示。

图5-203　2022年优秀国际毕业生

图5-204　为2022届国际学生校友理事颁发聘书

来自利比亚的机械与运载工程学院 2017 级博士研究生魏力作为毕业生代表发言，如图 5-205 所示。他深情感谢几年来母校、教师、同学无私的帮助与指导，并表示将把在中国学到的知识与文化带回自己的国家，为促进中外交流做出贡献。信息与计算机学院马瑞青作为教师代表发言，如图 5-206 所示。她结合自己出国留学、回国工作的经历，勉励同学们要时刻保持拼搏精神和乐观心态，拥抱科学、拥抱生活。

图5-205　利比亚学生魏力发言

图5-206　信息与计算机学院马瑞青发言

在感恩礼环节，毕业生代表集体朗诵《感谢》，并向教师、辅导员、公寓服务人员代表等鞠躬致谢，感谢他们含辛茹苦的付出，如图 5-207、图 5-208 所示。

图5-207　毕业生代表集体朗诵《感谢》

图5-208　毕业生代表向教师、辅导员、公寓服务人员代表等鞠躬致谢

肖连团做总结讲话（图 5-209），他寄语毕业生，希望同学们秉承自律和坚持，守护未来可期、不负韶华的精彩人生；常怀感恩与包容，逐梦在风云激荡、瞬息万变的时代浪潮中；积极推进合作与交流，浇灌百花竞放、争奇斗艳的大观园。肖连团强调，同学们今后无论走到哪里，都要为讲好母校故事、传播中华文化、促进所在国家（地区）与中国的交流合作、构建人类命运共同体做出贡献；希望同学们关注和支持母校发展，常回“家”看看。

图5-209 校党委常委、副校长肖连团做总结讲话

最后，全体与会师生齐唱太原理工大学校歌（图 5-210），首届国际学生发展论坛暨 2022 年国际学生毕业典礼圆满落幕。

图5-210 全体与会师生齐唱太原理工大学校歌

（作者：刘超，2022 年 1 月 11 日，有删改）

（12）我校与吉尔吉斯斯坦国立民族大学举行合作会谈。

7 月 15 日，我校召开与吉尔吉斯斯坦国立民族大学的合作座谈会，国际教育交流学院院长陈少平、国际合作处副处长李万峰和相关部门、学院的工作人员参加座谈会。

此次座谈会双方就汉语国际教育专业境外“2+2”合作办学项目进行了洽谈。国际教育交流学院院长陈少平、国际合作处副处长李万峰和吉尔吉斯斯坦国立民族大学代表讲话，如图 5-211、图 5-212 所示。与会双方首先介绍了各自学校的概况，李万峰从我校悠久的办学历史、辉煌的办学成效、鲜明的办学特色及优良的办学传统等方面对我校进行了介绍；吉尔吉斯斯坦国立民族大学代表高度赞扬了我校卓越的办学能力，并对吉尔吉斯斯坦国立民族大学特别是该校的国际汉语教育专业进行了介绍。

图5-211　国际教育交流学院院长陈少平、国际合作处副处长李万峰讲话

图5-212　吉尔吉斯斯坦国立民族大学代表讲话

随后，双方就合作意向的诸多细节进行了深入交流。陈少平就培养方案、选拔规模、文化交流等方面与吉尔吉斯斯坦国立民族大学展开了友好协商。

（13）我校国际学生参加“我眼中的山西——智慧生活”主题实践活动。

为进一步加强国际传播能力，讲好山西故事，8 月 18 日，我校组织来自 9 个国家的 10 名国际学生参加由山西省人民对外友好协会（简称“省对外友协”）主办的“我眼中的山西——智慧生活”主题实践活动，启动仪式如图 5-213 所示。

图5-213 “我眼中的山西——智慧生活”主题实践活动启动仪式

省对外友协会长李悦娥，阳泉市副市长句爱云，省对外友协专职副会长李彦，阳泉市对外友协会长刘志强，阳泉市外事办主任、对外友协常务副会长张丽娟等领导出席启动仪式。我校机械运载与工程学院国际学生富裕作为学生代表发言。

启动仪式后，国际学生赴阳泉市规划展览馆、阳泉市高新区大数据及智能物联网应用基地、智创城 No.7 园区、阳泉百度 Apollo Park、华阳一矿智慧矿山和桃林沟村参观，如图 5-214、图 5-215 所示。学生全方位、全景式了解了阳泉市的历史沿革，沉浸式体验了智慧城市生活（图 5-216），触摸前沿科技脉动，近距离感受了 5G 通信技术给传统煤炭产业带来的革命性变化。国际学生同阳泉市当地村民友好互动，充分交流，认真了解当地文化习俗。

图5-214 国际学生参观阳泉市规划展览馆

图5-215　国际学生认真听讲解员讲解

图5-216　国际学生沉浸式体验智慧城市生活

来自孟加拉国的土木工程学院学生莫思激动地说：“我感觉中国农村发展太快了，旅游和文化让村子充满吸引力，这是我们想象不到的。”来自吉尔吉斯斯坦的经济管理学院学生沃瓦说道：“无人驾驶汽车和智慧矿山让我印象深刻，大家的生活方式发生了巨大的变化。我的专业是国际经济与贸易，我以后想促进中国和吉尔吉斯斯坦的经济交流和合作。”

国之近在于民相亲，民相亲在于心相通。文化是各国人民增进相互了解和友谊的重要桥梁和纽带。此次活动是我校“感知三晋”系列实践活动的重要组成部分，活动最后，师生合影留念，如图 5-217 所示。国际教育交流学院将进一步挖掘实践资源，搭建形式多样的实践平台，带领国际学生深入了解山西悠久灿烂的历史文化、经济社会发展的辉煌成就，构建“让世界了解山西，让山西走向世界”的窗口，努力谱写讲好中国故事的山西篇章。

图5-217　“我眼中的山西——智慧生活”主题实践活动合影

（作者：王京，2022 年 8 月 20 日，有删改）

（14）我校两门课程获评山西省教育厅“2022 年来华留学线上精品课程”。

近日，山西省教育厅发布了 2022 年来华留学线上精品课程立项通知，由我校国际教育交流学院、马克思主义学院、数学学院联合申报的“史话中国”“基础数学”两门课程获得立项资助。

近年来，我校高度重视来华留学工作“规范管理、提质增效、内涵发展”，积极与相关专业学院开展课程思政研讨会、集体备课等活动，根据国家“一带一路”倡议和我省经济社会发展的现实需要不断完善来华留学生培养方案。

以此次立项为契机，国际教育交流学院将继续在优化整合和充分利用学校优质教育资源、平台上下功夫，做强“留学理工”品牌，为培养高水平国际化一流人才、推进学校“双一流”建设高质量发展持续注入新动能。

（作者：刘超，2022 年 9 月 3 日，有删改）

（15）我校召开国际交流合作专项工作会（图 5-218）。

图5-218　国际交流合作专项工作会

9 月 28 日上午，我校国际交流合作专项工作会在明向校区行政楼 312 会议室召开。校党委常委、副校长肖连团出席会议并讲话，国际合作处、信息与计算机学院、艺术学院、文法学院、外国语学院、经济管理学院、国际教育交流学院等单位负责人及相关工作人员参加会议，国际合作处负责人主持会议。

会上，肖连团传达了校党委有关涉外安全工作的系列会议精神并对关键问题做了重点强调，如图 5-219 所示。他指出，在国际交流合作中相关工作人员要增强政治敏锐性，要有强烈的责任担当意识，牢牢守住安全底线，坚持底线思维，守住守好意识形态阵地，切实履职尽责。结合学校当前工作实际，肖连团对下一步我校的涉外工作提出 3 点要求，第一是提高政治站位，紧盯关键环节，守牢安全底线；二是加强涉外工作归口管理，党政同责，一岗双责，稳中求进，各级领导干部要躬身一线开展调研，对安全问题开展精准排查，抓好校内安全各个环节，时刻做到警钟长鸣；三是关心外籍师生和在外师生的身心健康，在宣传政策方针的同时弘扬主旋律、传播正能量。

图5-219　校党委常委、副校长肖连团讲话

国际合作处负责人传达了相关文件精神，表示在下一步工作中将结合学校工作实际认真贯彻落实文件精神，进一步修订完善学校涉外突发事件管理机制和预案。国际教育交流学院负责人汇报了国际学生概况和安全工作自查情况。

（文字：范泽思，摄影：任萱，2022 年 9 月 28 日，有删改）

（16）我校获批两项“汉语桥”线上团组交流项目。

近日，由我校申报的“汉语桥”线上团组交流项目“风味山西·晋膳晋美”“云游山西古城·品味晋筑晋美”获批教育部中外语言交流合作中心立项。

“风味山西·晋膳晋美”项目聚焦山西饮食文化，从饮食风俗、面食文化、传统小吃、物产特产 4 个方面展开授课，由浅入深地展现山西饮食文化的“前世今生”，在一餐一饭中感受中国饮食文化的魅力，见证中华人民共和国成立以来广大中国人民从“吃得好”到“吃得健康”的生活百味。“云游山西古城·品味晋筑晋美”项目围绕山西的古城古镇，从历史脉络、建筑文化特色、遗产保护与开发等方面展开授课，让海外学生在一砖一瓦中聆听历史回音、感受人文情怀，体验中国文化古城的独特魅力。为期 4 周的线上课程将带领学生理解自然地理环境和人文社会环境对山西文化的影响，进而讲好山西故事，推动山西“走出去”，将中华优秀传统文化植根于世界人民心中。

上述两个项目由国际教育交流学院、文法学院、建筑学院共同申报，计划招生 240 人。国际教育交流学院将整合学校优质教育资源，将“汉语桥”线上团组交流项目打造成我校来华留学文化体验的常态化品牌项目，为增进中外人文交流和提升中国文化在世界的影响力做出积极贡献。

（文字：范泽思，摄影：任萱，2022 年 9 月 28 日，有删改）

（17）太原理工大学“汉语桥”线上团组交流项目“风味山西·晋膳晋美”顺利开营。

11 月 26 日上午，由教育部中外语言交流合作中心主办、我校国际教育交流学院承办的 2022 年“汉语桥”线上团组交流项目“风味山西·晋膳晋美”开营仪式（图 5–220）在中文联盟线上平台举办。来自越南、老挝、牙买加、蒙古国、巴基斯坦等 8 个国家的 220 余名国际学生参加了本次活动。

图5–220　2022年“汉语桥”线上团组交流项目“风味山西· 晋膳晋美”开营仪式

仪式上，国际教育交流学院负责人介绍了太原理工大学来华留学工作的基本情况，并希望广大学生通过对本项目的学习，了解、体悟底蕴深厚的山西饮食文化，进而感受丰富多彩的中国文化。主讲教师分别介绍了各自负责的课程内容；在校学生代表结合各自国家的文化传统，介绍了自己喜爱的山西特色菜；境外学生代表表达了自己对本次项目学习的期待。随后，由国际学生组成的乐队 Astute Youth 带来诗朗诵和歌曲串烧，将开营仪式推向高潮。

校党委常委、副校长肖连团在总结发言中介绍了我校的办学历史和发展历程，深入浅出地讲解了晋菜的起源及其与晋商文化的联系，并寄语广大学生通过汉语学习与文化云体验，感受山西饮食文化的“前世今生”。他祝福学生们学有所获，并欢迎大家积极参加即将举办的120周年校庆活动。

“汉语桥”线上团组交流项目由教育部中外语言交流合作中心发起，旨在通过开展线上语言、文化与体验课程，加强中外人文交流。我校承办的“风味山西·晋膳晋美”项目将通过为期一周的课程，带领海外学生了解山西饮食文化的基本情况、民风民俗，深刻体悟山西饮食文化所呈现的中华人文精神内涵。

学生可通过“汉语桥团组在线体验平台”进行学习，选择“太原理工大学”的“风味山西·晋膳晋美”直播课参与直播互动。

（作者：刘超、孙雪琦，2022年11月26日，有删改）

第6章　来华留学教育“十四五”前景和展望

“十四五”时期，我国正处于百年未有之大变局的深度调整期和“两个一百年”奋斗目标的历史交汇期。我国来华留学教育发展也面临着前所未有之大变局，来华留学增长速度的换挡期、结构调整的阵痛期、前期政策刺激的消化期叠加，形势严峻。在此背景下，我们应始终坚持“提高质量、优化结构、扩大规模、因材施教、趋同管理”的工作方针，秉承“开放合作、守正创新、育人为本、提质增效”的发展理念，创新内容与机制，注重互动共商，推动来华留学教育工作健康发展。

6.1　我国来华留学教育宏观战略

随着《留学中国计划》阶段性招生目标的实现，我国来华留学教育步入新的发展轨道，来华留学教育面临着新形势和新挑战。现阶段，推动来华留学教育质量提升，不仅是建设教育强国、推进教育对外开放的重要举措，亦是促进国际交流合作的关键一步。

6.1.1　来华留学教育发展新局面

教育对外开放是教育现代化的鲜明特征和重要推动力。2020年6月，《教育部等八部门关于加快和扩大新时代教育对外开放的意见》（简称《意见》）正式印发，强调：“要坚持教育对外开放不动摇，主动加强同世界各国的互鉴、互容、互通，形成更全方位、更宽领域、更多层次、更加主动的教育对外开放局面。”《意见》坚持内外统筹、提质增效、主动引领、有序开放，对教育对外开放进行了重点部署。

（1）支持打造教育对外开放新高地。

加快和扩大教育对外开放是教育发展的需要，是国家建设的需要，是发展的需要，既迫在眉睫，又恰逢其时。中国始终高举合作共赢旗帜，致力于深化拓展与世界各国在教育领域的互利合作和交流互鉴，为推动构建人类命运共同体贡献力量。我国已成为世界最大的国际学生生源国和亚洲最大的留学目的地国。中外合作办学作为教育对外开放的重要载体实现了蓬勃发展。此外，国际中文教育方兴未艾，孔子学院（孔子课堂）及其在线平台为各国各界人士学习汉语、了解中国文化创造了有利条件。

《意见》提出着力破除体制机制障碍，加大中外合作办学改革力度，改进高校境外办学，改革学校外事审批政策，持续推进涉及出国留学人员、来华留学生、外国专家和外籍教师的改革，着力推进相关领域法律制度更加成熟定型。同时，教育部将提供智力、人力、技术、文化、情感等多方面的支持，打造“一带一路”教育行动升级版。

（2）为全球教育治理贡献中国方案。

近年来，中国在联合国、二十国集团、亚太经合组织、上海合作组织、金砖国家等多边机制下的教育合作中发挥了积极的建设性作用，是全球教育治理的重要参与者和推动者。在新形势下，中国将打造“一带一路”教育行动升级版，扩大教育国际公共产品供给，向国际社会特别是广大发展中国家提供力所能及的帮助。中国还将深化与联合国教科文组织等多边机构的合作，为全球教育发展贡献中国力量，为全球教育治理贡献中国方案。做强“留学中国”品牌，归根到底要靠提高来华留学教育的质量和管理水平。教育部积极推动出台来华留学质量认证的标准、预科教育标准及各类专业教育标准，在鼓励第三方行业组织对来华留学开展质量认证的基础上，建立健全质量保障机制，加强监督，严格问责，切实保障来华留学教育健康有序发展。

《意见》着眼加快推进我国教育现代化和培养更具全球竞争力的人才，在高等教育领域，将支持高校加强与世界一流大学和学术机构的合作，完善高校对外开放评价指标，授予“双一流”建设高校一定外事审批权；在职业教育领域，将在借鉴“双元制”等办学模式、引进国外优质职业教育资源方面取得政策突破，鼓励有条件的国内职业院校与企业携手参与国际产能合作，着手打造“一带一路”国际技能大赛等品牌赛事；在基础教育领域，将加强中小学国际理解教育，帮助学生树立人类命运共同体意识，培养德智体美劳全面发展且具有国际视野的青少年。

随着中国与世界的联系日益紧密和“一带一路”倡议持续深入推进，“走出去”办学日益成为我国教育对外开放的重要内容。目前，我国高校在近50个国家举办了100多个不同类型和层次的境外办学机构和项目。为引导学校自主、高效、有序赴境外办学，《意见》明确了量力而行、依法办学、质量优先、稳步发展的基本思路。教育部将扩大在线教育国际辐射力，支持各级各类学校和机构开发具有中国特色和国际竞争优势的专业课程、教学管理模式和评价工具。借力“中国教育云”，建立中国特色国际课程推广平台。

6.1.2 来华留学教育发展新机遇

教育部印发的《推进共建“一带一路”教育行动》提出，建立“一带一路”教育共同体，力争做到经贸走到哪里，教育的民心工程就延伸到哪里，教育的人才培养就覆盖到哪里，对高校来华留学教育提出了新目标：学校要充分利用地域特色和学科优势，吸引优质生源，提升培养质量；要充分发挥海外资源优势，拓展境外办学，打造国际教育品牌，增强国际竞争力和影响力；通过优质教育“走出去”和优质资源“引进来”并重发展，服务学校“双一流”建设。

企业出海战略为来华留学教育发展提供了新视角。在“一带一路”倡议的引领下，中国企业国际化迎来了全新的发展机遇，国际化人才的培养成为企业走向国际的关键。同理，校企联合“订单式”人才培养模式为学校来华留学教育发展提供了新的契机和动力，在为企业提供具有中国特色的高层次本土化人才的同时，也促进了高校自身创新人才培养模式的改革，推动高校人才培养理念、模式甚至学制的国际化。

“双一流”建设为来华留学教育发展提供了新契机。2017 年 1 月国务院同意印发《统筹推进世界一流大学和一流学科建设实施办法（暂行）》，鼓励高校办出特色，争创世界一流，标志着对我国教育事业的规律性认识达到一个新高度。教育国际化是“双一流”建设的重要内容，来华留学教育是高校实现教育国际化的必要途径，实施全英文授课项目是高校教育走向世界的必要模式。高质量的来华留学教育必将推动学校师资国际化、科研国际化、教学国际化、管理服务国际化建设，进而加速“双一流”建设高校目标的达成。“双一流”建设为来华留学教育发展提供了新契机，对于促进高校通过深化教育体制改革激发教育国际化内涵发展具有深远意义。

6.1.3　来华留学教育发展新纲领

《中国教育现代化 2035》和《新时代的中国国际发展合作》白皮书两个纲领性文件分别阐述了推进教育现代化、建设教育强国和开展国际发展合作的重要命题。认真领会、落实这两个文件的精神有助于更好地开展来华留学教育事业。

《中国教育现代化 2035》将“开创教育对外开放新格局”列为面向教育现代化的十大战略任务之一，明确了教育对外开放的总体思路和实践路径。文件指出，来华留学是教育对外开放“引进来”的重要组成部分。面对来华留学教育正从“扩大规模”向“提质增效”转变的发展阶段，应实施留学中国计划，建立并完善来华留学教育质量保障机制，全面提升来华留学质量。结合目前高校实际，可从着力完善来华留学教育质量保障体系，打造国际留学中心，建构来华留学社会化、专业化服务体系等方面打造“留学中国”品牌及其影响力。①

《新时代的中国国际发展合作》白皮书阐明了党的十八大以来中国开展国际发展合作的理念和政策主张，阐述了中国为推动构建人类命运共同体所做的积极贡献，主要从以下 4 个方面就中国国际发展合作的内容进行了详细阐述。

（1）展现了中国开展国际发展合作的初心和使命。

中国开展国际发展合作，既是作为世界最大发展中国家应承担的国际责任，更是中国坚持正确义利观、践行人类命运共同体理念的必然要求。中国希望全世界共同做大发展蛋糕，特别是希望发展中国家加快发展，共享开放发展的机遇和

① 张梦琦，刘宝存 . 新时代我国开创教育对外开放新格局的政策走向：基于《中国教育现代化 2035》的解读 [J]. 中国电化教育，2020（1）:25-32.

成果，共同建设持久和平、普遍安全、共同繁荣、开放包容、清洁美丽的世界。

（2）阐明了新时代中国国际发展合作的 8 项政策主张。

新时代中国开展国际发展合作，秉持以下政策主张：相互尊重，平等相待；量力而行，尽力而为；聚焦发展，改善民生；授人以渔，自主发展；形式多样，讲求实效；善始善终，注重持续；开放包容，交流互鉴；与时俱进，创新发展。这是在中国对外援助历程中逐步形成的具有中国特色、内涵丰富的政策主张，是对外援助实践的智慧结晶和宝贵财富。中国将继续坚定不移奉行国际发展合作的政策主张，积极推动国际发展合作事业不断取得新进步。

（3）全面介绍了 2013 年以来中国国际发展合作的行动和贡献。

白皮书从为共建“一带一路”增添助力、为落实全球发展议程注入力量、为应对全球人道主义挑战提供支持、为推动南南合作贡献智慧 4 个方面全面阐明了合作项目的积极成效，展示了中国国际发展合作的综合效益。

（4）提出了中国国际发展合作的愿景和展望。

白皮书勾勒出中国国际发展合作的未来发展路径，回应世界对中国国际发展合作的期待，强调进一步推动高质量开展国际发展合作，为全球发展注入中国力量。

白皮书的发布向国际社会传递了积极的信号，宣示了中国推动构建人类命运共同体的坚定立场和决心，突出了中国关注民生、聚焦发展的国际发展合作理念，彰显了中国服务构建新发展格局的担当作为。白皮书的贯彻落实亦将为我国来华留学发展提供更加广阔的舞台和发展机遇，在此背景下，我国来华留学事业将大有可为。

6.2　山西省来华留学教育品牌战略

6.2.1　山西省来华留学教育发展纲领

2021 年 6 月，山西省教育厅等 9 部门联合印发了《山西省关于加快和扩大新时代教育对外开放的具体措施》（简称《措施》）。《措施》坚持项目引领、内外统筹、提质增效、有序开放等基本原则，力求更好服务教育现代化和高校内涵建设，更好服务人民群众对优质教育的差异化需求。《措施》指出，在未来 5 年内，应重点推动第一梯队的高校在国际化上率先发展，力争招收来晋留学生的高校数量不少于 20 所，其中包括 2~3 所示范学校、2 个预科培养基地、10 个品牌专业；鼓励高校积极参加来华留学生高等教育质量认证；“十四五”期间中外合作办学机构（项目）的数量实现翻一番，海外高层次人才、外国专家、选派的出国访学研修的教师等的数量大幅提升；建立不少于 5 个国别和区域研究机构；推动国际科技合作平台、国际科技合作项目等的数量大幅提升；通过有序推进中外合作办学、加强与国际一流大学交流、提高来华留学质量效益和扩大教学科研合作的广度、高度、深度等措施，大幅度加快和扩大教育对外开放，逐步形成更大范围、更广领域、更深层次、更高质量、更加安全的教育对外开放新格局。具体表现为：

（1）制度保障，支持打造教育对外开放新高地。

统筹推动学校国际化建设。落实管理机构人员编制、经费等保障措施，把外事干部队伍建设摆在突出位置，搭建能力突出、结构合理、勇于担当、通晓国际规则、善于处理涉外事务的外事干部队伍和人才队伍；将对外开放工作列入工作日程，明确国际合作与交流工作专岗专人，并统筹合理安排相应的国际合作交流经费。

支持和规范中外合作办学。面向山西转型发展的战略需求，加大力度引进对山西教育具有示范、补充和促进作用的优质教育资源，充分借鉴设置课程体系、改革教学内容、创新人才培养模式等方面的有益经验；支持世界高水平院校到山西合作举办高等教育机构或项目，针对理工农医，以及国家和山西急需的交叉前沿学科、薄弱空白学科领域举办的中外合作办学机构或项目给予优先支持，支持现有中外合作办学机构扩容；健全中外合作办学质量保障体系，完善质量评估制度，鼓励高校选择教育质量高、师资力量强、合作基础好的专业，实施国际化专业建设；组建优势专业国际班，加强与国外高水平大学、一流职业院校合作，开发国际化通用共享课程，依法依规推进中外合作办学发展。

激发原生动力，储备国际化、高层次人才。立足服务山西转型发展，充分利用国际优质教育资源，引进和培育一批具有全球视野的高层次人才和创新团队；鼓励高校与国外高水平大学开展学术交流合作，搭建平台；开展外国专家学者夏令营计划，吸引世界著名科学家、海外高层次人才和优秀青年人才到山西高校参加学术会议、举办学术讲座、开展合作研究；鼓励高校实施国际化人才海外培训计划，分层次、分领域、分学科、分专题派遣高校教学科研和管理人员到海外高水平教育科研机构研修学习；支持与“一带一路”沿线国家开展联合研究和示范推广，共享科技成果和科技发展经验。

深化教育国际创新合作。支持高校举办、承办在学科领域内有影响、高水平的国际学术会议；鼓励教学科研人员在国际学术组织及权威学术期刊任职；与国外高水平教育科研机构联合承担科技项目，重点支持山西省“14+N”战略性新兴产业集群相关学科的国际合作研究，共建国际合作研究与创新示范区、国际合作联合实验室（研究中心），参与国际性和区域性重大科研攻关项目。

（2）打造“留学山西”品牌，积极服务“一带一路”建设。

发挥品牌示范带头效应。以“提质增效”为核心，走内涵式发展道路，全面提高国际学生的教育质量，优化来华留学生结构；建设一批来晋留学示范学校、品牌专业和品牌课程，推动校际校企联合培养、线上线下混合式教学；支持高校在规范管理、提高质量的前提下扩大来晋留学规模，建设预科培养基地；充分利用中国教育国际交流协会的来华留学生高等教育质量认证等第三方专业机构开展的质量保障项目，推动来晋留学高质量可持续发展；支持高校开展国际化氛围营造和环境建设，积极举办“留学山西”海外教育展。

做好国际化方案对接。每年遴选一批学科建设、教学科研和管理骨干到国外高水平教育科研机构学习、研修，支持教师出国开展课程改革、教育理念和教育教学方法等方面的学习与交流；实施优秀大学生海外培养计划，支持高校选拔优秀学生进入国外高水平大学和研究机构学习、实习；支持高校开展人才联合培养，与国外高校开展学生互换、学分互认和学士学位互授、联授，努力将山西省建设成具有国际影响力的来华留学目的地。

讲好山西故事，传播山西声音。以山西省国际友好城市为重点交流对象，加大力度搭建教育主管部门、教育领域专业人士、师生友好往来平台，讲好山西故事，传播山西声音，展示山西文化；支持高校建设国别和区域研究机构，为相关部门、企事业单位提供决策依据和信息服务；办好孔子学院（孔子课堂），加强师资队伍建设，推进特色发展；支持山西中医药、武术、节日民俗及其他非物质文化遗产等代表性项目“走出去”；鼓励有条件的职业院校在“一带一路”沿线国家建设“鲁班工坊”等合作项目；鼓励高校发挥自身优势，积极开展特色鲜明的校园文化节、文艺表演、体育赛事和全球胜任力峰会等活动。

（3）打造“双线”教学新生态。

高校开发和规范面向外国留学生的线下加线上课程、考试体系，提高来晋留学教育质量，积极调整教育模式和理念，采取国外转国内、线下转线上、网下加网上等新形式和新路径。线上教学将以一种常规的、并行的教学形式存在，线上、线下混合式教学模式将成为教学的常规形态。线上教学受教学环境的限制，对教师的授课方式、学生的互动方式、教学管理等方面都提出了新要求。因此，高校可基于已有的混合式教学，发挥信息技术在来华留学生教育中的关键作用，建立深度融合的“双线”教学的新生态，明确指向“线上教学和线下教学”两条线，构建“双线”混融共生的教学新生态，有效提升现阶段留学生教育质量。

6.2.2 山西省来华留学教育发展策略

以习近平总书记视察山西重要讲话重要指示等为根本遵循，在党的十九大精神和《中国教育现代化 2035》《加快推进山西教育现代化实施方案（2020—2023年）》等文件精神的引领下，山西省近年来立足落实“四为四高两同步”总体思路和要求，深耕来晋留学教育工作，不断开辟来晋留学教育发展新篇章。在深化总结“十三五”改革实效和全面谋划山西省“十四五”发展的时代背景下，山西省来晋留学教育工作面临新的发展方向与形势。

（1）打造国际留学中心，吸引国际优秀学生来华学习。

山西来华留学教育应继续秉持“扩大规模，优化结构”的方针，积极做好以下工作：一是稳步扩大来华留学生规模，继续实施《留学中国计划》，加强留学教育的推介和宣传。二是发挥政府奖学金作用，同时鼓励并支持地方、学校、企事业单位，以及其他社会组织、自然人设立各类留学奖学金，改进留学生资助和选拔方式，构建政府主导、社会参与、主体多元、形式多样的奖学金体系。三是优化来华留学专业结构，提高传统优势专业之外诸如STEM等专业学生的比例，提升留学人员的学历层次结构，扩大学历生招收比例，推动来华留学向高层次发展。四是加大品牌专业和品牌课程建设力度，构建来华留学社会化、专业化服务体系。五是进一步发挥山西地理、文化优势，提高质量和品牌意识，开发具有竞争力的来晋留学教育特色项目。

（2）建立并完善来华留学教育质量保障机制，全面提升来华留学教育质量。

实现来华留学教育工作健康、可持续发展，离不开“以质量促发展，以规范促管理”的行动原则。一方面，山西应更加注重留学生生源质量，建立人才正向筛选机制；构建来华留学预科教育体系，通过加强省内高校合作，打造地方预科联盟，提高留学生的语言能力、学术适应能力和跨文化理解、交际能力。另一方面，政府应进一步完善来华留学教育质量保障相关法律法规，健全来华留学教育质量标准；鼓励高校积极推动内部质量保障体系的建立，成立留学生教育评估委员会等机构，指导留学生教学和日常管理工作；引入第三方认证机构，由专业机构对留学生教学和科研工作进行评价，为来华留学教育保驾护航。

（3）利用文化优势，打造“留学山西”品牌。

作为中部地区文化强省，山西悠久的历史文化和独特的地域优势是吸引留学生来晋留学的重要原因。立足山西本土区域特色，展示山西优秀地域文化，讲好山西故事，传播三晋声音，加大“三晋文化”“走出去”步伐，是山西实现中华文化国际传播的重要途径和着力点，也是山西来华留学教育发展的重大内源性牵引力。山西可充分利用区域优势，进一步发挥饮食、建筑、曲艺等历史文化遗产的优势，展示深厚的文化底蕴，推动“三晋文化”对外交流与传播；进一步完善来晋留学品牌设计，加强来晋留学海外推广，塑造“留学山西”品牌。

（4）以人文交流为途径，以促民心相通为目标。

党的十九大报告指出：“加强中外人文交流，以我为主、兼收并蓄。推进国际传播能力建设，讲好中国故事，展现真实、立体、全面的中国，提高国家文化软实力。”加强中外人文交流是党和国家对外工作的重要组成部分，是提升中国对外开放水平的重要途径。区域发展，文化先行，山西应继续发挥对外人文交流勃发之势，不断加大文化“走出去”“请进来”步幅，逐渐形成一批具有中国特色和国际影响力的人文交流品牌；应始终以开放的身姿拥抱世界，打造融合多元文化的活力之城，倡导生态与人文交织、开拓创新与历史继承兼备，消除不同文化间的隔阂，在交流中互学互鉴，最终作用于新的发展，实现与世界的互惠互联。

（5）建构完善的来华留学社会化、专业化服务体系。

一是以来华留学生的需求为本，改进签证政策，提高签证审批效率，完善来华留学生校外住宿、勤工助学、社会保障等相关法律法规。二是注重开放式发展，增强高校在招生、教学、毕业生管理等方面的信息化、国际化服务水平；加强中外学生互动融合，增设跨文化适应和社会融入等项目，形成“趋同化培养”与

“特色化服务”兼顾的管理体系，以提高留学教育管理服务效能。三是完善优秀毕业生在华工作制度，畅通留学生就业渠道；与企业对接建立留学生实习基地，为优秀毕业生创造更多就业机会。四是做好来华留学生校友工作，设立留学生校友会等组织加强与毕业生联系，全维度打造“留学山西”品牌，增强其影响力。

当前，来华留学教育作为教育对外开放“引进来”的重要组成部分，正从过去的“扩大规模”向“提质增效”发展。山西来华留学政策更加面向教育本位、管理体制更加突出简政放权与放管结合、办学主体更加重视学校作用等特点越发突显。但是，面对国际留学市场的激烈竞争，如何持续有活力地吸引留学生，建成具有国际影响力的教育新高地值得深思。

6.3 太原理工大学留学教育特色战略

太原理工大学作为一所“以工为主、理工结合、多学科协调发展”的“双一流”建设高校，自 20 世纪 80 年代开始来华留学教育起，始终坚持从教学、管理、服务等方面扎实做好来华留学教育工作，并力争年年有突破、年年有进展。多年来，学校已逐步形成以来华留学学历生为主，长、短期进修生为辅，多类型和多层次的来华留学高等教育培养格局。“十三五”期间，学校深入学习贯彻落实党的十九届三中、四中、五中全会精神，坚持稳中求进总基调，聚焦立德树人根本任务，深耕国际化理念，全面推进学校各项事业发展。“十四五”期间，学校将继续以习近平新时代中国特色社会主义思想为指导，扎根山西、融通中外，立足时代、面向未来，打造太原理工大学来华留学教育特色战略。

6.3.1 总体发展思路

《留学中国计划》明确提出我国来华留学教育的指导思想是“统筹规模、结构、质量和效益，推进来华留学事业全面协调可持续发展，打造中国教育的国际品牌”。根据《太原理工大学加快建设高水平一流大学行动计划（2020—2025）》《太原理工大学“十四五”规划编制工作方案》的指导思想和发展思路，结合学校“十三五”时期的发展状况，学校将以习近平新时代中国特色社会主义思想为指导，进一步深入贯彻习近平总书记视察山西重要讲话重要指示，建立一套与山西教育规模和办学定位相适应的来华留学教育工作体系；以发展为主题，以质量为抓手，稳步扩大留学生规模，规范日常管理，优化生源结构，提升培养质量，创新办学模式，注重内涵发展，服务学校“双一流”建设；通过优质的来华留学教育促进学校高水平学生的培养、高水平师资队伍的建设、高水平科研成果的产出，提升学校的国际知名度和声誉。“十四五”期间，学校的主要发展目标如下:

实现国际学生的国别和层次结构的进一步优化。以“十四五”末为时间节点，来华留学生学历生占比不低于 60%，研究生占比不低于 40%，自费生比例不低于 60%，国别总数达到 80 个。同时，以化学工程与技术、矿业工程、机械运载工程、电气与动力工程、材料科学与工程等优势学科群为依托，重点培养高层次工程类国际应用型人才，在机械工程、土木建筑工程、信息与计算机工程、电气与动力工程等主干学科重点建立“预科—本科—研究生”的可持续培养体系，在汉语国际教育和经济管理等人文学科开展特色教育。

形成更为完善的来华留学生培养模式。以四个“新工科”专业为依托，以“一带一路”沿线国家来华留学生的培养过程为研究对象，面向“一带一路”沿线国家的社会和行业发展需求，基于学校优势专业和特色学科，形成“源于能源、专注能源、服务能源”的来华留学人才培养新格局。

完成对全英文授课专业的论证和教学质量监控制度建设。进一步理顺全英文授课专业的建设思路，拓展全英文授课项目，建设一批全英文精品课程，完善全校全英文专业及课程的孵化，推动全英文师资队伍建设，开发国际化课程资源，搭建全英文学分课程平台。同时，拓宽视野，更新观念，确立面向世界的培养目标，实现部分专业与海外目标高校的学分互认，在境外办学的道路上迈出新步伐，加快培养符合社会发展需求的国际化复合型人才。

积极应对挑战，推动国际化人才培养的数字化和智能化转型发展。重点建设教学平台和智能题库，打造“教—学—考—管”的“全周期”管理流程，建立在线教学和考评体系，保障预科教育质量。与此同时，积极助推山西来华留学预科教育中心的创建，加强地方留学生预科教育培训基地建设，争取成为全国典范。

合作共建孔子学院，在海外学院建设上迈出新步伐。近年来，在中外双方的共同努力下，太原理工大学的两所孔子学院开展了丰富多彩的文化活动，因地制宜开设了多门特色课程，为满足民众学习汉语、了解中国文化的需求做出了巨大贡献。学校将继续遵循孔子学院的宗旨，明确目标定位，优化办学布局，切实履行孔子学院的办学主体责任，从师资派遣、教学资源支撑等多方面助力孔子学院特色发展；进一步加强与合作院校的交流与合作，继续与合作院校建立沟通机制，创新交流方式；推动海外孔子学院与学校来华留学教育良性互促，深化运营机制改革，为推动构建人类命运共同体做出更多实践性探索。

立足本校阿富汗国别研究优势，推进国别性研究高端智库建设。太原理工大学阿富汗研究中心的成立和建设，根植于“三晋文化”的丰厚土壤，是基于学校海外孔子学院打造高端文化交流品牌的重要途经，对于发挥学校的学科优势与品牌优势、助推学校国际化纵深发展、提升学校来华留学教育内涵具有积极意义。因此，学校将进一步推进落实阿富汗研究中心的建设，将其打造成为山西面向阿富汗的复合型专门人才培养的高地及国家级阿富汗国别研究高端智库，服务于“一带一路”倡议的样板工程——中巴经济走廊向西延伸，服务于国家重大战略和社会经济发展。

推进来华留学生师资队伍建设、基础设施建设和国际化氛围建设。基于高等学校来华留学质量认证，进一步明确办学定位，规范留学生培养流程，制定管理细则，加强顶层设计，完善管理体系，落实趋同化管理培养机制，提高人才培养 质量。

6.3.2 面临的挑战

面对中华民族伟大复兴战略全局和世界百年未有之大变局，来华留学教育如何抓住“一带一路”倡议、“走出去”战略、“双一流”建设等机遇，通过培养一批知华、友华的国际化专业人才，以提升我校的国际知名度和学术声誉，是亟须进行理论探索和实践回应的新命题。

《留学中国计划》明确提出我国来华留学教育的指导思想是“统筹规模、结构、质量和效益，推进来华留学事业全面协调可持续发展，打造中国教育的国际品牌”。学校来华留学工作积极服务于“双一流”建设和国家发展战略，在规模发展、结构优化、质量提升等方面取得了一定成就，培养了一批高层次、多领域的专业人才，对提升学校的国际知名度和声誉做出了积极贡献。但是，也面临如下挑战。

来华留学教育发展的内生动力有待加强。学校于 2017 年启动了研究生全英文授课项目，于 2020 年开设计算机科学本科专业全英文授课项目。但是，2021 年的招生计划中，很多二级培养单位大幅削减了全英文授课项目的比例，这在一定程度上体现出畏难情绪。在“双一流”建设过程中，学校需要通过政策激励和制度约束推动来华留学教育工作，用好绩效这把尺子。

来华留学生结构有待进一步优化。“十三五”期间，学校来华留学教育工作稳步发展，学科布局和生源区域结构日趋合理，但依然有很大的改善空间。在专业选择方面，学生更青睐计算机科学与技术、国际经济与贸易和汉语国际教育这 3 个学科门类，分别占国际学生总数的 15.1%、18% 和 21.5%，学科分布不均衡。学生的洲别分布比较单调，30.4% 的学生来自非洲，65.9% 的学生来自亚洲。

招生录取环节有待改善。由于对生源国国情、教育制度等缺乏了解，招生宣传对国别和地区覆盖有限，因而对生源质量和数量无法完全把控。缺乏严格的录取考试和面试考核机制，尤其缺乏对来华留学研究生综合素养的考查，招生存在一定的盲目性。在充分考虑跨境求学的特殊性的情况下，学校需进一步规范来华留学教育的入学面试和考核流程。

来华留学教育管理机制有待进一步优化。来华留学生的培养和管理需兼顾特殊性和留学生对趋同化的适应性，应既能针对来华留学生的特点设定合理的培养目标和教学模式，同时也应在管理流程中体现中外学生的趋同化管理机制，营造中外学生融合发展的校园大环境。

6.3.3 主要战略举措

为实现“十四五”期间的主要发展目标，学校将采取以下战略举措：

（1）做好顶层设计，适度扩大规模，扎实基础工作，保障来华留学教育稳步发展。

学校在“十四五”期间，需更加坚定地推动来华留学事业不断前进，持续稳步扩大国际学生规模，踏稳踏实发展步伐，依法依规保障质量提升，扎实推进各项政策落地。按照来华留学工作的具体规划，学校始终把来华留学教育作为推进国际化进程的一项根本任务，努力将“一带一路”沿线国家的人才需求和山西省地方特色相结合；重视顶层设计，突出来华留学人才培养的中心地位；完善办学条件，优化来华留学教育教学资源配置；健全管理制度，规范来华留学生教育教学过程监控；协同联动，着力提升来华留学人才培养质量。

（2）调整学科布局，优化生源结构，坚持质量为先，推动来华留学教育有序发展。

立足现有学科布局，优化生源层次结构，开发非对称发展新模式。针对国家一流学科，积极招收优质硕士、博士研究生，促进科研国际化；针对热门学科，开展合作办学；针对特色学科，重点招收短期项目生和本科生；增设“研究学者”项目，积极推进校内科研团队与海外知名实验室、课题组的实质性科研交流合作。充分依托山西省归国华侨联合会，积极服务侨胞，举办“亲情中华”夏令营和冬令营活动，为华裔青年讲好中国故事。

加强预科教育和通识教育，分类分层教学，预补结合，为专业教育质量提供保障。国际教育交流学院承担来华留学生预科教育和通识教育任务，根据学部分类和学历层次制订独立培养计划，充分发挥“预”和“补”的双重作用，为专业学习提供保障。整合山西各主要高校的优质教育资源，发挥地方文化特色优势，积极探索地方预科教育中心的构建和运营模式，打造“留学山西”品牌。

以评促建，以评促改，评建结合，重在建设。学校2018年通过教育部高等学校来华留学质量认证。“十四五”期间，学校将进一步完善来华留学质量保障体系，提升来华留学教育、管理和服务水平，深化内涵建设，高质量通过认证。

（3）强化趋同化理念，进一步理顺职能分工，落实主体责任，提升国际化服务水平，确保来华留学教育健康发展。

独立成班，订单培养，积极推进培养质量趋同化。面向未来，立足国际，根据不同层次和专业的教育教学标准和规范，结合来华留学生的培养目标和发展特点，制订来华留学生专业人才培养方案，在实施中不断完善，进而成为培养中国学生的借鉴和参照，促进学校国际化教育水平的提升。

落实主体责任，提升学校治理体系和治理能力的现代化水平，积极推进管理过程趋同化。将来华留学工作纳入学校学历生管理和培养体系，提升职能部门的国际化服务水平，提升各培养学院治理体系和治理能力的现代化水平，积极推进趋同化进程。进一步落实二级培养单位在来华留学生培养过程和质量保障中的主体责任，充分发挥其外交外宣和人才培养功能。

（4）创新办学模式，探索优势互补、错位发展的国际合作、竞争新优势，保障来华留学教育多维发展。

整合教育资源，试水逆向中外合作办学新模式，提升学校的国际影响力。通过与国外高校联合办学，尝试逆向中外合作办学新模式，输出中国文化，吸引优质人才，提升办学层次。以海外分校为据点，承接外部资源，打造海外高端“引智基地”；以境外办学为平台，统筹海外高校及科研机构资源，促进国际合作和交流，提升学校的国际声誉。

打造校企联合新引擎，助力山西企业抱团出海，服务山西转型发展。发挥学校科研优势，聚焦山西产业结构特色，加强与山西企业订单式联合培养国际人才，打造海内外产学研贯通式办学新体系。专注于矿山开采、能源转换、基础建设等领域的国际人才培养，促进学校科研成果转化，助力提升山西企业的创新竞争能力，构建山西企业抱团出海新格局，全面服务山西转型发展。

聚焦国际前沿，拓展新的国际发展空间，服务国家战略。积极主动参与“一带一路”建设，充分利用山西历史人文、特色产品、产业优势，聚焦阿富汗地区的政治、经济、教育领域，探索优势互补、错位发展的国际合作、竞争新优势，深化国际交流与区域合作，多维度拓展国际发展空间。

学校将积极探索新路子，及时向数字化和智能化转型，树立“全周期”管理意识，闯出一条跨境教育的新路子。建设“留学山西”网上展厅，完善线上宣传—申请—面试—录取—发放通知等招生流程，提升信息化管理水平和平台建设水平，构建远程授课体系，形成“教—学—考—管”完整的闭环体系。

（5）强化国际化意识和国际化氛围建设，护航来华留学教育可持续发展。

启动来华留学教育的师资队伍建设，保证增量，深挖存量。按照1∶150的师生比例配置，加强来华留学生辅导员队伍建设；完善中国文化和心理健康等特殊课程的专职教师队伍建设；通过培训完成全英文授课的通识课程的师资队伍建设。

加强基础设施建设。按照学校主体搬迁规划，明向校区将建设1 200个来华留学生床位，同时设有国际学生活动中心、心理咨询室、图书阅览室、小型会议室等。迎西校区和虎峪校区的来华留学生公寓和设施保留，用于语言预科和通识教育阶段的教学、住宿和管理。

建成国际化服务中心。随着来华留学生和外籍教师数量的不断增加，在条件成熟时将进行功能整合，成立专门的国际化服务中心，承担面向外籍人员的政策宣讲、保险、体检、居留许可、住宿等事务。

国际化氛围建设。积极推动校园网站、基础设施（教室、图书馆、实验室、多媒体教学设备、文体和生活设施等）等的使用规则、规程、提示等具有外文标志。秉承文化育人的来华留学生培养理念，致力于培养国际学生的知华、友华情愫，提高中外师生的文化交流互鉴能力，培养全球化视野，助推学校国际化氛围的建设。

（6）党建引领，凝聚高质量发展磅礴力量。

全面强化国际教育交流学院基层党组织的战斗堡垒作用。提高政治站位，落实全面从严治党责任，为学校来华留学教育事业发展提供保障；规范国际教育交流学院党的组织生活制度和学习制度，加强意识形态工作，把师德师风建设作为教职工思政工作的突破口和师资建设的灵魂工程来抓，全面提升办学队伍的“精气神”和“战斗力”。

强力推进国际教育交流学院体制机制建设。加强调研，持续改进来华留学生教育管理体制机制，将其纳入学校的宏观引导目标和顶层设计中，探索富有成效的管理方法与模式，建立完整的国际学生教育管理体系。健全和完善现有制度，形成周全、缜密的制度体系。

打造品牌活动，实施“留学太理”工程。整合现有成果与资源，在现有的“‘一带一路’人才培养基地”和党建品牌“五洲驿站”的基础上，打造各类社团、讲堂、“丝路青年观中国”等文明传播品牌活动集群，充分挖掘第二课堂的育人功能，用实际行动讲好中国故事、传播中国声音。

后　　记

教育对外开放是教育现代化的鲜明特征和重要推动力。来华留学教育作为我国教育对外交流与改革开放的重要组成部分，已经有 70 多年的历史。自 1985 年获得聘请外籍教师与招收国际学生的资格起，学校来华留学教育事业蓬勃发展，实现了跨越式发展。近 40 年间，学校以“需求导向”推动精准培养，推动来华留学教育向高层次发展；以“实效导向”推动精细管理，扩大来华留学教育的广度；以“内涵导向”推动深入思考，挖掘来华留学服务工作的深度，坚持将国际交流与合作作为高等教育国际化的重要抓手，借助来华留学教育推动教学国际化、科研国际化、学生国际化和管理国际化。目前，学校逐渐形成了以理工优势专业为主、经管文史专业见长的来华留学学科体系。

2022 年是太原理工大学建校 120 周年之期，是学校第二批“双一流”建设开局之年，为深化学校来华留学教育的研究工作、献礼太原理工大学 120 周年华诞，在学校领导的亲切关怀与职能院系同事的支持下，2019 年 10 月起，国际教育交流学院决定组织力量梳理我校来华留学教育事业的发展历程，整理我校来华留学教育的相关工作，以切实推动来华留学教育提质增效。根据各位领导、专家的意见和建议，本书编委会数改初稿，并优化相关内容，终于迎来本书付梓之期。

本书编写工作由太原理工大学肖连团发起并统筹，陈少平协同部分教师完成大纲的制定和内容的整理，具体分工如下：第 1 章、第 6 章主要由韩艳丽编写；第 2 章和第 3 章主要由呼丽娜编写；4.1 由陈少平、张金萍、刘楠楠编写，4.2 由韩艳丽、张金萍、陈少平编写，4.3 由张金萍、杨懿编写，4.4 由李炜、陈少平、张金萍编写，4.5、4.6 和 4.9 由呼丽娜编写，4.7 由韩艳丽编写，4.8 由张金萍、陈少平、王丽婷、刘齐玉编写，4.10 由原梅、王丽婷编写；第 5 章主要由刘超和呼丽娜整理。李治、崔博、孙雪琦、杨晓天、赵国俊、李文英、张永忠、李文彬、王毅、樊明明等参与本书的资料搜集和审校工作。

本书在编写过程中，国际教育交流学院全体教职工积极参与素材与资料的整理工作，同时得到山西省教育厅和兄弟高校多位专家、领导、同人的支持与帮助，学校各职能部门和培养单位也积极提供了相关数据、材料和照片，因此，本书是山西省全体来华留学教育管理人员集体智慧的结晶。在此，向对本书给予大力支持的各级领导、各界人士表示衷心的感谢和崇高的敬意！

编委会认真梳理相关素材，实事求是编写，力求客观地反映我校来华留学教育发展的历程、现状及未来的发展方向。由于有些资料无法收集和核实，加之编写时间仓促，书中难免有诸多疏漏和不足之处，敬请读者批评指正。

编委会

2023 年 12 月